本丛书由贵州师范大学政治学博士点建设资金资助出版

本书为国家社科基金青年项目（项目编号：08CZX027）成果

中国特色政治文明建设研究丛书

贵州历史移民与家庭伦理变迁研究

冉光芬 著

GUIZHOU LISHI YIMIN YU
JIATING LUNLI BIANQIAN YANJIU

中国社会科学出版社

图书在版编目（CIP）数据

贵州历史移民与家庭伦理变迁研究／冉光芬著 . —北京：
中国社会科学出版社，2016.9
（中国特色政治文明建设研究丛书）
ISBN 978 - 7 - 5161 - 8969 - 6

Ⅰ.①贵…　Ⅱ.①冉…　Ⅲ.①移民 – 历史 – 研究 – 贵州
②家庭道德 – 研究 – 贵州　Ⅳ.①D632.4②B823.1

中国版本图书馆 CIP 数据核字（2016）第 224499 号

出 版 人　赵剑英
责任编辑　田　文
特约编辑　席建海
责任校对　张爱华
责任印制　王　超

出　　版　中国社会科学出版社
社　　址　北京鼓楼西大街甲 158 号
邮　　编　100720
网　　址　http：//www.csspw.cn
发 行 部　010 - 84083685
门 市 部　010 - 84029450
经　　销　新华书店及其他书店

印　　刷　北京君升印刷有限公司
装　　订　廊坊市广阳区广增装订厂
版　　次　2016 年 9 月第 1 版
印　　次　2016 年 9 月第 1 次印刷

开　　本　710 × 1000　1/16
印　　张　15
插　　页　2
字　　数　246 千字
定　　价　58.00 元

总　序

　　"政者，正也"。政治文明是人类社会政治观念、政治制度、政治行为的进步过程以及所取得的进步成果。高度的政治文明，是有史以来人类共同憧憬的美好梦想。政治文明建设通过上层建筑的能动作用，推动公共权力的规范运行、社会治理体制机制的优化、社会共识的凝聚、社会资源的优化配置、社会力量的整合，为人类社会的持续进步提供丰沛的能量，为人们的社会福祉提供坚强的保障。

　　在人类文明奔涌不息的历史长河中，中华民族以深邃的政治智慧和深入的政治实践，为世界政治文明作出了独特的巨大贡献。科举考试制度就是古代中国政治文明的创举，并作为西方国家选修的范本，成就了西方的文官制度。新中国建立以来，中国人民立足中国国情、解决中国问题，在政治建设、经济建设、社会建设、文化建设、生态建设进程中，探索、确立、完善人民民主专政的政治进步成果，创造了令世界瞩目的、具有中国特色的政治文明形态和制度体系。如今，"北京共识"获得了国际学界的广泛认可；"言必称孔子"成为西方社会的时尚。

　　"路漫漫其修远兮，吾将上下而求索"。进一步推进中国特色政治文明建设，以促进物质文明建设、精神文明建设、社会文明建设、生态文明建设，实现中华民族的伟大复兴，仍然是一项长期而艰巨的历史任务，也是每一个中国政治学人义不容辞的历史使命。为此，贵州师范大学聚集了一批年富力强、志趣高远的政治学人，他（她）们以推进中国特色政治文明建设为己任，立足中国现实国情，深入中国现实社会，传承中国政治文明传统，借鉴西方政治文明成果，从丰富的多学科视角展开理论探讨和实践总结。"中国特色政治文明建设研究丛书"的出版，既是其研究成果的展示，更是引玉之砖，欢迎学界同仁批评指正、指点迷津，共同为推进中国特色政治文明建设，为人类命运共同体的发展进步贡献智慧和力量。

本丛书编委会

2016 年 3 月

目　　录

导论 移民与家庭伦理变迁的理论考察

一 家庭伦理的一般构成

从人类学角度来看，家庭是人类从蒙昧和野蛮演变到文明时代的产物，是在婚姻基础之上产生的以血缘为纽带的人群共同体。从社会学意义上说，家庭是社会的基本细胞，有着社会对一个人所具有的全部效用和功能，家是人在社会中各种角色彩排的舞台，是人之社会化的首要场所。婚姻是指为当时的社会制度所确认的一男一女互为配偶的结合。由此可以看出婚姻的含义有二：一是必须是男女两性的结合；二是以终生共同生活为目的的两性结合。婚姻是家庭得以形成的首要前提，具有逻辑在先和时间在先的重要性。完成缔结婚姻的程序和形式后，夫妻就要共同孕育子女。由此产生了夫妻、父子、兄弟等关系；人是社会性的动物，必然会和周围的其他同类群体发生物质交换和情感交流，从而形成渗透着特定文化成果的复杂的人类生活共同体。因此有了邻里、朋友等关系。这些人类生活共同体又生活在更大的族群或者组织之中，于是便有了宗族、国家等维度。

《周易·序卦》曰："有天地然后有万物，有万物然后有男女，有男女然后有夫妇，有夫妇然后有父子，有父子然后有君臣，有君臣然后有上下，有上下然后礼义有所措。"家庭成员之间以及由此衍生出来的君臣、长幼等所构成的多维之人际网络是人的一生都要生活于其中且无法逃避也不能逃避的。黑格尔认为，家是建立在爱之基础上的共同体，是与社会这一公共生活相对的私人生活领域。家庭作为一个伦理共同体，其成员之间的关系是等级和血缘。建立在平等基础上的对话与权利等概念不属于家的范畴，而是属于非家庭和血缘的团体生活范畴。社会文明的首要标志就是对两性关系有文化约束和制度约束的婚姻家庭的形成与发展。人类从蒙昧、野蛮发展到文明时代，婚姻也从群婚制演变到一夫一妻。确定的亲属关系是家庭成立的标志，也是文明与野蛮的根本分野。文明社会里，个体的成长离不开以父母为主体的家庭养育，但个体对家庭依赖的程度和时间的长短会因地区和族群的不同而有区别。这取决于这个族群进入文明社会时所面临的历史背景和时空环境之不同而有所区别。家庭之于个人、社会的意义和价值在中华文明和西方文明中的巨大差异就是这一原理的实践再现。

古希腊在进入文明社会的时候，铁器的使用已经比较广泛，因为地处沿海，商业贸易得到了充分的发展。个体可以独立于家庭之外，通过生产等方式获得生活必需品，并通过发达的海上贸易互通有无。个体在成长到一定阶段后，就能够从家庭中独立出来，转而向家庭以外的环境寻求物质供给和精神支持，避免了仅以家庭为生产和供给单位的局限，以及由此造成的对家庭和长辈过分依赖的习性。个体在生存发展中形成对物的依赖而非对人的依赖。因此，在西方文化中，人们对家的观念比较淡漠。在西方文明史的发展脉络中，鲜见单独以"家"为研究主题的思想体系，甚至可以说，"家"是西方思想文化史的盲点。一般来说，运思逻辑都是"个人—社会"的两极模式，作为连接这两个端点之中间环节的"家"，却语焉不详，甚至避而不谈。究其原因，与古希腊文明的这种特有模式有一定的联系。当然，也与思想家成长过程中缺乏"仰事俯育"个人体验的具体现实密不可分：很多伟大的哲学家，如柏拉图、康德、尼采等都是没有完整家庭体验的个体，父亲或者母亲的不在场是很多思想家孩提时代的共同命运，成年后，他们也没有婚姻及家庭生活的体验。

与此相反，中国在进入文明社会的时候，铁器的制作及使用还不发达，生产力很落后。家庭成员通力合作以获取生活资料是维持生存的唯一途径，因此个体对家庭依赖的程度之大就不同于西方。中华民族自古就是以农耕文明为核心，居住在远离海洋的黄河中下游地区，缺乏温润的海洋气候和肥沃的土壤，农业生产条件恶劣，生产力水平低下。传统农业生产方式落后，没有剩余产品可以用于交换，加之远离交通便利的海洋，商业贸易不发达，只能以家庭为生产和供给的核心单位，因此，家庭在个人生存发展过程中具有不可替代性和核心价值。个体的生存只能从自己所赖以成长的家庭中获得物质和精神的帮助，因此个体在生存发展中形成了对特定人群的依赖而不是对物的依赖。个体终其一生的存在和发展都离不开家庭，与家庭成员之间的关系就成了主要的人际关系。所以，个体一生都要面对的是如何处理

"亲亲、尊尊"的家庭关系，与家庭以外的其他成员的互动则相对松散和次要，甚至一生都不必面对和绞尽脑汁去维系与陌生人的关系。随着社会发展和个体活动范围的扩大，个体不可避免要与非家庭成员打交道时，就只习惯于用家庭成员之间的规范来调节人与人之间的关系和行为。长此以往，在这种思维定式基础之上形成的社会就是以个体及其家庭为中心向外层层扩散和推衍的波状形式的社会有机体。在这种以家为核心向外推展的社会结构中就存在着远近亲疏、尊卑长幼的差别。费孝通先生认为，这就是差序格局的社会关系。因为以个体为中心，像水的波纹一般，一圈圈推出去，愈推愈远，也愈推愈薄。由家扩大和衍生所形成的社会必然就是宗法等级社会。① 即用维持建立在血缘、情感基础上的家庭和宗族的规范来维持建立在平等个体自愿组合基础上的社会的有效运转。所以家国同构、天下一家是中国传统社会的基本形态。这种社会没有团体社会那种平等对话和自由权利可言。从根本意义上讲，中国的传统文化是以伦理为本位的文化。这种伦理本位又以家庭伦理为核心。君臣、夫妇、父子、兄弟、朋友，既是家庭的五伦，也是社会关系的基本维度。在这样一种文化模式中，家庭成了一个核心的范畴，其他任何社会关系都可以从"家庭"这个维度中找到生发点和突破口。因此研究家庭对于研究社会有着非常重要的意义，研究家庭伦理对于研究社会伦理亦有重要价值，或者可以说，家庭伦理就是社会伦理。"家庭"是伦理概念的始源性基础，"家"在伦理这个规则维度中具有本体论的意义和价值。

首先，家是伦理的始基。"始"在《说文解字》中的解释是："女之初也。从女，台声。"最基本的意思就是"开始、起头、最初"。家相对于其他社会组织来说，具有逻辑在先性和时间在先性。马克思认为，家庭是社会的细胞和源头。尽管马克思主义认为包括伦理观念在内的意识形态作为上层建筑是由经济基础决定的，但这只是在"归根结底"的意义上。家庭的确是生产力发展到一定阶段的产物，但并不会任何时候都与生产方式和生产关系的改变亦步亦趋、丝丝入扣、完全吻合。一定的家庭模式和结构一旦形成，就具有相对独立性和稳定性。家庭可以历经若干种生产方式的变革而岿然不动。伦理的始发点和首要载体是家庭。家庭是作为社会

---

① 参见费孝通《乡土中国·生育制度》，北京大学出版社 1998 年版，第 27 页。

的生产单位而具有人类学的意义和价值，联系家庭成员的纽带是缘于血缘和由此产生的亲情。家是讲爱和情感，而不是讲理和法的地方，家是人性的养育所。建立在情感和血缘基础上的脉脉温情对于培育恻隐、羞恶、辞让、是非等道德情感的意义和价值是理性所无法代替的，因为理性无视情感，道德的践行却需要情感的驱动。自从基督教衰落以来近现代的西方出现了道德危机和信仰虚无的局面，这与家庭在社会中所占地位的萎缩和启蒙运动过于信赖人的理性（尤其是工具理性）有关。在启蒙运动为把上帝拉下神坛且自己取而代之而欢欣鼓舞的时候，工具理性这一理性的异化产物却悄悄从背后偷袭了沾沾自喜的人类，让人类尊严重新处于一个很不名誉的地位。社会运行的唯资本化，市场调节包括人与人之间关系在内的一切资源和力量。在以资本逻辑为核心的现代性所向披靡之下，家庭这一共同体对于个体的意义变得可有可无，甚至成了人们急于摆脱的藩篱与束缚。个人主义无视家庭的存在并由此超越于其赖以存在的环境时，家庭伦理的失范和式微就是不可避免的了。中国在继续走着西方国家走过的资本拥有巨大魔力的现代化道路。随之而来的工具理性为我们的生活现代化带来巨大物质财富的同时也改变着我们对社会基本单元——家庭的传统观念和态度。家庭虚无是一个危机，漠视家庭伦理的意义和价值将是人际关系疏离的始作俑者。

　　其次，家是人来到世间所面对的第一个环境，其间的人伦辈分、尊卑长幼之伦理秩序是我们必然要面对的。调节家庭成员之间的关系使之能够维系一个家庭的有序运转，以及如何找准家庭在社会和国家中的位置和坐标，换句话说，就是如何看待家庭、社会和国家之间的关系等；在对待这些问题时所形成的相应的价值取向和观念等一系列问题就是家庭伦理所包含的事项。家庭伦理的一般构成大致包括如下内容。

　　（一）家与社会及国家的关系

　　家与社会及国家的关系是家庭伦理研究必须要解决的本体论问题。这在具有不同文化背景的中西方思想家中存在截然不同的看法和观点。在中国历代思想家看来，"家国同构，天下一家"，"四海之内皆兄弟"是此三者之间关系的准确定位。中国儒家经典及传统文化都认为，家是社会和国家的基础，社会和国家则是家的扩大与泛化。"修身—齐家—治国—平天下"被认为是一个具有相互制约关系的序列。并由此得出"一屋不扫，何以扫天下"，从小看大、从家看国的论断。梁漱溟先生认为，西方是个人本位的文化，中国则是伦理本位的文化。① 文化是生活方式的道说，生活方式又是愿望与环境妥协的结果。任何一个族群或者国家，都生活在特定时空环境中，必然要根据环境的供给能力来修正自己的行为方式，以便能够实现自己的愿望和目的。华夏民族是以农耕为主要生活方式的族群，铁器使用是农业生产力得到提高的根本保证，相对于古希腊来说，铁器在中国农业生产中的运用和推广是比较滞后的。落后的生产方式只能产生落后的生产力和贫乏的物质供给。生活必需品匮乏的现实决定了家庭成员之间的通力合作在一个人的生存愿望实现过程中的决定性意义和价值。因此，以个体及家庭为中心衍射出去的伦常物理，成了人生之中的主要问题。这也决定了中国文化的实质就是维系"夫妇、父子、君臣、兄弟、朋友"此五伦之间关系的规范体系。家与国的区别仅仅在于大小的不同，而非本质的差异。伦理是三位一体的本体论范畴，是相同法则在家、社会及国家领域的不同运用而已。西方思想家则认为，家与社会和国家之间有着本质的区别甚至根本对立，逻辑缜密、对万物都充满求真好奇的西方哲学家们，在"家"的问题上却语焉不详，"家"没有得到本体论和认识论层面的哲学探讨。例如，黑格尔认为市民社会和国家是家庭之使命完成后前后相继的两个阶段，而不是我们儒家经典所认为的"家是国的缩小，国是家的扩大"。维系家庭成员之间关系的纽带是性、情感和血缘，即黑格尔所说的神的法律；在国家中，维系这个庞大机器运转的，则是对等主体之间的彼此尊重和认同②。所以家的律法与国家律法之间是对立的，安提戈涅的悲剧③是这种对立的典型表现和例证。

（二）婚姻在家庭中的始源性意义及缔结婚姻的规范

家庭是家庭伦理的立足点和论域，婚姻又是家庭的开端和始基。婚姻本作"昏姻"或"昏因"。郑玄注："婚姻之道，谓嫁娶之礼。"东汉班固等编撰的《白虎通》曰："婚者谓昏时行礼，故曰婚，姻者妇人因夫而成，故曰姻。"④ "婚姻"的概念据此界定如下：婚姻是男女间结成夫妻的

---

① 参见梁漱溟《中国文化要义》，上海人民出版社 2005 年版，第 80—83 页。

② 参见［德］黑格尔《法哲学原理》，范扬、张企泰译，商务印书馆 1961 年版，第 166 节。

③ 按：古希腊悲剧作家索福克利斯《安提戈涅》中的主人公。她的哥哥背叛了国家，战死以后国家法律规定不准安葬他的尸体，让其曝尸荒野。但是安提戈涅却安葬了她的兄长。她的理由是她违背了国家的法律，但是遵从了家庭的法律。

④ （清）陈立：《白虎通疏证》卷十，吴则虞点校，中华书局 1994 年版，第 491—492 页。

关系和行为，是家庭的基础和根据，是家庭成立的标志。

先秦典籍道出了婚姻的职责和功能，如《礼记》曰："昏礼者，将合二姓之好，上以事宗庙，而下以继后世也。"[①] 由此看来，婚姻的本质和功能、意义和价值，以及维持以婚姻为纽带结合的各成员之间关系的行为规范等，都是家庭伦理要研究的核心和关键所在。儒家思想非常注重对家庭伦理的研究，从一定意义上讲，儒家文化就是伦理本位的文化，其伦理文化的核心则是家庭伦理的递嬗和演变。但是儒者在研究家庭伦理的时候恰恰最不注重情感这一维在缔结婚姻之家庭伦理研究中的意义和价值。儒家文化没有赋予夫妻之间对等的关系和地位，更没有给爱和情感以余地，有的只是"男尊女卑、夫唱妇随、夫为妻纲"的不对等要求。婚姻的目的是广家族、续香火及经济上的互利和合作，而非情感的慰藉和皈依。与此相反，西方文化对婚姻家庭的理解则迥异于儒家文化。在黑格尔看来，夫妻本来是社会上两个独立之人格，因有自然之性的吸引，有爱之精神性纽带，经过人格的相互认同、相互吸引、相互爱慕而彼此以婚姻的法律形式结合为一个统一化的人格。这才是"合情合法"[②] 的婚姻。因此，婚姻中首要的基础应该是夫妻之间平等的爱和认同。

（三）家庭成员之间的关系

儒家传统认为家庭之中有五伦：夫妇、父子、君臣、兄弟、朋友。并用"夫为妻纲，父为子纲，君为臣纲"的三纲和"仁义礼智信"的五常来维系这五伦之间的关系。其中夫、父、君是纲，而妻、子、臣则是与之完全不对等并无条件服从夫、父、君行为指令的对象和奴隶。尽管儒家也有要求各自应该恪守的行为准则，比如父慈子孝、夫和妻柔、君仁臣忠等，但是更多的还是在非对等基础上强调单向度的权利或者义务。黑格尔则强调家庭之中不仅是父与子的关系，而且还有父母与子女的关系。子女不是父母的私人物品和附属物。父母养育子女，是为了培养适应社会的独立个体而不是驯养唯父母之命是从的奴隶。父母对孩子的规范和约束不是要限制孩子的自由，恰恰是为了孩子能够更好地运用自由的本性，以此发展完善的人性。因为教育可以约束未成年子女的自然任性、恣意放纵。孩子成年，达到能够认识并运用自由的阶段之际，就是家庭解体之时，因为

---

① （唐）孔颖达等：《礼记正义》卷六十一，北京大学出版社 2000 年版，第 1888 页。

② 邓安庆：《家庭伦理在中西伦理学中的不同地位》，《湖北经济学院学报》2006 年第 6 期，第 108—110 页。

成年后的孩子离开家庭，进入市民社会。在市民社会中，维持市民社会成员之间关系的不再是家庭之中的脉脉温情，而是奠基于欲望基础上的需要体系。

二 家庭伦理与风俗

从词源学上讲，"风俗"或者"习俗"一词在我国古已有之。"风""俗"这两个字，最早出现在中国古老的史书——《尚书》中，尽管不是连起来作为"风俗"一词来使用的，但已经具备了现在意义上"风俗"的含义。"美教化，移民俗"①，"移风易俗，莫善于乐；安上治民，莫善于礼"②，"心气和怡，则风俗齐一"③。到了汉代，史学家班固在总结当时各地的风俗时，给"风"和"俗"分别下了定义："凡民函五常之性，而其刚柔缓急，音声不同，系水土之风气，故谓之风；好恶取舍，动静亡常，随君上之情欲，故谓之俗。"④ 可见，风俗是指人们在特定自然环境和社会文化环境条件下形成的群体性生活习惯，是特定社会文化区域和一定时期内人们共同遵守的行为模式或行为规范的象征性表达。风俗具有地域性、时间性和相对稳定性的特点。人们往往将因自然条件不同而造成的行为差异，称之为"风"，而将社会文化差异所造成的行为方式的不同，称之为"俗"。所谓"百里不同风，千里不同俗"就反映了这一特点。风俗一经形成，就具有相对稳定性。一朝一夕就变化消逝或者无法在代际之中传承的族群行为表达方式，都不能称为风俗。固定的行为模式会变成一种历史记忆或禁忌，通过口头教育或书面文字等形式演变成文化基因代代遗传。某一地缘相同的族群都会逐渐形成相对固定的行为模式，并以代际经验的方式实现世代传递。习俗本身是从经验中发展起来的。而法律、道德、宗教、哲学则是从对习俗这一经验进行反思和抽象而来的。

因此，道德和习俗之间存在某种亲缘关系。在英语中，从词源学的意义上看，"风俗"的单词是 mores，道德的单词是 moral。可见，道德（moral）是由风俗（mores）演化而来。从产生之时间先后顺序看，道德及相关行为规范是社会习俗发展到一定阶段的产物，是风俗从无意识的自

---

① （唐）孔颖达等：《毛诗正义》卷一，北京大学出版社 2000 年版，第 12 页。
② （宋）邢昺：《孝经注疏》卷六，北京大学出版社 2000 年版，第 50 页。
③ （西晋）阮籍：《阮籍集》，上海古籍出版社 1978 年版，第 41 页。
④ （东汉）班固：《汉书》卷二十八，中华书局 1962 年版，第 1640 页。

在阶段发展到有意识的自觉自为状态的结果。从社会学层面看，人类社会在发展过程中，其初期的行为规范体系基本上都是作为风俗习惯或禁忌①等形式存在的。道德对人类行为的规范和制约作用表现为对相关风俗的遵守。随着生产实践的发展和生产力的相应提高，以及人们思维水平和认识能力的增进，社会规范才能够摆脱无意识习俗的外壳，发展为有意识的道德和法律等社会行为规范。由此可见，作为一种规范，道德的形成是在风俗发展到一定阶段，在人们的思维和意识水平提高到一定程度以后的产物。从社会功能上讲，风俗和道德是相同的。二者都要规范人们的行为，将其纳入一定的秩序范围。当然，在作用于人们行为的过程中，它们往往要相互凭借、彼此促进。

　　一方面，风俗是道德得以发挥作用的有效途径。道德意识和道德观念只有取得习惯或者风俗的形式才能够更稳定地作用于社会，从而有效规范引导社会生活。风俗习惯往往是以禁忌的方式告诫人们，违反规矩就会受到惩罚，这种以利益相威慑的方式能够有效约束人们的行为，道德说教则由于没有惩罚的后果相伴随，因此往往无济于事。在处理家庭成员之间的关系时，家庭伦理作为伦理准则规范社会生活的一个维度和视角，只有成为风俗习惯才能够更有效地调整家庭成员的关系，维系家庭生活文明、有序地运转和演进。因为家庭伦理作为概括而抽象的准则和规范，很难贯彻和落实。只有通过风俗习惯这一约定俗成且生动的具体行为准则和方式，才能够实现家庭伦理规范所蕴含的价值和观念。

　　另一方面，道德为风俗习惯提供价值目标及评价标准。风俗习惯会下意识地根据伦理道德提供的标准不断修正并完善自己。符合伦理道德"善"之评价标准的风俗就是"良俗"，而契合伦理道德"恶"之评价标准的风俗则是"恶俗"。家庭伦理是人们在婚丧嫁娶方面的风俗习惯赖以依托的内在本质和精髓所在。由此形成某些固定行为模式的风俗，从而实现伦理道德所倡导的某种伦理价值观或者规避伦理所贬斥的行为倾向。通过查阅文献、田野调查等方式考察不同时期贵州原住民冠婚丧祭风俗习惯在不同历史时期的变迁，找出其中所蕴含的家庭伦理价值观改变与移民迁

---

　　① "禁忌"（tabu）一词源于波利尼西亚语，原指"神圣的"和"非凡的"，后引申为"禁止的"和"危险的"。是人们对神圣、不洁、危险事物所持态度而形成的某种禁制。是人们为自身的功利目的而从心理上、言行上采取的自卫措施，是从鬼魂崇拜中产生的。危险和具有惩罚作用是禁忌的两个主要特征。

入与迁出的函变关系，是本书研究的一大着力点。

但是，伦理道德与风俗习惯在存在亲缘关系的同时，二者之间又存在一定张力和差异。首先，风俗习惯比较直观和感性，伦理道德则是在直观和感性基础之上的理性提炼和思想性总结。韦伯认为，习俗"意指一种独特的一致性行动，这种行动被不断重复的原因仅仅在于，人们由于不假思索的模仿而习惯了它。它是一种集体方式的行动。任何人在任何时候都没有'要求'个人对它永远尊奉"①。可见，风俗只是一种习惯性的行为模式，而且是以集体而非个体的方式，因此是集体无意识行为。按某种风俗行事的人们可能并不知道这种风俗意味着什么，他们可以不假思索地作出体现某种习惯或风俗的行为，却没有道德应有的个体沉思与自我反观。伦理道德则牵涉"应当"或者"正当"的价值范畴，做某种行为总有对该行为的反省评价和规定。至少是从思维层面对此有所意识或者判断。其次，伦理道德与风俗习惯的评价标准并非完全一致。善与恶是所有道德行为的评价维度，但并非所有风俗习惯都可以用善恶之二元对立的尺度进行衡量。因此，在考察少数民族风俗习惯的过程中，不能用善与恶、好与坏、文明与野蛮、进步与落后的标准去评价他们的所有风俗习惯。从价值中立的描述性视角去再现某些民风民俗或许更有说服力一些。

总而言之，风俗习惯与家庭伦理之间既具有亲缘关系但又不完全一致。二者相互依托，又各有特点和偏离。本书研究移民与家庭伦理变迁之间关系的立足点之一就是：通过考察移民进入前后当地原住民在婚丧嫁娶方面的风俗习惯之变迁；以及移民本身在新的地域居住并世代传承以后，其风俗习惯的改变。通过分析这些现象来揭示其所包含或者倡导的家庭伦理价值取向，从而通过对比来找到其家庭伦理观念的异同。以此来求证移民对于贵州家庭伦理变迁的作用及其力度。

三　移民及其对家庭伦理变迁的一般影响方式及结果

所谓"移民"，是指因各种原因长久离开原居地在别处居留下来重建家园的人口。这是人口学意义上的移民概念。但是，移民活动是一个动态甚至连续的过程，涉事的无论是个体还是群体，都存在不是一次性迁移就

---

① ［德］马克斯·韦伯：《经济、诸社会领域及权力》，生活·读书·新知三联书店1998年版，第14页。

终极定居的情况。因此，从移民史的角度讲，本书采用如下有关"移民"的概念："移民"应是"具有一定数量、一定距离、在迁入地居留了一段时间的移动人口"①。本书以贵州作为移民的叙事场所，凡是迁入或者迁出这一场所，且在此居住过一段时间的群体或个体，都属于本书的对象人群。

一般而言，移民对家庭伦理样态变迁的影响是通过文化移植的方式潜移默化地进行的。即移民固有的伦理文化理念支配着他们的行为模式，这种模式与当地居民在相同事件上的行为方式截然不同。于是当地居民在与其互动中也逐渐接纳了移民文化主导下的家庭伦理行为和准则。在此过程中，因为时空改变及受原住民影响等因素，移民自身原本携带的伦理准则、观念等伦理文化也会发生改变。比如对缔结婚姻之方式、婚姻的意义与目的等的看法，对家庭中在夫妻之间、父母与子女之间、兄弟姐妹之间、朋友及邻里之间关系的态度和观念等。这种态度和观念的改变会左右或者影响他们在处理这些维度之关系的时候其行为方式也会发生相应的改变，从而有别于移民迁入之前的状态和模式。人是文化的创造者和物质载体，从这个意义上说，人口在时空维度的流动就是文化的流动。从历史上看，迁徙而至的移民定居下来以后，必然带来其与原住民之间经济文化的互动，并在互动中逐渐趋于融合。虽然在融合过程中各自互有损益，往往表现出文化水准较高或人数较多族群的文化为文化层次较低或人数较少族群所接受的趋势和特点。家庭伦理文化作为文化之一种，也同样遵守文化传播的这种通则。移民对贵州家庭伦理变迁的影响是通过如下几种途径实现的。

（1）教育。教育是一种培养人的社会活动，是启蒙与开化民智的重要手段。关于移民与教育之关系问题，可以分两个方面：首先，移民作为教育主体和授者，即主格意义上的实施者。很多贬谪的官员或民间自发流移的汉族知识分子移民通过兴办书院、社学等方式实施儒学教育，因此把儒家家庭伦理文化传播到边徼遐荒之地和民智未开之人。比如明朝正德年间王守仁谪居贵州任龙场驿丞，居夷处困三载，兴办书院，聚众讲学，并在此构建了王学的理论体系。这对于贵州文化的发展起着举足轻重的作用。其次，移民作为教育客体和受者，即宾格意义上的接受者。比如卫所

---

① 葛剑雄：《〈中国移民史〉发凡》，《历史地理》1990 年第九辑。

屯戍兵士及其子弟为了读书向学应举，需要相应的学校教育。官方为此而建立学校，对他们施行儒学教育。卫所子弟作为移民，他们接受儒家文化教育对于贵州家庭伦理文化的构成和提升都起着非常重要的作用。

（2）婚姻。移民在缔结婚姻的仪式、程序等方面的风俗习惯会潜移默化影响周遭的居民，导致其固有婚俗发生改变或变迁，从而在婚姻方面产生新的行为模式和价值取向。而且移民与原住民之间的联姻可以沟通彼此在家庭伦理价值取向方面的差异和分歧，并由此形成汉夷合流的新的家庭伦理价值观。婚姻作为两个异性独立个体的结合，在朝夕相处间，各自携带的表现在行为方式上的家庭伦理价值取向必然有碰撞和冲突，并且会影响或者伤害对方固守的价值观念和行为准则意识。为了婚姻能够持续存在，作适当调整来适应对方是必须且必然的，这就是磨合。长期磨合的结果就是两种价值观互有增删之后融合成一种新型的价值取向，并世代影响和模塑这个家庭所繁衍的子孙后代。

（3）交往。人与人之间会因需要而交往，需要包括物质需要和精神需要。中国传统社会是以血缘和地域为联系纽带的家庭组织、宗族社会。人们尽可能从家庭而不是社会群体中获得精神慰藉和情感满足。家庭之外的交往更多的则是基于物质需要的诉求。由于移民和原住民因地域、文化、价值取向等方面的不同，尤其是语言沟通存在障碍的情况下，因精神需要而在异族之间进行交往就无从谈起。但互通有无、调剂余缺的物质交换行为却是不可避免的。从容忍对方的存在到进行物质交换，继而开始了解并接受对方的行为习惯和由此透露出来的家庭伦理价值观念，这是原住民与移民交往行为的逻辑表达。移民与原住民之间开始交往这件事情本身就表明价值观念的趋同，或者至少是相互默许对方行为方式和原则之存在的合理性。一般而言，对于先进和优秀事物的诱惑，人们都是缺乏免疫力的。通过模仿和学习，久而久之，移民所承载的伦理文化因其无可比拟的优越性和先进性而得到传播和拓展。

（4）强制推行。武力征服并辅之以教化的文化渗透，才能够有效统御一个新归附族群。中央在通过武力将一块地方及其居民纳入王朝版图以后，移民活动除了民间组织或自发等方式外，还有出于对边疆族群可能会揭竿造反之防范与警惕而形成的屯兵将士，以及"移民就宽乡"等官方组织的移民。携带王朝主流意识形态及伦理价值取向的汉族移民代表强势文化和先进生产力，具有官方赋予的合法权力。因此，在有意识地推行儒家文化及家庭伦理价值观方面就有了动力和条件。自古以来，在武力征服的基础上辅之以文化强势植入，是中央王朝行之有效的扩展版图的主要途径和手段。为了在边疆地区推行以儒家文化为代表的意识形态，人为干预或阻滞原住民的伦理文化惯性延续和自然发展的方向和速度，强制推行是不可避免的。

贵州作为荒徼偏远之地，其移民的特征不同于迁都或者因经商和文化朝圣而内迁中原之边夷内附的移民。迁都移民是一种整体性的移植，其原有文化得以存在的固有生态在异地全面再现，因此文化观念不会出现较大的变异。文化朝圣者或者商人都是个体性和局部性的，个体携带的原有文化等观念找不到得以维持或者繁殖的土壤，且对移入地的文化具有强烈的认同感，急迫地想融入这种文化中。这两种移民的结果就是：一方文化强势改变另一方文化，导致其淹没于无形之中。贵州移民既非迁都所致，亦非文化朝圣。相对于以上两者，移入贵州的移民大多数都是代表先进文化的汉族移民长途跋涉来到地势偏远、文明程度远低于内地的贵州，这些移民大多是贬谪、军屯、移民就宽乡等原因来到贵州的。因此移民对家庭伦理变迁除了具有一般移民对文化的影响方式外，还具有独特的影响方式和结果。

一方面，在明代之前，中央王朝对贵州没有进行大规模的开发和经略，缺乏这种官方协助，迁入贵州的汉族移民数量少且极为分散，因此出现了先进文化为落后文化所征服的"汉人夷化"现象。自秦至元，贵州还未成为一个行省，现在的贵州版图当时还分别属于湖南、四川、云南和广西。而且还有很多此四省都不统属的土司地区、蛮荒之地或"生界"。中央王朝与这些化外之地甚少联络，因此移入贵州的汉族移民都是极少并且零散的。这种单个或者少量的移民，无法形成自组织、自循环的社会生态系统和族群，只能淹没于原住民的生态圈中。这必然导致为强势的落后族群所同化之命运。比如汉武帝开西南夷，"募豪户田南夷"的移民，到了两汉之际，成了与土著谢氏保境为汉的当地大姓。迄至明代，经过一千多年的历史演变和发展，即便这些移民保存了当时所携带入黔的儒家文化，但由于与中原阻隔，文化上没有得到及时的更新和补给，再加上地理环境的影响，必然打上了地域文化的烙印，因此与明时期进入贵州的汉族移民，在家庭伦理价值观方面已经有了很大的差距，只能被视为原住民了。播州的杨氏、贵州宣慰司的宋氏，以及思州和思南的田氏都是明之前迁徙而至的中原人士，这些人后来都被当地族群所同化并演变成了该族群的土司首领。到了清朝，为了平定黔南生苗叛乱而至的兵士及其他移民，已经用迷惑不解的眼光看待明初屯戍在滇黔沿线兵士的后代了。

另一方面，明代以来，因为屯军而形成的汉族移民的整体迁徙使得儒家文化能够在异地得到很好的保存。元末明初，在剿灭了云南的蒙元势力梁王以后，为了保障京畿到云南之驿道的畅通，明太祖朱元璋在贵州境内的驿道沿线屯戍了大量兵士，并命家属前往贵州世代承袭军户身份。由此拉开了大规模经略开发贵州的序幕。在屯兵贵州的同时，为了保障几十万大军的粮草供给，施行"中纳"制度，由此激励逐利的商人往返并雇用农民耕种于贵州。另外由于当时江南地区的人口相对于当地土地资源来说相对饱和，本着"移民就宽乡"的策略，将"地狭民稠"的江南农民迁到"地旷人稀"的贵州进行耕种。几十万卫所兵丁屯军贵州驿道一线种田自给，因此形成"军屯"，再加上"商屯"和"民屯"，由此形成了大规模的移民。这些移民呈集团型和整体性居住的态势，形成了一个自组织、自循环的社会环境，物质需求和精神需要在汉族移民集团内部就可以得到解决，缺乏与周边族类往来的内驱力并因此形成了封闭的社会，这对于汉族移民来说，他们本身所携带的文化就能够较好保存。相对于当地居民的文化来说，中央所赋予的权力决定了他们具有强烈的优越感，对儒家文化所代表的身份地位一直坚执与固守。对当地非汉族类则相当不屑且拒绝吸收当地少数民族的文化及风俗。只有在这样一种文化所赖以依存的社会环境没有发生改变的情况下，移民所携带的文化才有可能得到整体移植。

总而言之，移民对贵州家庭伦理观念的影响很少因为交往而形成，更多的是强势的征伐和教育。比如永乐年间对思州、思南田氏土司的改土设流和万历年间平播之役，都是征伐的典型表现。在教育方面，明王朝一向重视对边疆少数民族的教育问题，认为教化是"得远人之心"之根本措施和途径。使之"明君臣父子之道"的文化认同是有效统治的前提和根本表现。因此官方提倡和兴办的儒学教育（包括司学、卫学和府、州、县学）在明朝的贵州空前兴盛。另外被流放贬谪到贵州的文人学士所兴办的书院，也是通过教育影响贵州家庭伦理变迁的典型表现。

四　相关学术史

(一) 贵州历史移民问题相关研究

在人类历史演进过程中，据考古发现和相关史籍记载，贵州曾发生过数次较大规模的移民浪潮。李衍恒在《贵州文物考古三十年》中从人类学的角度考察了贵州文化与南越文化的趋同性，以此证明基于地缘的远古时期族群迁徙的事实。汉武帝开西南夷，实施"募豪户田南夷"的政策，《后汉书·西南夷列传》《华阳国志·南中志》通过记述其后人的活动佐证了这一移民行为的真实性。《明史》《明实录》《黔南识略·黔南职方纪略》及有关屯堡文化的研究对明太祖时期屯军滇黔这一移民事件有详尽的记载和研究，如《屯堡乡民社会》（孙兆霞等著）、翁家烈的《夜郎故地上的古汉族群落——屯堡文化》等。终明一世的移民活动和典型案例，可以在《明实录贵州资料辑录》中找到一个明晰的历史线索。清朝的移民活动亦可以从《清实录贵州资料辑录》中找到史料支持。近年来，学界对贵州历史移民现象较为关注，比如古永继《元明清时期贵州的外来移民》，葛剑雄《中国人口发展史》和葛剑雄主编《中国移民史》之曹树基著《中国移民史》第二卷，贵州省史学会编《贵州移民心态剖析》等论著，分别从历史学和文化学层面对移民问题进行了研究。《贵州通史》和《贵州通志》中地理、建制、艺文等部分，对本土人口的变化都有载录。

(二) 贵州家庭伦理文化变迁相关研究

贵州家庭伦理文化作为地域文化的一个分支和视角，从通史的角度对不同历史时期的家庭伦理进行比较研究，其史料依据只能是各个时期历史文献对相关民俗文化的描述和记录。具体来说，汉族知识分子在历史文献中记录的某些族群在婚俗、丧葬、服饰等方面的表现是本书赖以立论的文献依据。如：南宋范成大《桂海虞衡志》，明代郭子章《黔记》，明代沈庠修、赵瓒纂《弘治贵州图经新志》，明代田汝成《炎徼纪闻》，明代王士性《广绎志》，明代王耒贤、许一德纂修《万历贵州通志》，明代谢东山《嘉靖贵州通志》，明代张紞《云南机务抄黄》，清代陈鼎《滇黔土司婚礼记》，清代罗绕典《黔南职方纪略》，清代田雯《黔书》，清代徐家干《苗疆闻见录》，民国时期任可澄等《民国贵州通志·前事志》等文献对贵州族群的婚姻缔结、两性关系、长幼秩序、男女地位等家庭伦理在民俗中的表现进行了描述性的载录。

20世纪80年代以来，在地域文化研究视域中的贵州文化研究，成果颇丰。比如：董广文《〈滇程记〉的民俗学价值》，范建华等《爨文化史》，方国瑜《彝族史稿》，高伦《贵州傩戏》《布依族酒歌》《布依学研究》（之七、之八）、《西南彝志选》《民族研究参考资料》（第五集）、《土家族研究》（第四集）、《贵州彝学》，韩蕾蕾《顾氏移民宗族与明代贵州开发和民族融合》，侯绍庄、史继忠、翁家烈《贵州古代民族关系史》，胡晓真《旅行、猎奇与考古——〈滇黔土司婚礼记〉中的礼学世界》，简美玲《贵州东部高地苗族的情感与婚姻》，潘盛之《一种多民族经济互补结构的残留——试析黔西北水稻特异收割法成因》，钱茀《傩俗史》，秋阳《汉民变苗——读史札记》，石开忠《侗族款组织及其变迁研究》，史继忠《贵州文化解读》《诱人的伊甸园——贵州史前文化》，水族简史编写组《水族简史》，孙兆霞《屯堡乡民社会》，唐文元、刘卫国《夜郎文化寻踪》，温春来《从"异域"到"旧疆"——宋至清贵州西北部地区的制度、开发与认同》，阳贤、张诗亚《贵州省安顺地区屯堡人地戏仪式的道德教化功能研究》，杨昌儒、陈玉平《贵州世居民族节日民俗研究》，杨成志《中国西南民族中的罗罗族》，杨然《穿青人问题研究》，詹全友《南诏大理国文化》，张金奎《试析明初卫所军户群体的形成》，成致铭《清代土司研究——一种政治文化的历史人类学观察》，陈垣《明季滇黔佛教考》。

（三）贵州历史移民与家庭伦理变迁之关系的相关研究

将贵州历史移民与家庭伦理变迁结合起来，找出此二者之间的函变关系，迄今还没有系统的著作和成规模的论文问世。但已经有人开始尝试从移民与伦理变迁的研究视角切入这一领域，如罗春梅发表在《湖南工程学院学报》上的《明清时期的汉族移民与少数民族家庭伦理变迁》就是这一明证。在文献综述方面只能乏善可陈。

五　本书研究题材限定和方法的说明

（一）本书题材的限定

本书以贵州历史移民与家庭伦理变迁的关系作为选题，既是通史也是区域史的研究。

首先，从区域史的角度来说，贵州于明永乐十一年（1413）始建省。建省以前，今贵州区域分属于四川、云南、湖广、广西；建省以后，其区域亦几经变动。因此，凡历史上不属贵州而今属贵州及历史上属贵州而今不属贵州管辖的区域，都属于本书所研究的空间辖域和地理范围。

其次，从华夏文明的形成过程来看，通史有一个时间的上下限问题。本书是研究贵州的移民史，固然也需要确立一个时间区间，以便合理安排极为有限的研究精力。尽管从华夏文明的演进来说，商代之前迄至民国，都应该浓墨重彩，但如果时间跨度太长，其中所含的内容又是笔者力所不逮的，那么，忍痛割爱就是不二选择了。因此，本书研究上下限的时间跨度，采用葛剑雄先生上起有确切文字（甲骨文）记载的商代，下至20世纪初期的意见。尽管民国年间，尤其是第二次世界大战期间，贵州迎来了移民高潮。但笔者想将其留给下一个课题，专门研究20世纪贵州移民（包括"二战"移民和"三线"建设移民）的有关问题。

再次，研究移民历史，必须充分占有资料。贵州历史虽然悠久，但由于明代才建省等各种原因，史书上的记载远不如其他省区那样系统、周全，且后来人对历史文献的搜集、整理也很不够，研究起来颇感困难，特别是明代以前的历史更是"文献不足征"。因此，本书有关明代之前的研究都是粗略的和框架式的。明太祖朱元璋"开一线以通云南"的决定给贵州带来了历史性的发展机遇，也是贵州全面参与中国史进程的一个关节点。因此，本书的侧重点在明代。

最后，本书的侧重点既不是移民本身，亦不是家庭伦理变迁的客观描述与刻画，而是要找出此二者之间的函变关系。因此，恳请读者不要以移民史的严谨来要求拙文，亦不要从道德哲学的本体论层面来苛责体系的不完备性。

本书以此为选题且如此运思的逻辑出发点如下：

贵州地处西南边陲、九州徼外，远离华夏文明的中心。自古夷夏之辨表明：世居贵州的非汉族群在处理家庭成员之间关系时所遵守的准则不仅与发源于黄河中下游的汉族，也与其他时空环境中的族类在处理同一问题时所遵守的行为准则有着巨大的分歧与差异。如果没有外在因素的干扰，在时间这一纵向流变中，其独特个性也会因为世代传承而保存着相对的稳定性和延续性，即相关家庭伦理准则和由此形成的伦理文化能够在特定空间生生不息。但是因为发源于不同地域之不同族群部落寻找生存空间的迁徙活动和中央王朝对贵州开发等原因产生了大量的移民，这些族群和部落在贵州交汇、融合，形成了当今多民族人口构成的特点，其伦理文化也呈现出复杂缤纷的样态。

自古以来，贵州深居内陆，地瘠人贫且箐深路险。无论从经济价值还是政治意义方面来考量，都无法纳入中央王朝大规模连续开疆拓土的视野中，无论是官方还是民间，与中原的沟通往来并不会密切或持续。尽管也有"秦开五尺道"，汉武大帝为了解决凿路人员的给养问题"募豪户田南夷"等官方组织的移民运动。但非连续且相隔久远的政治指令所产生的移民囿于贵州这一特定的时空环境，且与发展演进中的中原文明遥相阻隔、生息不通，于是便逐渐具有了贵州土著的习性和特征。因此在明朝大规模屯兵且随之建立行省之前的贵州，总人口状况呈现出的仍然是"夷多汉少"的主要特征。即使因官方移民举措、戍守或者迁谪等各种原因来到黔地的汉族移民为数不少，但其风俗习惯、伦理文化观念发展演变的总体趋势都是：最终淹没于当地土著的文化风俗之中。直至明初，经济、文化等都非常落后的贵州"开一线以通云南"的战略地位开始凸显。"夷多汉少"的局面才首次得以打破。

洪武十四年，太祖朱元璋在手谕中说："朕览舆图，识云南厄塞。"（《明史》《明纪》）为了打通到云南的驿路并保持其持续畅通，明廷派大军常驻贵州境内的通滇驿路沿线。由于明朝"三分屯垦、七分守城"，以及"军户世袭"的军卫制度，卫所兵丁及家属成了事实上的移民。在贵州大规模设置卫所，这实际上产生了大规模的汉族军事移民；随着中央王朝对贵州开发的深入，部分地区土司势力遭到削弱甚至消灭，并在此基础上设置了府、州、县等地方行政机构，改土归流必然需要大量任职官员的流转，这也属于移民的一种形式；逐利而来的商贾往返；还有依靠土地寻求生存空间而来的汉族农民等。以上这些活动方式产生的规模性的汉族移民大大改变了贵州夷多汉少的局面，为贵州文化的发展增添了新的元素，加速了贵州社会历史变迁的步伐。明末清初贵州土司叛乱，以及清王朝为了平定苗疆生界而派出的兵丁和行政官员，在明初屯兵的基础上重构了贵州的人口成分，这对于贵州家庭伦理文化的发展与推进，在明朝的基础上又是一个极大的转折和促进。

翻阅有关贵州的历史典籍与文献，绝大部分都是汉族知识分子的闻见识录。他们对贵州高原族群的风俗习惯及文化描述与解读都是从他者的视角来看待和描述贵州少数民族的生存状态与社会变迁。而且通常未脱离以汉人为中心的立场和态度。在这些有着极强文化优越感的汉族知识分子和研究者看来，这里居住的族群是不同于先进汉民族的化外之民，贵州亦是化外之地。但贵州理应纳入中央王朝的版图。因此，贵州是内在的"他者"。这些受儒家经典所熏染的知识分子在描述少数民族的食货、风俗等情况时，并非持叙事本应有的价值中立态度，而是带着极大的文化独尊和自我优越感。鉴于这种先入为主的视角，进入他们记载和研究视野的范围和内容就都是以汉人及儒家伦理文化的维度和标准作出取舍和评价，偏颇和遗漏自然就不可避免，所作出的价值判断和评价也就有失公允，其观点和结论达不到再现历史事实的程度，也得不到被评价族群的接受和认同。黑格尔在《法哲学原理》中强调法权相互承认的特质。主体必须要正视并承认他者和对立面，主体的诉求和宣示只有得到对方的理会和承认，才能够实现自己占有或者放弃某物的愿望。因此，无论是采用武力强制推行还是实施教化"用夏变夷"，汉族知识分子要想在黔地推行儒家伦理文化和价值观念，离不开原住民的认同和接纳。本书尝试田野调查和文献佐证相结合的方式客观再现原住民在婚丧嫁娶、家庭邻里之间关系方面的风俗、行为习惯，以及岁时节日等在大规模移民进入前后一定历史时段内的变迁之表现，并从中寻找移民对于家庭伦理变迁影响的方式、途径和结果。这是本书研究的出发点和目的所在。

　　近年来研究贵州社会变迁的相关成果较为丰厚。从历史学角度研究贵州教育史的有张羽琼的《贵州古代教育史》；从民俗学及人类学角度研究贵州屯堡人及屯堡文化问题的成果比较多，如孙兆霞的《屯堡乡民社会》、简美玲《贵州东部高地苗族的情感与婚姻》，以及数量很多的散篇论文；从移民史的研究角度看，把贵州这一区域社会作为研究主题的，只有葛剑雄主编的六卷本《中国移民史》，其中有关于贵州历史移民的问题；从伦理学的角度研究屯堡地戏道德教育功能的，有阳贤、张诗亚载于《民族教育研究》2007 年第二期的论文《贵州省安顺地区屯堡人地戏仪式的道德教化功能研究》。综上所述，从伦理学的角度和移民史的角度，都不乏研究成果。但是在一个论题中同时具有移民视角和家庭伦理变迁视角，并找到此二者之间的共变和函数关系的尝试还较为鲜见。因此笔者试图从这个剖面进行一次研究尝试，以求做一块引玉之砖。

　　关于"移民"这一概念，一般来说是指迁离了原来的居住地而在其他地方定居或至少居住了较长时间的人口。任何参与了这一迁移过程的人都是这次移民中的一员，都具有移民的身份。本书的研究从两个层面来诠释和运用"移民"这个概念的内涵和外延。

　　第一个层面，是作为名词的"移民"，也就是迁离了原来的居住地而在贵州定居或居住了较长时间的人口个体或族群。移民本身就是伦理文化的载体，人口的流动就是文化本身的流动，也是伦理道德观念和价值的迁徙与融合。移民一般有分散性、个体性移民和大规模、集团性移民等形式。一方面，人是社会的动物，每个个体都是他所依存或曾经依存群体的一部分，个人因此会打上那个群体的烙印，所以离开这个群体而迁徙的个人，携带着这个群体的文化符号和族群记忆甚至遗传的文化基因。携带着这些元素的个体或少数移民来到贵州，在心理上与当地数量上占优势的族群之间有一个文化的碰撞、冲突、理解、认同到最终融合的过程。不过由于数量上的弱势，随着时间的推移，一般来说，这些个体移民最终都会被当地风俗习惯所同化。另一方面，族群的迁徙较之于个人的迁徙来说，则更能够整体移植原来的伦理文化模式和由此熔铸而成的行为价值观。迁徙而至的族群与贵州土著族群之间的伦理文化博弈因此就更复杂、持久，结果具有更多的不确定性和动态性。

　　第二个层面是作为动词的"移民"，即从动态的层面、从人口流动或迁徙这一移民运动过程本身给贵州家庭伦理所带来的影响和作用方面来讲的。因为移民运动分主动和被动两种。主动的移民运动更多的是个体族群为了寻找宜居环境而作的迁徙，是移民自身主动和自觉的行为。对自己所亲历的移民事件和结果有直接的认知，因此会积极主动地去同化别人或者被别的族群或个体所同化。在中国历史上，更多的则是官方基于各种目的和原因所组织的，即被动的移民运动。比如戍守的士卒、屯田的民户、贬谪的官员、流放的刑徒等在这一系列移民运动的形式中，移民者本身没有移民的内在驱动力，缺乏对移民行为的理解和认同。从情绪自觉和目标明确这个方面来说，移民可以分为主动移民和被动移民两个大类。主动移民包括任职仕宦、征伐兵士、从地狭人稠之地迁徙而来的农业移民和寻求生存空间的族群整体迁徙；被动移民则包括贬谪的官吏和罪徙人员。主动移民和被动移民对贵州原住民的家庭伦理文化所产生的影响之效果和程度存在一定的区别和差异，这一结论是基于如下逻辑假设：从情绪和内驱力上来说，主动移民对移民行为的原因和目标有着积极的主体自觉，因此在行为方式和准则等方面能够作出接受或者改造当地族群环境的调整，被动移民以自身的优越感对作为环境的当地族群则持一种抗拒的态度。明代之前的历史移民，比如楚国大将庄蹻征夜郎，后王滇数百年，这种拓展版图的行为必然会对贵州的文化启蒙有着不可忽略的影响，秦凿五尺道并设吏治理，对于贵州本土居民来说意味着异质文化的介入；汉武帝开西南夷、募豪户田南夷等，尽管在这类个人或者群体如何及在多大程度上影响了贵州文明进步之进程等方面史料阙载，但是这个事件本身客观上就会产生"用夏变夷"的效果。另外，蜀汉、成汉政权时期，大量引僚入蜀，对于贵州这样一个人烟稀少地区的开发来说，人口减少自然会阻滞或者延缓贵州代表文明与进步的家庭伦理观的形成与完善。

将明代之前漫长历史时期贵州历史上的族群迁入与迁离情况及社会阶段和状态仅仅用一章的篇幅作一个概述，是研究明清贵州社会变迁的必要准备，也是史料不全无法详细分时段研究，不得已而为之的选择。因此，从贵州主体民族的族源构成、迁徙历程及其风俗习惯等方面进行考察分析和研究，是第一章的研究主题。

贵州地处西南边徼，远离华夏文明生息的中原地区。在历史上一直是化外之地和愚昧野蛮的代名词。由于地理条件恶劣及远离中原的缘故，历史上，中央王朝对贵州的开发远远赶不上对其他地方的经略，因此与中原文明在历史中的前进步伐总是存在很大的差距。但是明洪武年间为了保持到云南的驿道畅通而屯兵贵州，是中央王朝大力经略贵州的开始，随后建立行省，兴办儒学等，其规模与力度都是以往王朝所无法比拟的。30 万大军屯戍贵州，给贵州带来了先进的生产工具和生产方式；作为全国 13 个行政区划之一的布政使司的建立意味着地方官僚组织完整及行政事务的增多，来贵州做官的人在数量上史无前例，并因此而形成了一个士绅阶层，这对于贵州社会形态的改变也起着非常重要的作用；设置学校、设科取士等教育的加强也推进了贵州社会的变迁。

1. 屯军与贵州社会的变迁

洪武初年，天下甫定。为了保住所经略的战果以及解决兵士的给养问题，汉武大帝所开创的屯田制度为明太祖朱元璋所继承并发展。为了平定云南的梁王等元蒙残余势力，于洪武十四年（1381）由傅友德等率 30 万大军远征云南，余乱平定，为了确保战果不会易主，以及避免重蹈南宋之覆辙，经略云南是当务之急。否则，就会出现"大军一回，诸夷复叛，力莫能制"①的局面。为了确保湖广和四川的通滇驿路畅通，平定滇黔沿线土司"开一线以通云南"后，遂长期屯兵于黔中的驿道沿线。为了解决屯戍兵马的给养问题，舍丁、军余及屯垦正军在朝廷发给种子、耕牛、农具及相关制度规定下，开始耕种卫所圈定的土地。在明代之前，贵州铁制农具的使用还不发达，刀耕火种的生产方式远较中原落后，屯戍兵丁使用铁器耕种大大改善了贵州的生产方式，生产力得到极大的提高，生产关系也由以封建领主经济甚至原始公社公有制为主演变到以地主经济为主，至少驿道沿线屯军兵士的耕作就是纯粹的封建地主经济。

　　自"永嘉之乱"和"靖康之耻"以后，江南经济已经赶上甚至超过了位于黄河中下游的中原地区。到了元末明初，江南在文化方面也远远超过了北方，屯戍兵士就来自经济文化比较发达的江南。因此，在由卫所兵士所组成的相对完整和健全的社会体系中，也是以儒家伦理文化为主导的伦常社会。这较之于明以前的整个贵州社会来说，是一个根本性的改变。明代之前，贵州社会民族成分构成的主要特征是"夷多汉少"，在社会文化方面，当地族类在历史发展过程和复杂自然环境中形成的独特的文化风俗和价值观念是主流，以儒家思想为核心的汉文化自然不可能占据当地居民的观念和行为。因为少数的汉人，处在少数民族占绝大多数的环境中，为了获得物质和精神供给，不可避免要与当地土著打交道，所以只能服从"变服、从其俗"，即被当地族群所同化的命运。洪武年间大规模的汉族兵士屯戍贵州，则构成了一个独立、完善、自给自足的自组织社会系统。儒家文化的行为模式和价值信仰是这个社会的指导原则。对于屯兵点周围的非汉族群而言，以儒家文化为主导的汉族移民社会代表一种先进的行为范式和文明，对于蒙昧落后的社会组织来说有一种自然的吸引力，能够强有力地改变或者影响边地居民的文化取向，从而导致社会的变迁。

　　2. 贵州的开发与建立布政使司

　　据史料记载，自先秦以来，中央王朝就开始了对贵州的经略与开发。但种种原因导致这种开发只是不连续、分散和局部的偶然行为。从明初开始，才拉开了在政治、经济、文化等方面大规模开发贵州的序幕。永乐十一年（1413），在明太祖军事占领和改土归流所取得成果的基础上，析湖

_____

①　贵州民族研究所：《明实录贵州资料辑录》，贵州人民出版社1983年版，第34页。

广、云南和四川的部分版图，以及新归顺的之前不属于此三行省的地方民族土司辖地成立贵州布政使司。建立行省是政治开发过程中的一个重要举措，因为这意味着中央王朝对这一地区的直接统治。在经济方面，配合屯兵，采取多种措施招徕"移民就宽乡"，广开驿路，建立官署等。在文化方面，创办了一批卫学、司学和府州县学，以及书院和社学，并且随着明代社会的发展，在贵州实行了开科取士。一改明以前贵州教育之自发性和民间性的特点。

永乐十一年（1413）建立了贵州布政使司，这意味着如果要建立完善的官僚体系来管理贵州地方事务，就需要大量的汉族官吏及家属到贵州工作、生活，在中央集权的帝国时期，官吏都是由朝廷统一派遣。这些到贵州履职的官宦是儒家伦理文化得以在贵州传播的决定性力量。因为王朝的官员都是饱读诗书通过科举考试走上仕途的士绅阶层。他们的迁移与流动本质上就是儒家文化进入贵州的具体表现，且他们手握王朝权柄，在身体力行且推广儒家伦理方面就拥有绝对的优势和强力。这促使他们在推行自己政治主张的同时也推行儒家行为价值取向。况且，"人口在空间的流动，实质上也就是他们所负载的文化在空间的流动。所以说，移民运动在本质上是一种文化的迁移"①。

作为体现中央权力的这些流官对于贵州社会变迁的影响，既有自发的无意识的影响；也有自觉的有意识的引导。一方面，相对于"俗无文字，刻木为契"的土著居民来说②，为儒家文化所濡染的流官是谦谦君子，是以强势征服者和统治者的姿态和身份出现的，征服代表一种优越与先进，人类对于比自己先进和优秀的东西向来缺乏免疫力，借鉴和模仿就是必然的了。这种无意识的示范行为对于贵州社会的变迁与发展起着非常重要的推动作用。另一方面，文化习俗与儒家核心观念的相左与冲突是少数民族叛服无常的原因所在，为了维护中央朝廷对边疆地域的稳定统治，用儒家思想"以化夷俗"，从而构建对"中华国族"的认同势在必行。官员本身就是通过苦读儒家经典参加科考走上宦途的，因此兴办书院、教授儒学、传承儒家文化就成了他们实现"边夷之地比同中州"理想的重要途径。

---

① 葛剑雄等：《中国移民史》（第一卷），福建人民出版社 1997 年版，第 102 页。
② 注：贵州也有一些民族有自己的文字，如彝族、水族、苗族，但相对于 17 个世居民族来说，没有自己的文字毕竟是贵州大部分族群的共同特征。

3. 教育与贵州家庭伦理演变

教育是保证人人享有他们为充分发挥自己的才能和尽可能牢牢掌握自己命运而需要的思想、判断、感情和想象方面的自由。在明代以前，官方教育没有泽被偏远的贵州，因此教育的内容和形式都是民间的，主要依靠生产劳动和生活经验代代相传。明廷在贵州兴办学校、设科取士主要是基于两个方面的目的。一是解决兵士子弟的求学问题。因为贵州地处西南荒徼，屯戍贵州的卫所士兵都是江南耕读之家的子弟。通过读书科举走上仕途的价值取向是传统文化长期熏染的结果。因此，他们有读书的内在动力，也是其子弟实现社会阶层向上流动的唯一途径。同时，以儒家文化为立朝之本的封建王朝，用儒家纲常维系基本社会秩序的制度安排也是必须推行儒学教育的原因之一。但是贵州本身的文化事业比较落后，教育很不发达。无法满足 30 万屯戍大军及其子弟的教育需求。卫学的设立解决了这个问题。明廷在贵州大力兴办学校的第二个目的是：教育乃化夷俗、明礼节、杜悖理争讼之道。

> 洪武二十八年六月壬申（初十）（1395 年 6 月 27 日）户部知印张永清言："云南、四川诸处边夷之地，民皆啰啰，朝廷与（谕）以世袭土官于三网（纲）五常之道，懵焉莫知。宜设学校以教其子弟。"上然之，谕礼部曰："边夷土官皆世袭其职，鲜知礼义，治之则激，纵之则玩，不预教之，何由能化。其云南、四川边夷土官，皆设儒学，选其子孙弟侄之俊秀者以教之，使之知君臣、父子之义，而无悖礼争斗之争，亦安边之道也。"①

又如：

> 永乐十二年正月戊戌（二十三）（1414 年 2 月 13 日）乌撒军民府经历钟存礼言："府故蛮夷地久沾圣化，语言渐通，请设学校、置教官，教民子弟，变其夷俗。"从之。②

教育与家庭伦理观念的变迁有着一定的函变关系。尤其是屯戍的官兵

---

① 贵州省民族研究所编：《明实录贵州资料辑录》，贵州人民出版社 1983 年版，第 94 页。
② 同上书，第 144 页。

或者流官，倡导设置学校等教育方面的举措，对于贵州这片化外之地"夷俗"的改变，有着非常重要的促进作用。因为教育本身就是使人脱离愚昧无知的自然状态进入文明状态的唯一有效的途径和方法。儒家伦理文化得以在边疆少数民族地区推行的前提就是：通过教育使之了解、学习并践行。

（二）研究方法的说明

本书所进行的是一个多学科交叉的研究，涉及民俗学、人类学、社会学、历史学、伦理学、哲学等。因此在研究方法上就比较复杂。既有抽象的理论演绎，亦有具体的经验观察、数据分析、现象描述等。从抽象层面来看，伦理问题是一个哲学问题，从纷乱杂呈的现象中找到事物的本质和根源，在经验的基础上抽象出非经验的逻辑和理论等，是本书研究的基本方法。除了抽象方法以外，更多的是运用社会科学研究的具体方法：社会学的调查法（田野调查）、访谈法、对比研究等方法。具体说来，本书的田野调查是在基本理论构建已经形成后进行的。目的是为了佐证既定的概念陈述和理论定位。调查对象的典型性和代表性是本书田野调查选址的主要参考指标。如对汉族移民的典型代表——屯堡村落的考察，对贵州东部高地——凯里西江苗寨少数民族社会的考察等。关于访谈法，本书采用的是开放式的交谈，而不是封闭式的问卷填写及相应的数据处理。关于比较研究方法，本书的切入点是历史时间上的纵向比较而非空间差异的横向对比。

第一章　明以前贵州历史移民与家庭伦理文化的一般特征

自远古至明初，贵州一直都不是王朝版图中与其他行政区划并存的行省。没有舆图和人口的官方记录数据。但据史料和考古发现①证明，这片17万平方千米的土地上早在旧石器文化时期就有人类居住这一事实却是确凿无疑的。族群的迁徙和人口的流动也是真实发生过的。尽管由于人口密度低，相对于中原地区来说，社会变迁的节律相对缓慢，但民族融合、文化发展、社会演变的历史行为，并不是虚无或者停滞不前的。贵州社会的发展和变迁与中原历史的演进一样，都遵循着由低级到高级、由简单到复杂这一人类社会发展的普遍规律。贵州地处西南，远离黄河流域这一华夏文明的发祥地。其地北接巴蜀，东邻湖南，南与广西接壤，西与云南毗连，这几个地方的各大族系迁徙流动并在贵州汇集；再加上群山起伏、千沟万壑，复杂的地理环境及由此导致的交通不便构成了相对封闭的社会环境，这些因素决定了贵州民族构成的复杂性和多样性，以及和中原族群相比较而言的差异性。来自不同地域的不同族群与贵州世居族群融合、渗透，构成了近现代以来贵州主体民族独特的文化特征和面貌。

自商代以来，来自西北的氐羌族系（彝族先民）、东部南蛮、沿珠江流域溯江而上的百越民族，以及在历史的发展中因屯田、经商、战争、贬谪等迁来的汉人与贵州世居的濮人、僚人融合、繁衍，形成了贵州的主体民族，如水、侗、布依、苗、仡佬、土家、蒙古、回等。族群之间为了寻求生存空间而进行的迁徙、融合、分化与发展是先秦、秦汉至宋元时期中国历史的主流，也是贵州历史发展的主旋律。地处四川、湖广、云南相互穿插的贵州，来自这几个地方的各大族系均在此相遇、交汇、融合。特别

---

① 　参见李衍恒《贵州文物考古三十年》，《贵州民族研究》1979 年第 1 期。

是汉、晋以来，"氐羌"东进，"南蛮"西移，"百越"由南向北推进，汉族自北南下，贵州社会缓慢变迁和发展的节律被打破，"濮僚"渐渐丧失其独特的民族个性而融合在各迁徙而至的族群之中。

各部落或族群之间相互对流、互为穿插，随着时间的推移，彼此之间在行为习惯、价值取向等文化形态方面遵循着"碰撞—冲突—容忍—接受—认同"的趋势，最后达到彻底融合、不分彼此的程度，从而形成一个相对稳定的具有新文化特征和共性的族群。在此基础上融合以后发展起来的新族群在历史进程中又面对一个更新的移民族群的时候，这种碰撞、冲突、分化、融合的规律再次发生作用，文化就随着新族群的加入和时代的更迭与变迁而发生流变，家庭伦理价值观的嬗变也是民族融合的必然结果。

大体说来，上古时期，今黔西北地区以至黔东北一带，受巴、蜀、滇及中原文化的影响较多，而黔南至黔西南与古代百越各部的关系比较密切。[①] 东部地区则与楚文化联系较多，西迁的"九黎""三苗"和栖居在川、鄂、湘、黔交界地区的"磐瓠蛮""五溪蛮"对于贵州当地居民主体民族成分的构成都起到了至关重要的作用。

爱尔维修认为，人是环境和教育的产物。在漫长的历史发展过程中，自然环境对于人的模塑作用不可小觑。由于时空的差异，繁衍发展于不同地域和不同历史时段的族群具有不同的文化特征，并由此而铸就了不同的族群特性和彼此的文化差异。具体来说，氐羌、南蛮、百越、濮人等族群，从不同名称可以看出其所涵养的族群文化的差异。在缔结婚姻，养育子女，处理夫妻、父子、兄弟、朋友、邻里之间关系等方面所持有的家庭伦理观念就会不同。因此会形成各自的家庭伦理文化特色。

第一节　贵州历史移民概况

公元前5世纪到公元前1世纪，中原大地已经呈现了"百花齐放、百家争鸣"的文化盛宴和七雄争霸的政治格局，并逐渐创立了大一统的中央集权政治模式，儒家学派留下了塑造民族文化特征的浩繁经典。贵州高

---

① 参见何仁仲主编《贵州通史》（第一卷），当代中国出版社2003年版，第127页。

原地处西南边陲，远离华夏文明栖居的中原地区。考古资料表明，早在距今 24 万年前，就有人类在贵州高原这片土地上繁衍生息。有关史籍将贵州这一最古老的族群称为濮人。但从上古至秦汉时期，贵州还是人烟稀少的蛮荒之地，据《中国移民史》统计，在两汉时期，贵州人口密度为每平方千米还不足 1 人①。因此相对于华夏文明的发祥地——黄河流域中下游来说，贵州生产力落后，社会发展的进程缓慢，代表人类文明的家庭伦常义理还无法得到完整的表达和执行。但人口密度小意味着能够为其他族群的迁入预留足够的生存空间。因此，部落之间争夺生存空间的战争以及游牧渔猎民族寻找更适合生存的场所等，使得贵州在漫长的历史长河中迎来了一批又一批移民。根据《史记》记载贵州一些少数民族的神话传说得知，与轩辕黄帝战于涿鹿而败走的蚩尤部落从西北经楚地辗转到了贵州东部高地。武陵山区的"五溪蛮"或者"盘瓠蛮"，也是属于寻找生存空间的迁徙族群。氐羌族系的彝族先民属于游牧民族，逐水草而居，逐渐推进并最终进入位于其东部的贵州地区。百越民族在秦朝和汉代中央王朝的屡次打击之下背井离乡，溯江而上来到黔地。在战国末期，楚将庄蹻奉楚王命远征滇国，秦一统六国导致归路被截以后，遂在滇称王，繁衍子孙后代数百年，成了滇黔土著居民；秦凿五尺道，设黔中郡；汉武大帝开西南夷，修南夷道，"募豪户田南夷"的屯田措施，派兵途经贵州讨伐南越国；后来历朝历代中央王朝对贵州的开发和羁縻等政策所产生的汉族移民等。这些移民运动都具有鲜明的时代特征和民族特色。世居的濮人部落与迁徙而至的其他族群（汉族和其他族群部落）共同生活在这片土地上，在文化观念、生活习惯等方面冲突、融合、分化，到了明初，形成了既具有共同性又具有独特个性的多个族群部落，以及具有部落方国政权性质的土司集团。

在历史上，贵州各具特色的族群大致有：保僮、仲家、亿佬、佯猄、苗、侗、土人、宋家、僚、僰人、水、僮、瑶等；势力较大且具有政权性质的土司分别是：以霭翠和宋蒙古歹为首领的黔西北的水西、水东两大土司，黔东南的田氏土司，播州杨氏土司等。以这些名称载于史的非汉族类，迄至明初，相对于因征战和开发而来的汉族移民来说，就是土著民族和原住民。在《弘治贵州图经新志》《嘉靖贵州通志》、郭子章的《万历

---

① 参见葛剑雄等《中国移民史》（第一卷），福建人民出版社 1997 年版，第 56 页。

黔记》和清代罗绕典的《黔南职方纪略》等明清两代有关贵州的志书中，对这些少数民族统称为"夷人"或者"猡猡"。但这些族类在历史上的形成和演变，也不是原生态和一成不变的，而是几大族系在漫长历史进程中交汇融合的结果，各自形成的历史和方式不同，其特征也有差异。

一　濮人族系：世居民族的发展与衰落

有关濮人的文献记载，最早见于《尚书·牧誓》："王曰：嗟！我友邦冢君御事，司徒、司马、司空，亚旅、师氏，千夫长、百夫长，及庸、蜀、羌、髳、微、卢、彭、濮人。称尔戈，比尔干，立尔矛，予其誓。"即将濮人与庸、蜀、羌、髳、微、卢、彭等部落并称。孔安国注曰，这些部落"皆蛮夷戎狄也"。《逸周书·王会解》，"卜人以丹砂"，孔晁注"卜人，西南之蛮"，"卜"即"濮"。《史记·楚世家》载："叔堪亡，避难于濮。"《正义》谓："刘伯庄云，濮人在楚西南。"

我国长江流域这种被称为"濮"的古族群，在商、周时期，因其分布辽阔、人口众多，而有"百濮"[1] 之称。据《逸周书·王会》和《尚书·牧誓》记载，今鄂西江汉一带的濮人，在殷商初期就曾以犀象、翠羽、短狗等方物，作为向王朝进献的贡品；商、周之际，濮人又参与了周武王领导的伐纣之役，以后遂成为周王朝的属民，以丹砂向周天子纳贡。春秋时期楚国强盛，多次向濮人发动战争。楚武王三十七年（公元前704），楚伐随（今湖北随州市），"始开濮地而有之"（《史记·楚世家》）。楚庄王三年（公元前611），"麇人率百濮聚于选，将伐楚"（《春秋左氏传·成公十六年》），后被楚国联合秦国和巴国所败。其后，濮人势力衰落，大部分在当地被周围的其他民族融合，少数则被迫西迁到今湘西、黔东北一带。《史记·集解》引《括地志》云：濮在楚西南。根据现在地理位置可知楚西南就是贵州的东部，即濮人在贵州这片土地上休养生息、世代繁衍，是贵州高原最早的世居民族。

贵州考古发现表明，早在战国末期，生活在贵州的人类社会就进入了体现贫富差距的阶级分化阶段。[2] 据《华阳国志·南中志》中庄蹻入滇，"溯沅水，伐夜郎，军至且兰，椓船于岸而步战"的记载，可知战国时期

---

① 贵州省地方志编撰委员会：《贵州省志·民族志》，贵州民族出版社 2002 年版，第493 页。

② 参见宋世坤《可乐考古杂记》，《贵州文物》1982 年第 1 期。

贵州就有了少数民族的部落方国。在考古发掘中还出土了束发的发钗和木梳，由此可以推测这可能就是被称为"耕田，有邑聚"的"魋结"之民，即西迁濮人之后裔。

夜郎部落就是"魋结之民"的濮人，夜郎是濮人族群中最大的部落方国。据《华阳国志》载①，汉武帝派大将唐蒙奉币帛约见夜郎侯多同，约为置吏。旁小邑贪汉缯帛，故皆且听命。从后来杀夜郎竹王，导致"夷濮阻城"，从"咸怨诉竹王非血气所生，求立后嗣"等情形来看，夜郎及其旁小邑都是濮人族群的部落方国，并且夜郎最为强大。但是濮人族群的发展经历了一个由盛转衰的过程。据《史记》记载②，在汉武帝时期，夜郎王和滇王一样，向汉使者提出"汉孰与我大"的问题，由此流传下来了一个"夜郎自大"的千古笑柄。不过当时夜郎国强盛的程度由此可以窥见一斑。随着中央王朝势力在夜郎地区的深入，以及别的族群之入侵的多重打击之下，夜郎乃至濮人族群日渐衰落，最终融入别的民族当中，形成新的族群。因为中央王朝的武力征伐；新族群入侵所导致的冲突和战争，以及新族群所携带的异质性文化之进入和渗透；汉文化在武力驱使下的强势介入等因素导致濮人伦理文化惯性延续的内在自发动力和历史方向因此受阻滞而日渐衰落直至中断。从某种角度上看，濮人对中央王朝的反抗和与入侵族群的战争就是他们对"非我族类"所代表的异质文化排斥和抗拒的表现和结果。但是夜郎国的覆灭和衰落以及濮人融入其他族群这一结果表明：作为一个种群所携带并参与他们族群性格构成的濮人伦理文化已经为其他伦理文化所取代或者至少被稀释。从而逐渐模糊了它的载体——濮人作为一个民族的特征。但这是一个非常漫长的过程，漫长到不能够从一个王朝或者一个历史时期就可以看得出其差别和变化，且涉及其间的历史事件也非常复杂。

《史记》记载，汉武帝时期为了牵制南越国，唐蒙建议若从牂牁江浮船至番禺，乃制越一奇，且"窃闻夜郎可得精兵十万"。元鼎六年（公元前111），及至南越反，汉军兵分四路远征南越，其中一路就是从牂牁江浮船南下，咸会番禺。夜郎旁小邑且兰君恐远行以后旁国掳其老弱，不愿出兵征南越，乃与其众反。但是浮船牂牁咸会番禺这一路兵还未到，南越已平。于是汉军返回行诛头兰等小国。夜郎看到自己以前所仰赖的南越已

---

① （晋）常璩撰，刘琳校注：《华阳国志校注》，巴蜀书社1984年版，第341页。
② （西汉）司马迁：《史记》卷一一六，中华书局1959年版，第2996页。

灭，也只好遂入朝，被封为夜郎王。[①] 这对于夜郎方国乃至整个濮人族群来说，都是沉重的打击。因为不仅赖以依存的南越国不复存在，而且自身也受到西汉王朝的节制，势力遭到严重削弱。且南越国的覆灭导致其辖域内的这一支百越人不得不向外迁徙逃亡。但由于南越国西是大汉国土，东是大海，南是安南国政权，因此，北上沿广西向相对开放、空间相对宽裕且没有强势族群阻挠的黔地迁徙是其唯一的选择。这些百越人到达黔南乃至黔中一带，与势力已经遭到削弱的濮人在摩擦与碰撞中相处乃至最后融合。当然，中央王朝的控制和打击使濮人势力遭到严重削弱这一历史事件，是在一个时间跨度较长、进展缓慢的过程中完成的，况且中央王朝对这一支系少数民族的征服与讨伐，不是一次性的武力攻伐就大功告成，而是持续的辅之以行政决策的一个历史阶段的长效机制。且某一时期对外征伐兼并与否是根据王朝势力的强弱来决定的。比如在秦亡基础上建立起来的汉朝，历经 70 多年的休养生息，才具有了为汉武大帝的"犯强汉者，虽远必诛"[②] 豪气奠定基础的包括财力、物力和人力在内的国家实力。

在两汉时期，汉朝国力强盛，开疆拓土成了王朝励精图治的表现方式。汉武帝时期，王朝的触角已经伸到黔地，在部分地区设置了边郡。但因交通不便、鞭长莫及以及文化和语言的隔膜与差异，使其无法将贵州完全纳入王朝版图，实现比同中州的管理，贵州大部分疆域和人口还属于当地民族部落或地方民族政权的独立统治区，因此当时黔地只是一个"郡国并存"的局面。即中央王朝设置的郡县与部落方国共同存在，郡县范围及势力的大小随着中央王朝势力的盛衰而相应盈缩。据《汉书》记载[③]，成帝和平年间，夜郎王兴、句町王禹、漏卧王俞举兵相攻，汉派使节持节和解，但兴不从命，最后被诛。兴之岳父翁指挟兴之子邪务反叛，金城司马陈立任牂牁太守，讨平了追随翁指公开叛乱的 22 邑。这一事件使濮人族群自汉武帝开西南夷后再次遭到沉重打击。称谓也逐渐发生了从"濮""僰"到"僚"或"獠"的改变。《说文解字》谓，"僰，犍为蛮夷"，《路史·国名记》言："僰，僰侯国，今戎之僰道，音朴。"从名称上的改变可以看出濮人族群逐渐衰落的历史轨迹。

除了中央王朝的武力打击外，人口流失也是导致濮人衰落的主要原

---

① （西汉）司马迁：《史记》卷一一六，中华书局 1959 年版，第 2994—2995 页。

② （东汉）班固：《汉书》卷七十，中华书局 1962 年版，第 3015 页。

③ （东汉）班固：《汉书》卷二十八，中华书局 1962 年版，第 3837—3846 页。

因。三国时期，诸葛亮平定南中后，从南中征用了大量的人力、物力和财力，使蜀汉政权得以"费用不乏"①。而且在流行贩卖奴隶的先秦两汉时期，很多商人把西南夷的人口贩卖到巴蜀富裕人家为奴。《史记·西南夷列传》载："巴蜀民或窃出商贾，取其筰马、僰僮、髦牛，以此巴蜀殷富。"《汉书·地理志》"南贾滇僰僮"，颜师古曰："言滇僰之地多出僮隶也。"《路史·国名记》言："僰，僰侯国，今戎之僰道，音朴。"可见，"僰"与"濮"乃同音异写，魏晋以来的史料已无"僰人"之称，取而代之的是"僚人"。到了成汉政权时期，李特大量引僚入蜀，据史料记载有 10 万落之多，遍居蜀之山谷。梁李膺《益州记》曰："李寿从牂牁引僚入蜀境，自象山北尽为僚居。"查据相关史料，"僚"即"濮"矣。由此可推之，这一系列大规模人口迁出的历史事件加剧了贵州濮人人口减少和势力衰落的历史趋势，延缓了贵州社会历史变迁的步伐。因为一定数量及规模的人口是社会发展的必要条件，尤其在纯粹依靠劳动力创造物质财富的传统社会，人口就意味着生产力。贵州当时人口本就稀少，而且濮人势力已经衰落，大规模的人口迁出行为使濮人作为族群的特征在史籍记载中逐渐模糊。南北朝时期的有关文献中，有关濮人的信息就渐渐绝迹，只有"僚濮""僚人""仡僚""鸠僚"等称谓可以与先秦两汉时期史料中有关濮人的事迹相联属。这些族称的嬗变，并不只是简单的名称更迭，这反映的是各族群内部或者各族群之间离散、共居与融合并产生具有鲜明文化特征的新族群的过程和结果。唐宋以来，这个融合了百越等族系之民族血缘和文化的混合群体开始向独特民族特征的单一民族体发展，形成了现在的侗、布依、仡佬等民族。

随着历史时空的变换，"濮人"逐渐发展演变为"僚人"。据史料记载，僚人为耕田、有邑聚的农耕民族，魋髻、跣足。居住的房屋是依山而建的吊脚楼，史称"干栏"。其家庭伦理观念，在魏晋南北朝时期还处于原始民族的野蛮和蒙昧状态。《魏书·僚传》载：

> 僚者……略无氏族之别。又无名字，所生男女，唯以长幼次第呼之。其丈夫称阿謩、阿段，妇人阿夷、阿等之类，皆语之次第称谓也……至于忿怒，父子不相避，惟手有兵刃者先杀之。若杀其父，走

---

①　（西晋）陈寿：《三国志》卷四三《李恢传》，中华书局 1959 年版，第 1046 页。

避，求得一狗以谢其母，母得狗谢，不复嫌恨。若报怨相攻击，必杀而食之。平常劫掠，卖取猪狗而已。亲戚比邻，指授相卖，被卖者号哭不服，逃窜避之，乃将买人捕逐，指若亡叛，获便缚之。但经被缚者，即服为贱隶，不敢称良矣。亡失儿女，一哭便止，不复迫思。惟执盾持矛，不识弓矢。……至有卖其昆季妻奴尽者，乃自卖以供祭焉。①

由此可知，这些族类在处理家庭成员及邻里之间的关系时，其行为方式是蒙昧和野蛮的。如父子刀刃相向，亲戚邻里互卖为奴，对于生离死别的无所畏惧，甚至有血腥的食人之风等。这与尊崇秩序与礼俗的文明社会不同，更与儒家的父慈子孝、兄友弟恭、夫义妇顺的家庭伦理观格格不入。儒家伦理文化中视之为犯上作乱甚至大逆不道的行为在他们一如常事。即体现父子、夫妇、兄弟等代表文明与进步的家庭长幼、尊卑、贵贱的伦理维度和道德秩序还没有建立起来。

二　彝族先民：氐羌族系的东进

在历史上，夷人与濮人一起并称为西南夷。最早详细记载西南夷情况的，是《史记·西南夷列传》：

> 西南夷君长以什数，夜郎最大；其西靡莫之属以什数，滇最大；自滇以北君长以什数，邛都最大：此皆魋结，耕田，有邑聚。其外西至同师以东，北至楪榆，名为嶲、昆明，皆编发，随畜迁徙，毋常处，毋君长，地方可数千里。自嶲以东北，君长以什数，徙、筰都最大；自筰以东北，君长以什数，冉駹最大。其俗或土著，或迁徙，在蜀之西。自冉駹以东北，君长以什数，白马最大，皆氐类也。此皆巴蜀西南外蛮夷也。②

嶲、昆明、白马即夷人，族属大抵氐羌类，是随畜迁徙的游牧民族，两汉时期居住在今川西北和云南的东北部一带。关于氐羌的族源，《后汉

---

① （北齐）魏收：《魏书》卷一〇一，中华书局 1974 年版，第 2248—2249 页。
② （西汉）司马迁：《史记》卷一百一十六，中华书局 1959 年版，第 2991 页。

书·西羌传》这样记载：

> 羌无弋爱剑者，秦厉公时为秦所拘执，以为奴隶。不知爱剑何戎之别也。后得亡归，而秦人追之急，藏于岩穴中得免。羌人云爱剑初藏穴中，秦人焚之，有景象如虎，为其蔽火，得以不死。……诸羌见爱剑被焚不死，怪其神，共畏事之，推以为豪。河湟间少五谷，多禽兽，以射猎为事，爱剑教之田畜，遂见敬信，庐落种人依之者日益众。羌人谓奴为无弋，以爱剑尝为奴隶，故因名之。其后世世为豪。①

以爱剑及后裔为豪的羌人在河湟间休养生息。到了其曾孙忍时，秦献公初立，欲复秦穆公之迹②，因此再次对羌人的生存构成了威胁。为了逃避灭亡和被奴役的命运，其中卬的这一支选择离开河湟地带，长途迁徙。

> 忍季父卬畏秦之威，将其种人附落而南，出赐支河曲西数千里，与众羌绝远，不复交通。其后子孙分别，各自为种，任随所之。或为牦牛种，越巂羌是也；或为白马种，广汉羌是也；或为参狼种，武都羌是也。③

这支畏秦之威的以卬为首领的羌人部落迁徙到了甘肃西部、四川中部即成都附近的广汉以及四川西部的西昌一带。作为"毋长处，毋君长，随畜迁徙"的游牧民族来说，逐水草而居是其生活的常态。在越巂的"牦牛"羌种到了更适合生存的云南之昆明一带，广汉的白马羌到了川西南与贵州接壤的地方。

氐羌族系中的昆明各部，汉晋以来日渐强大，遍布滇东、川南，形成了史称"倮倮、罗罗或者猡猡"的彝族先民，即南北朝至隋唐时期的白蛮和乌蛮。南北朝时期，爨氏得势以后，"东爨乌蛮"（彝族先民）不断沿乌蒙山东进到黔西北一带。到了唐代，南诏兴起，"乌蛮"势力更达于

---

① （南朝宋）范晔：《后汉书》卷八十七，中华书局1965年版，第2875页。
② 据唐代李贤等注，此乃指秦穆公曾经独霸西戎这一业绩。参见《后汉书》卷八十七，中华书局1965年版，第2876页。
③ （南朝宋）范晔：《后汉书》卷八十七，中华书局1965年版，第2875—2876页。

贵州西部。氏羌族系的夷人从云南和川西南迁徙到了贵州境内。他们是今西南各地彝语支各族的先民，贵州境内的彝族就与这部分古代氏羌有密切的族属渊源关系。彝族文献将其祖先的来源一直追溯到三国时期的诸葛亮南征。相传他们的祖先济济火因为于诸葛亮擒纵孟获有功而被封为罗甸王。这表明至迟在汉末，彝族先民已经在黔西北毗邻云南的地方生息繁衍了。到了北宋初期，从普贵朝觐，宋太祖颁布《赐普贵敕》① 一事看来，彝族部落比较繁盛，能够从西南到河南开封朝觐，这么长距离的跋涉，需要强大的物质力量作后盾，而且已经建立了比较强大的地方民族政权。氏羌部落从云南到贵州，这是一段并不遥远的迁移距离，且与故地声息相连、血脉相通。因此其文化观念和民族特性才能够得到相对完好的保存与延续。黔地的夷人繁衍发展，到了魏晋南北朝时期，其作为南中大姓的崛起，尤其是爨氏在滇黔边境的发展与壮大，就是其文化属性在相似或相近环境生态圈内整体移植并有效成活的表现。

南宋时期，由彝族建立的自杞、毗那、罗甸国和罗施鬼国的兴起竟然成了梗阻在中原王朝与滇之通道上的障碍。滇马只能通过这些部落藩国的人转运至广西进行交易。② 自杞、毗那、罗施鬼国、罗甸国、乌撒等称谓就常见诸宋元时期的史籍了。水西安氏彝族土司，明之前生活在乌江上游鸭池河以西，元代封其为亦西不薛。到了明朝，以霭翠为首领的水西土司因为诚心向明，被明太祖封为"安的"。终明一世，水西土司成了中央王朝开发贵州和经略云南不得不谨慎对待的一个至关重要的具有地方政权性质的民族集团。明太祖朱元璋意识到，如果霭翠辈不尽服，虽有云南，亦不能守也。因为水西土司的领地包括整个黔西北地区，都是通滇驿路的必经之地。如果水西土司作梗，王朝与云南的联系将"声息断绝"，云南必将成异域。自洪武年间始，水西土司终明一世都是明王朝在贵州推行政令、赖以统治的地方势力，也是牵制王朝势力在贵州进一步扩大和深入的主要力量。太祖朱元璋对水西的态度也从最初的戒备到后来认为水西"最为诚恪"。当时宣慰同知宋钦之妻刘淑贞和霭翠之妻奢香告御状，说马烨以事挞香，激变夷民。为了平息事态，朱元璋处死了封疆大吏马烨。③ 彝族水西土司在

---

① （清）鄂尔泰等：《贵州通志》卷三十三，文渊阁四库全书本。

② （宋）范成大撰，严沛校注：《桂海虞衡志校注》，广西人民出版社 1986 年版，第 56 页。

③ （明）周洪谟：《安氏家传序》，（明）王耒贤、许一德纂修《（万历）贵州通志》卷二十三，日本藏中国罕见地方志丛刊本，书目文献出版社 1991 年版，第 579—582 页。

贵州的地位和势力由此可见一斑。

三　南越：百越族群支系的北上

百越即古越族，是长江以南我国古代规模最大的一个族群。百越族是居于现今中国南方和古代越人有关之各个不同族群的总称。夏称之为"越"，商称之为"蛮越"或"南越"，周秦时期的"越"除专指"越国"外，亦同样是对南方诸族的泛称。周朝称之为"扬越""荆越"，战国称之为"百越"。文献上也称之为"百粤"，粤，越族，其分布甚广，内部各有种姓，杂处于现今中国南方各地。《汉书·地理志》注引臣瓒曰："自交趾至会稽七八千里，百越杂处，各有种姓。"[1]

越族的先民，早在商周时代就和中原地区有密切往来。古越族在经过漫长的历史演变之后，到了战国时代，已分化成众多的支系。在南方地区，其族群支系繁多，历史上有句吴、于越、东瓯、闽越、南越、西瓯、骆越、滇越等支系。从战国时期的文献开始，便出现了"百越"这一个新的称谓。战国后期，除了有百越这个名称以外，还有"扬越"这个名称指代以扬州地区为要的东南之越族。扬州包括今淮南、长江下游和岭南的东部地区，有时又包括粤、桂在内的整个岭南地区。百越中的一支——南越国的主体族群，在一定程度上参与构成并模塑了贵州原住民的成分和民族特性，因此与贵州主体民族族源有着非常紧密的联系。据《史记》记载[2]，秦始皇统一六国以后，命任嚣率50万大军，南征五岭，在南越民族世居的土地上分别设置了南海、桂林和象郡。秦朝二世而亡，当时随任嚣一起征南越的赵佗乘机建立了以南越族为主体民族的"南越国"。时逢汉初奉行休养生息政策，对待周边少数民族政权采用的是无为而治的方针，尽管其间在物质交换等方面对南越国有所限制。比如《史记》载：

> 高后时，有司请禁南越关市铁器。[3]

但是近百来年没有战争兵燹，赵佗的南越国得以存续并发展壮大。汉王朝经过这一段时期的休养生息和励精图治，才有了国力强盛的"文景

---

[1]　（东汉）班固：《汉书》卷二十八下，中华书局1962年版，第1669页。
[2]　（西汉）司马迁：《史记》卷一百一十三，中华书局1959年版，第2967页。
[3]　同上书，第2969页。

之治"和汉武大帝"犯我强汉者，虽远必诛"的底气和豪迈气魄。

为了实现开疆拓土，振兴汉室的雄心和抱负，汉武大帝在经济、政治、文化等方面实施了一系列的改革和创新举措。为巩固皇权，汉武帝建立了中朝，在地方设置刺史。开创察举制选拔人才。采纳主父偃的建议，颁行"推恩令"，解决诸侯势力，并将盐铁和铸币权收归中央。文化上采用董仲舒的建议，"罢黜百家，独尊儒术"。结束了先秦以来"师异道，人异论，百家殊方"的局面。有了丰厚的物质储备和以儒家文化为核心的"大一统"的意识形态，一改对待周边少数民族势力无为而治的态度，经略边疆、拓展版图因此提上了议事日程。北击匈奴，东并朝鲜，南诛百越，西越葱岭，征服大宛，奠定了中华疆域版图。其中，南诛百越与贵州族群新鲜血液的补给有着直接的关系。元鼎五年，汉武帝以南越国丞相吕嘉谋逆为借口，兴兵诛南越，赵氏政权就此瓦解，南越国不复存在。战争就意味着抢夺和杀戮。经过秦始皇和汉武大帝的两次讨伐，这一支百越族系的地方少数民族政权瓦解了，而且也严重削弱了他们的族群势力，因为对于非统治阶层的一般民众来说，举家或者聚族远徙他乡是躲避战祸的不二选择——百越人被迫背井离乡进行迁徙。《史记》载：

（始皇）南攻百越……深入越，越人遁逃。[①]

在汉武帝遣兵征南越的时候，《史记》又载：

元鼎六年冬……梨旦，城中皆降伏波。吕嘉、建德已夜与其属数百人亡入海，以船西去。[②]

权力阶层在兵败的时候都只能选择逃亡，何况手无寸铁的一介平民。由于南越国东边是浩瀚无边的大海，西是汉族政权及势力的阻挡，南是骆越交趾王国的梗阻。其所处的这样一种地理位置和环境决定了他们只能溯江北上来到当时的夜郎之地。南越民族北迁黔地，除了地理位置上的别无选择外，还有另外一个方面的原因就是，在这场战争之前，作为黔之较大部落方国的夜郎国，与毗邻的南越国有比较密切的联系，甚至隶属于南越

---

① （西汉）司马迁：《史记》卷一百一十二，中华书局 1959 年版，第 2958 页。
② 同上书，第 2976 页。

国。据《史记·西南夷列传》记载，汉将唐蒙出使南越国：

> 南越食蒙蜀枸酱，蒙问所从来，曰"道西北牂柯，牂柯江广数里，出番禺城下"。蒙归至长安，问蜀贾人，贾人曰："独蜀出枸酱，多持窃出市夜郎。夜郎者，临牂柯江，江广百余步，足以行船。南越以财物役属夜郎，西至同师，然亦不能臣使也。"蒙乃上书说上曰："南越王黄屋左纛，地东西万余里，名为外臣，实一州主也。"①

这种频繁的商业往来和货物上的互通有无，再加上能通番禺的牂柯江这一便利的交通条件，使居于两广一带的南越国与黔地有了比较密切的联络。只要有交往，就会有了解，所以包容和接纳的可能性就强于那些完全互不往来而异质的族群与地域，因此迁徙到一个至少有所耳闻且不完全陌生的地方，就成了当时南越国居民的唯一选择。百越民族的迁徙，应该不止秦汉这有史可考的两次。在秦汉之前，不排除越人北迁黔地的可能。因为越与楚国的战争，也会导致一些越人的家园被毁。躲避战乱，寻找更适合栖居的环境等因素，也会成为一个族群或者部落整体迁徙的不竭动力。

当然，在古代信息闭塞、交通不畅和生产力及物质条件落后的环境下，这种迁徙不可能是一次性、短期内就完成的。从春秋战国时期百越与楚国的争夺，秦始皇征五岭再到汉武大帝出兵南越国，华夏及汉族的多次入侵使这支百越民族的家园被毁，赖以依存的部落政权陨落。由此可以推测，这一民族的迁徙经历了一个从先秦到秦汉这一漫长的历史过程。而且在从秦始皇到汉武帝这一个多世纪的时间里，南越民族因为战乱至少进行了两次以上大规模、长距离、持续时间较长的迁徙。黔南少数民族的神话传说里至今流传着因为持铜弓箭之人的追赶而导致他们祖先被迫迁徙到黔地的故事。② 据历史记载和考古资料显示，秦汉时期正是中原文化从青铜器时代向铁器时代转变的过渡阶段。秦汉以后，迁徙到黔地的这一支南越民族的移民，一部分逐渐与因征伐或者屯田而至的汉族融合，为先进的汉民族文化所吸收或同化，成了事实上的汉族；一部分与当地世居濮人经过长期分化、聚合和演变，成为近代汉藏语系侗傣语族各兄弟民族的祖先。形成了各具特色又有共同之处的家庭伦理文化系统。

---

① （西汉）司马迁：《史记》卷一百一十六，中华书局 1959 年版，第 2994 页。
② 参见《水族简史》，贵州民族出版社 1985 年版，第 17 页。

　　关于南越民族的文化习俗，史料阙载。但是对于赵佗与陆贾的会面有这样的描述和记载：赵佗在南越称王，对汉不宾。陆贾受高祖委托出使南越，授佗王印，赐为南越王。陆贾至，赵佗魋髻箕倨见陆贾。陆贾斥之曰：

　　　　足下中国人，亲戚昆弟坟在真定。今足下反天性，弃冠带。①

　　从赵佗魋髻看，南越族系与《史记》所描述的黔地之濮人一样，都是魋髻之民。赵佗的这一扮相一方面表明他执意反汉、对汉不宾的立场；另一方面也体现了南越民族生活文化习俗对赵佗的影响之深之迅速：即居夷之处，为夷所化的"汉人夷化"现象。正如赵佗自己所说："居蛮夷之久，殊失礼义。"② 尽管赵佗作为第一代移民，在南越居住并不久，但可见其受当地民族文化影响的程度之深。南越国末代国君赵建德的母亲也是南越土著，可见汉族和南越民族的融合已经关涉到王室的婚姻了。明代之前，迁徙入黔的汉族也逐渐被夷化，看来"居夷之处，渐染夷俗"在那种环境下是一个普遍的现象。因为当移民族群的规模和数量不及或远逊于土著居民时，汉族移民这一少数群体所代表的文化辐射出去以后得不到应有的回应或者共鸣；而占多数的当地土著居民之伦理文化和相应的风俗等行为习惯和准则则对之形成包围合剿之势。文化合流的结果更多的是择其强者而留之，优胜劣汰和择其良者而从之的法则在数量和势力过于悬殊的时候就失去了效力。越人与土著濮人之间的交流与融合，在当时濮人也遭到中原王朝势力打击的情况下，在对待规模相当或者略少的迁徙而至之越人的态度上，就多了些平和与包容，相安无事、和平共处是迁入者和当地族群都希望维持的局面。因此，各自的族群文化在包容的态度下彼此互有损益，交融之后由此产生出一种新的家庭伦理文化系统。故在一些民族研究者看来，原本就有越人居住在西南地区的滇、黔等地，濮人就是越人。③ 从出土的器物来看，岭南和贵州也有相似之处。比如，都出土了有肩石斧和石锛。因此，越人与濮人的交融与合流，使得"古南越国人的风俗习惯如何"的问题已不可稽考。南越国的百越土著，使用的是古越

---

① （西汉）司马迁：《史记》卷九十七，中华书局 1959 年版，第 2697 页。
② 同上书，第 2698 页。
③ 参见宋蜀华《百越》，吉林教育出版社 1991 年版，第 1 页。

语。不过可以确定的是，由于其开国君主是秦朝官吏赵佗，因此汉文化是其官方文化。秦朝数十万汉人随赵佗南征五岭，并最后成为这个地方的统治集团。汉语成为南越国的官方语言就是一个符合逻辑和历史的合理推测了。

四　南蛮的西移

南蛮的称谓最早记载出现于周代，周人自称"华夏"，便把长江流域的荆楚地区部落称为"南蛮"。荆楚地区的楚族部落王室本是华夏人。但是楚部落的民系确是苗民。苗民，在历史上被认为是长江流域的蚩尤部落在北上寻求生存空间的过程中，与黄河流域的炎黄部落发生冲突，失败后折返南下与当地种群融合后产生的新族群。《史记》记载：

> 轩辕之时，神农世衰。诸侯相侵伐……于是轩辕乃习用干戈，以征不享，诸侯咸来宾从。而蚩尤最为暴，莫能伐……于是黄帝乃征师诸侯，与蚩尤战于涿鹿之野，遂禽杀蚩尤。[1]

大战于涿鹿的结果是蚩尤部落铩羽而归，只好折返南下，来到了"左洞庭，右彭蠡"的地方。到了尧舜的时代，因为"三苗在江淮、荆州数为乱"[2]，故"迁三苗于三危，以变西戎"[3]。据记载，迁于三危的三苗"为人饕餮，淫逸无理，名曰苗民"[4]。

由于不能适应冰天雪地的气候，为了寻找生存空间，苗民折返南下，辗转到了"鬼方"。民国《贵州通志》考释诸家之说之后，遂得出贵州治所乃"殷商之鬼方"的结论[5]。在苗瑶民族中至今还流传着他们的祖先从冰天雪地辗转而来的传说。到了两汉时期，已经演变成居住在湘黔交界地区的槃瓠蛮，或者称"五溪蛮""武陵蛮"族群了。《后汉书》载：

> 昔高辛氏有犬戎之寇，帝患其侵暴，而征伐不克。乃访募天下，

---

① （西汉）司马迁：《史记》卷一，中华书局1959年版，第3页。
② 同上书，第28页。
③ 同上。
④ 同上书，第29页。
⑤ （民国）任可澄、杨恩源等：《（民国）贵州通志·前事志》卷一，贵州人民出版社1985年版，第10页。

有能得犬戎之将吴将军头者，购黄金千镒，邑万家，又妻以少女。时帝有畜狗，其毛五采，名曰槃瓠。下令之后，槃瓠遂衔人头造阙下，群臣怪而诊之，乃吴将军首也。帝大喜，而计槃瓠不可妻之以女，又无封爵之道，议欲有报而未知所宜。女闻之，以为帝皇下令，不可违信，因请行。帝不得已，乃以女配槃瓠。槃瓠得女，负而走入南山，止石室中。所处险绝，人迹不至。于是女解去衣裳，为仆鉴之结，着独力之衣。帝悲思之，遣使寻求，辄遇风雨震晦，使者不得进。经三年，生子一十二人，六男六女。槃瓠死后，因自相夫妻。织绩木皮，染以草实，好五色衣服。制裁皆有尾形。其母后归，以状白帝，于是使迎致诸子。衣裳班兰，语言侏离，好入山壑，不乐平旷。帝顺其意，赐以名山广泽。其后滋蔓，号曰蛮夷。①

　　可见槃瓠蛮是以犬为图腾崇拜的一个族群。这支蛮夷"好入山壑，不乐平旷"，到夏、商之时，对王朝不宾，渐为边患。夏、商及其之后的中央王朝都有与之征战的历史记载。先秦时期，原为"苗民"中一部分的槃瓠族群部落，是近代汉藏语系苗瑶语族中的苗族和瑶族的祖先。直到秦统一中国之时，槃瓠系统的部落仍聚居在黔中郡内，即今湘西黔东一带，还没有深入西南的广大地区。到了两汉时期，湘黔边境的槃瓠蛮尤为强盛，并屡寇汉之郡县。在汉王朝多次派重兵攻打之下，他们退居川、鄂、湘、黔、桂交界处的五溪地区，与其他迁徙而至的族群部落融合，逐渐形成汉及以后的史书所称的"五溪蛮""武陵蛮"，到了隋代以后，这两个族属称谓在史籍上也甚少提及。其中一部分逐渐融合到汉族中，还有一些融合演变成了苗、瑶先民的祖先。

　　苗、瑶先民最初来到湘黔是在秦汉之前，这些地域大致都属于濮人居住的范围。槃瓠蛮"好入山壑，不乐平旷"的描述也可以解读为这样一种原因：良好的居住环境和土地资源已经为濮人所占领，且濮人的强势容不得他们越雷池一步，故只好到环境比较恶劣无人居住的山地寻找可以栖居的空间，长此以往，养成了习惯于高山居住的民族性格。南蛮作为移民族群与土著的濮人族群之间力量悬殊，且各自都有自己族群的文化生态系统，所以在文化的沟通与交融方面就变得异常困难且没有必要。遂形成了

①　（南朝宋）范晔：《后汉书》卷八十六，中华书局1965年版，第2829页。

各自封闭和孤立的具有各自文化特色的族群，与后来者和其他族群之间的交往就变得更加淡漠和困难。这也可以为南蛮在历史长河中分化融合后形成的单一民族种类比较少（苗族与瑶族）作一个注脚。

五　汉族的南下：中央王朝对贵州的开发

黔之上世无可稽考。自远古至先秦，关于贵州历史，相关史料的记载寥寥无几，且大多属于神话或者传说的性质。这一方面是由于在明代建立承宣布政使司之前，贵州版图分别属于四川、湖南、广西和云南以及都不统属的边地，因此有关的史料都只能归属于各自所归属的行省；另一方面是中国史籍一般都是以汉文字为载体的历史存留，即都是由汉人来完成写作和保存的工作。由于贵州远离代表中国文明进程的华夏民族栖居的中原地区，乃一遐荒之地，荒蛮僻远，很难与先进的华夏文明进行沟通与交流。甚少涉足的汉族知识分子，因此难以留下以汉人为叙事者的文献资料。直至庄蹻入滇，滇黔始通中国。

> 始楚威王（《后汉书》和《华阳国志》则认为是楚顷襄王时期，本研究从此说）时，使将军庄蹻将兵循江上，略巴、（蜀）黔中以西。庄蹻者，故楚庄王苗裔也。蹻至滇池，（地）方三百里，旁平地，肥饶数千里，以兵威定属楚。欲归报，会秦击夺楚巴、黔中郡，道塞不通，因还，以其众王滇，变服，从其俗，以长之。①

据《华阳国志》记载，庄蹻在夜郎等地"分侯支党，历数百年"。庄蹻入黔是华夏文化涉足贵州的开始，是汉民族移民贵州有史可考的开始，更是用汉字记述贵州历史的开始。

公元前 221 年秦始皇一统六国，结束了自春秋战国以来中原地区群雄争霸、长期分裂的局面。在秦朝短暂的政权持续期，始皇帝励精图治，南征五岭，设置南海、桂林、象郡。为了打通从蜀到滇的交通路线，凿了从蜀之僰道（今四川宜宾）通滇东北的五尺道。

> 秦时常頞略通五尺道，诸此国颇置吏焉。十余岁，秦灭。及汉

---

① （西汉）司马迁：《史记》卷一百一十六，中华书局 1959 年版，第 2993 页。

兴，皆弃此国而开蜀故徼。巴蜀民或窃出商贾，取其筰马、僰僮、髦牛，以此巴蜀殷富。①

据考证其中一段五尺道经过今黔西北的威宁、毕节一带。五尺道在当时成了沟通蜀与滇黔的重要商道，直至汉兴。建元六年（公元前135），汉番阳令唐蒙出使南越就吃到了蜀贾人取道牂牁江（今贵州境内）贩运而来的蜀枸酱。"五尺道"成了巴蜀商人掠取黔地物产和贩卖奴隶的商道。在生产方式非常落后的秦时期，这样一个浩大的工程所耗费的人力物力应该是相当巨大，而且工程历时也较长的。修路的役夫、经商路过的商人，尽管史书上没有移民的具体记载，这些役夫或者商人的一部分会因婚姻或者由于战乱而道路阻塞导致返回不便等原因，留居黔地生存繁衍，商旅之人为维持稳定的货物来源或者别的原因而在贵州作较长时间的逗留甚至移居贵州，生息繁衍。换句话说，因为修路和商人的路过而产生一定数量的汉族移民是可能的。

秦灭汉兴。在汉初，统治者迫于经济凋敝、国力衰微、民心思治的社会形势，以退为进，奉无为而治的黄老之学作为统治思想，休养生息以蓄养国力。具体表现就是：对内轻徭薄赋，对外没有穷兵黩武式的征战掠夺。故对在秦末社会混乱时期割地称王的各方诸侯、边疆少数民族政权和部落方国采取的是容忍的态度。经过几十年的休养生息，到了汉武帝时期，经济繁荣、国力强盛，王朝基础得到了夯实。无为而治已经不再能够满足帝国的野心和抱负，征服四夷、开疆拓土就提上了议事日程。北击匈奴，西逐西戎，南伐南越，采取相应措施削弱乃至消灭割地称王者，以此实现大一统的王朝版图是当时举朝上下的要务。南越国就是在这样一种背景下被灭的。在西南地区，因为唐蒙在南越吃到了从牂牁江贩运而至的枸酱，并了解到在夜郎可得精兵十万，故上书汉武帝并获准奉币帛出使夜郎，约为置吏。应允后唐蒙、司马相如始开西南夷。设置郡县，遣官吏管理地方事务，派士卒戍守边务，以及通西南夷道数岁而不通所需要的数万役夫，再加上"数岁而道不通。蛮夷因以数攻，吏发兵诛之。悉巴、蜀赋不足以更之，乃募豪民田南夷，入粟县官而内受钱于都内"② 等举措所产生的民屯移民和大量的兵士。在中央王朝对贵州的开发史上，这是一个

---

① （西汉）司马迁：《史记》卷一百一十六，中华书局1959年版，第2993页。
② （西汉）司马迁：《史记》卷三十，中华书局1959年版，第1421页。

举足轻重的时期，也是汉族移民大量进入贵州的阶段。

西汉成帝和平年间，因为夜郎王兴、钩町王禹、漏卧侯俞之间相攻伐，汉王室派使节劝其和解无效，牂牁太守陈立因此诛杀了反叛的夜郎王兴，继而兴兵讨平了因诛兴事件而叛乱的兴之岳父和夜郎旁 22 小邑。[1]兴兵攻伐的结果就是：不可避免会产生一定数量的移民。因为濮人族群所建立的夜郎及其周边方国遭到打击，中央王朝在黔地的势力和郡县版图会有所扩张，管理和经略这些新的郡县就需要更多的官吏和士卒。汉代戍卒依制是一年更换一次，但是西南边郡不但路途遥远，而且当地少数民族叛服无常，因此无法做到定期更换，于是士兵连同家眷多在戍守之地屯戍，由此也会产生一定数量的汉族移民。

三国两晋南北朝之际，是我国历史上民族关系剧烈变动的重要时期之一。尤其"永嘉之乱"的衣冠南渡，是大规模北民南迁的开始，不仅汉民族跟随王室贵胄连同都城迁移到南方，"八王之乱"导致国力损失惨重，北方和西域各胡族势力乘天下大乱之机入侵中原，这种五胡乱华的局面导致当时全国各地的民族集团迁徙对流也很频繁。在北方，"五胡乱华"产生了前后相继或同时并存的大大小小 20 多个政权，内迁的匈奴、鲜卑、氐、羌、羯各族，在与汉族长期进行生产斗争和政治斗争的过程中，通过经济、文化交流而促进民族的分化、融合，并由此形成了交错杂居的局面。在南方，由于汉族政权及世家大族的迁入，对于南方族群生存的格局和命运也产生了至关重要的影响。汉人的强势介入，大大压缩了当地族群的生存空间。濮人、氐羌、"百越"和"南蛮"部发生了显著变化，有的衰落下去，有的融合，有的分化，有的迫于外部环境的改变而进行了较大的迁徙。具体到贵州来说，这一时期民族关系变动的特点是：濮人的衰落、夷人的东进、南蛮的西迁和百越的北上等这一系列变迁没有终止甚至还在不断进行。在这四个方面变动的相互作用下，贵州的民族关系显得格外错综复杂。汉族中央政权偏安江南一隅，但与贵州的联系却因为都城的距离拉近而相对密切起来。这对于贵州的开发和经略相对于两汉来说要更近便一些。王朝与黔地的往来更加频繁，从理论上讲，来黔居住的汉族人士在数量上也会越来越多。

隋至唐宋时期，结束了汉末以来近 400 年的分裂割据局面，重新形成

---

[1]　（东汉）班固：《汉书》卷九十五，中华书局 1962 年版，第 3843—3845 页。

了大一统的封建帝国。尽管在唐末至宋之间，出现了 53 年分裂割据的五代十国时期，南宋偏安江南一隅，但统一还是历史发展的总趋势和主旋律。南宋时期与之对峙的有辽、夏、金、元，其间战事频繁急需大量的军马。但是因为战事阻隔北方马道，不得已在广西开辟南方马市，购买经过贵州境内的毗那、自杞等国商人贩运而至的滇马①，这对于汉族商贾移民贵州提供了契机和可能，也为贵州的发展提供了更为有利的环境和条件。隋朝史万岁平爨，唐朝对于边疆少数民族地区的羁縻政策，以及毗邻贵州的南诏政权与唐王朝之间时叛时附的关系；五代十国时期贵州处在前后蜀、楚、两汉、大理几个政权之间，与中原王朝的关系并不紧密，黔北多属于蜀，黔东及黔南多附于楚，西北部乌蛮政权则归于大理。贵州境内各民族的关系则比较平和，没有发生大的骚乱，这对于贵州的发展，是一个良好的机遇。到了北宋时期，中央王朝对边疆少数民族继续唐时期的羁縻政策，为了吸取唐朝为南诏所困的教训，对于继南诏而起的大理政权，实行分疆而治的方针。到了南宋，由于偏安江南一隅，与西南地区联系就变得密切起来，尤其是因为北方依次为辽金所占而导致北方买马的途径断绝，而且南宋王朝当时的对手都是北方游牧民族，在战争中马就显得尤为重要。《宋史兵志》说："然北方有事，而马政亦急矣。"② 因此统治者只好开辟广西的南方马市，购买贩运而至的贵州马和滇马，这种经济的往来与沟通，使贵州境内的少数民族政权在政治、经济、文化各方面都与中央王朝发生了密切而广泛的联系。

南宋末期，蒙古族政权从四川南下进入云南，灭掉继南诏而起的大理政权，苦心经略云南以作灭南宋的准备。蒙元贵族东进入黔，灭掉贵州境内的几个少数民族政权，如自杞、毗那、罗甸国及罗施鬼国等。播州杨氏土司亦归附。一举南下进入了南宋版图上的广西。蒙古军队入黔，使贵州民族成分的构成发生了改变，同时北方游牧民族的伦理文化理念也渗透进在历史长河中自然流变的南方少数民族之文化模式之中。

唐宋时期，在贵州设置的行政机构有经制州和羁縻州，管理这些州县（尤其是经制州）需要调用大量的官吏和兵士。除了流官定期更换以外，兵士由于戍守时间比较长，在一定层面上来说就是移民，加之他们有可能

①　参见（宋）范成大撰，严沛校注《桂海虞衡志校注》，广西人民出版社 1986 年版，第56 页。

②　（元）脱脱等：《宋史》卷一九八，中华书局 1977 年版，第 4946 页。

与当地民族通婚，从而世代居住在黔地，同时还有因为战乱而逃到贵州的
人士。比如在靖康之变时期，王稟的三个儿子都在建炎年间从北方迁到贵
州，后来又从贵州迁到江南。① 这些上层精英人士移民对贵州当地的文化
肯定会产生一定的影响。除了为躲避战乱而来的移民外，还有因为经济活
动往返于贵州与江南的商人、流寓之人等。另外，为了平定少数民族的叛
乱应募而来的中原人士，也属于移民的一种形式。比如在晚唐时期，中原
人士杨端和罗荣等应募平定陷于南诏的播州地区，后世居其地并世为当地
土著之长，直至晚明万历年间因叛乱被平。宋代沿用并发展了唐时期对边
疆少数民族的羁縻政策，到了南宋时期，由于腹背受敌，对待西南少数民
族的制度比唐朝时更为宽松。政治上的控制相对较少，更多的是通过政治
上的羁縻和经济上的互市等互通有无的经济交往，维系着与黔地的联系。

　　总的来说，从庄蹻入滇到明初这一段漫长的历史进程中，伴随着中央
王朝对贵州的开发及政治上的控制，汉族移民源源不断地进入贵州是合乎
逻辑和历史的合理推论。但是在历史上，王朝本身国势的强弱决定了它们
对边疆少数民族控制的程度。其被中央王朝纳入版图的范围随着国家实力
的盛衰而有所盈缩。因此汉族移民进入贵州的数量及规模会因此而有所不
同。这些汉族移民与当地族群在婚姻和经济等方面的互动，从生物学意义
和文化的层面改变了原有族类历史进化的方向和固有民族特性，参与构成
了贵州的主体民族。迄至明初，贵州对于各个中央王朝来说，在经济、政
治、军事、文化等方面都不具有战略性的重要地位，再加上远离中原，道
路不便，各朝统治者都没有着力于对贵州的开发。所以相对于汉族向别的
地方移民的程度和规模来说都是远远不及的。所以在数量上零散，在时间
上缺乏延续性的汉族移民，一经进入贵州，就被包围于当地少数民族的文
化生态圈中，故不仅儒家文化得不到传播和繁殖，而且这些移民及其后裔
还逐渐丧失了儒家文化的民族性格，即"汉人夷化"。长此以往，披发跣
足的汉族后裔们，与土著居民等同视之，在没有族谱或者相关记载的情况
下，被视为少数民族就是情理之中的事了。

　　综上所述，在漫长的历史过程中，世居濮人的发展演变，彝族先民的

---

　　① 参见（清）徐松《宋会要辑稿》，中华书局1957年版，第5897页。原文是："（绍兴六
年）十二月八日，诏建康府于系官内拨上等田十顷赐王稟家。先是，枢密院言，王稟向在太原，
竭尽忠节。访闻稟子三人流落广西、贵州，已令广西帅司行下本州，多方存恤，量差军兵，优支
路费，津遣赴行在。"

就近推进，百越民族因战乱和地理毗邻等因素来黔，南蛮西迁，中原汉族因为王朝政令或战争需要等来到贵州等。这一系列的历史活动造成了五大族系在贵州的交汇融合，移民与世居民族错杂居住的情形形成了贵州多民族共处的现状，且彼此之间族属模糊，界限不清。

第二节　商周迄明时期的贵州风俗习惯与家庭伦理特色

如前所述，在从远古至明初的这一段历史上，贵州经历了濮人、南蛮、百越、氐羌和汉几大族系交汇融合逐渐演变的漫长历史过程。族类交汇融合并逐渐分化，最终构成了贵州非单一主体民族的族群特色。交汇融合本身就是不同族群之间文化与习俗的共振和合流。其中包括少数民族之间的互渗融合和少数民族与汉族之间的彼此交往与合流。

一　少数民族之间的互渗与融合

从前述贵州历史移民概况可知，自先秦两汉到魏晋南北朝，有氐羌、百越、南蛮族群陆续迁徙到黔地，在演变融合过程中与世居的濮人共同构成了既不同于原有族群又具有鲜明贵州特色的四大族系。因为不同族群相遇以后，彼此之间在经历了初期因争夺生存空间所导致的冲突与战争且又不能消灭对方的阶段以后，双方都不得不面对共享生活时空这一条件限制，于是不同族群之间一方面开始了容忍、理解到彼此认同和接纳，甚至最终融合、不分彼此的这一过程。另一方面，交汇的不同族群，由于强弱的差异、势力的悬殊等原因，不得不重新寻找更适合生存的空间，于是短暂相遇的不同族群，会重新迁徙，或者发生分化。融合与分化，是一个过程的两个方面。尽管这个过程可能是漫长的，经历了从先秦两汉到元末明初这一段非常漫长的历史。但不同族群在相同时空中的这种互动却真实发生过。

（一）濮人与越人的融合

考古工作者在岭南和贵州都发掘出了有肩石斧和石锛，以及作为同质文化标志的铜鼓。这些发掘成果足以证明濮人与百越民族的文化生活习俗有很强的同质性或者相似性。这种高度趋同的文化特征让历史的记述者们早在魏晋南北朝及唐宋时期就分不清百越族是从岭南迁徙到黔地的，还是本身就是贵州世居民族。因此，魏晋乃至南北朝时期的史籍都把濮人和越人笼统地称为"僚人"。到了隋唐时期，黔南地区的谢姓蛮，如东谢蛮、西赵蛮等就是濮人与越人长期融合后形成的氏族部落。由于汉族只是从四川南下贵州，由北而南到了乌江以北的地区，乌江以南则少有汉族涉足。因此当地居民更多的是少数民族之间的融合。迄止隋唐，这些濮越后裔仍然保持着《史记》里面记载的"魋髻、跣足、依树为层巢而居的竹木结构的'干栏'式建筑"之濮人的生活特性。越人与濮人在共居的地域上通过婚姻和物质方面互通有无等方式融合，史料中逐渐出现了"濮越""濮越族群"等称谓和记载。"濮越族群"是濮人吸收越人及越文化后形成的族群。到了隋唐宋元时期，融合后的"濮越族群"逐渐向单一民族体发展，于是有了水族、侗族、布依族等不同少数民族的族群特征。

（二）夷人与贵州土著的融合

如前所述，除了北上的越人外，还有东进的夷人，即彝族祖先。夷人即《史记》上所说的氐羌类，这个曾经在南北朝之东晋时期建立过前秦、后凉、成汉等政权的族类，南北朝以后，其主体部分逐渐融合到其他民族之中，只有居住在云贵高原的一支，逐渐演变成了彝族先祖，并在隋唐时期相继建立了大理、南诏等部落方国。到了唐宋时期，仍然以"昆明"称其所成立的部落或者藩国。《旧唐书》载牂牁蛮"大和五年至会昌二年，凡七遣使来（朝）"[1]。南诏蛮"开成四年、五年，会昌二年皆遣使来朝"[2]。与越人背井离乡、远离自己的故土从而切断了与故土和故人之间的联系不同，彝族先民在原来生活的地域只是向东扩展和推进了一步而已，因此与故地之间能够血脉相连、声息相通并且守望相助。且夷人东进的时候贵州世居土著濮人已经衰落。这些条件有利于夷人整体移植其固有的文化和家庭伦理习俗观念。彝族先民的到来及其发展，对于贵州这片土地伦理文化的构成与嬗变，起着至关重要的作用。《后汉书》载："西羌之本，出自三苗，其俗，父殁则妻后母，兄亡则纳釐嫂。"[3] 这就是北方少数民族婚姻制度中典型的"烝报"制度。婚姻中的烝报制度又称"转房制"或"收继制"。这种制度对贵州的婚姻习俗影响非常深远，就是当今，这种被当地俗称为"填房"的弟娶寡嫂之婚姻习俗仍然盛行。当然，

---

① （五代）刘昫等：《旧唐书》卷一百九十七，中华书局1975年版，第5276页。

② 同上书，第5285页。

③ （南朝宋）范晔：《后汉书》卷八十七，中华书局1965年版，第2869页。

更多的是"兄终弟及"，至于父死子继"纳后母"的烝报制婚姻习俗则较为鲜见。这可能一方面要归结为传统的大家庭已经解体，后母与继子之间年龄相差过大所致；另一方面则是因为汉族儒家文化将其视为违背家庭长幼秩序的"乱伦"，长期濡染儒家文化以及体现儒家文化价值取向的制度设计，使这种婚姻方式逐渐被淘汰。

（三）"苗民"的西迁与融合

槃瓠蛮是夏商周时期被称为"苗民"的一支，是以槃瓠（神犬）为图腾的部落，居住在楚之西南。在汉代，因居住在湘鄂川黔交界处的武陵山一带，始称"武陵蛮"。因中央王朝将刚纳入版图的武陵地区比同内郡征收同样的赋税，引起他们的激烈反抗。东汉时期，伏波将军马援就曾奉命镇压过这一地区的叛乱。① 在与中央王朝的战争中，他们处于劣势，避祸的诉求迫使他们向纵深发展，即逐渐向"五溪"地区退守和深入，遂逐渐被称为"五溪蛮"。隋唐时期，史籍上仍然用"蛮"来泛称南方少数民族。唐宋以来，槃瓠蛮逐渐分化为苗族和瑶族这两个单一的民族。迄今在贵州的东南及东部高地，仍然生活着占中国大部分的苗族人口。为了抵御外在的敌人，生活在黔南和黔东南地区的苗族人民长期以来逐渐形成了聚族而居的居住风格，于是就形成了一些规模比较大的村寨。比如西江的千户苗寨，吊脚楼连成一片，这种方式有助于他们声息相连、守望相助。苗民有很强的氏族观念和宗族观念，同氏族的成员非常和睦，往往一人有隙，便举族为仇。在婚姻问题上，较之于儒家封建婚姻习俗来说，更为自主和自由。男女青年通过"游方"② 或者"跳月"的方式选择自己的人生伴侣，双方情投意合以后，男方通过媒人知会女方父母及族人。而且在苗族村寨里面，没有固定的或者以做媒为职业的人。没有那种我们常在古装影视剧里看到的情景：手里挽着手绢，浓妆艳抹、花枝招展，扭捏着碎步行走，言辞刁钻刻薄的专职媒人。媒人一般都是其家庭人丁兴旺且能说会道的，一般称为"寨老"的德高望重之人。

二　夷汉家庭伦理文化的共振与合流

文化是指人类活动的模式以及给予这些模式重要性的符号化结构。人

---

① （南朝宋）范晔：《后汉书》卷二十四，中华书局 1965 年版，第 842—843 页。
② 简美玲：《贵州东部高地苗族的情感与婚姻》，贵州大学出版社 2009 年版，第 35 页。

类活动模式即生活方式，生活方式是人的愿望与环境相妥协的结果。对于一个生活在特定时空下的民族来说，可以用它坚持的某种行为模式和生活方式来指称它的文化。家庭伦理文化则是通过其处理家庭成员之间关系的行为表现出来的。以儒家文化作为伦理维度的汉族与其他族类共居一处时，二者之间在行为处事方面必然有分歧甚至差异。但是随着时间的演进，这种差异和冲突在相互激荡之中会走向共振甚至合流。

（一）贵州少数民族风俗总论

已经过去的历史，我们无法在场，只能通过翻检历史上到当地任职的汉族官员及知识分子的文献记载，尽可能中立地描述贵州各族群在婚丧嫁娶等方面的仪式并由此提炼出其所蕴含的家庭伦理价值观念。但代表正统的汉族知识分子的有关描述与刻画，是从他者的角度来阐述相关情况的，其原本就持汉文化优先的立场，其相关记载难免有失偏颇。其中有些对当地各个非汉族群的称谓，亦是带着偏见叙述的结果。如猡猡、獠人、猺、犵狫等。范成大曰："南州风俗，猱杂蛮猺。"[1] 但总体来说，任何对于贵州历史的研究，都不得不依托于这些尚存的文献，本书研究也不例外。

由于远离中原文化辐射半径，贵州在婚丧嫁娶等体现家庭伦理的诸方面有着与汉文化截然不同的风俗文化特征。

首先，关于婚姻及男女关系。五代十国时期的刘昫在《旧唐书》中如此描述贵州土著谢氏的婚姻观念及婚礼习俗。

> （东谢蛮）婚姻之礼，以牛酒为聘。女归夫家，皆母自送之。女夫惭，逃避经旬方出。……男女椎髻……谢氏一族，法不育女，自云高姓不可下嫁故也。[2]

朱辅在《溪蛮丛笑》中描述"五溪蛮"的土俗："岁节数日，野外男女分两朋，各以五色彩囊豆粟，往来抛接，名飞纶。"[3] 由此可以看出，没有儒家文化规定的"男女授受不亲"的清规戒律。朱辅也描述了"山猺"的婚姻形式及走访亲戚的方式："山猺婚娶，聘物以铜与盐。至端

---

① （宋）范成大撰，严沛校注：《桂海虞衡志校注》，广西人民出版社 1986 年版，第 39 页。

② （后晋）刘昫：《旧唐书》卷一百九十七，中华书局 1975 年版，第 5274 页。

③ （宋）朱辅：《溪蛮丛笑》"飞纶"条，文渊阁四库全书本，转引自《溪蛮丛笑研究》，贵州民族出版社 2003 年版，第 185 页。

午，约于山上相携而归，名㧬亲。"① " 㧬亲之后年生子，引妻携子归见
妇家，名出面。"② 另外，范成大还谈到以 "卷伴" 的方式形成的 "抢
婚" 风俗。

> 卷伴，南州法度疏略，婚姻多不正，村落强暴，窃入妻女以逃，
> 转移他所，安居自若，谓之卷伴。言卷以为伴侣也。已而复为后人卷
> 去，至有历数卷未已者。其舅姑若前夫访知所在，诣官自陈。官为追
> 究，往往所谓前夫，亦是卷伴得之复为后人所卷。惟其亲父母兄弟及
> 初娶者所诉，即归始初被卷之家。③

其次，关于丧葬习俗。朱辅这样描述："习俗死亡，群聚歌舞，辄联
手踏地为节。丧家椎牛多酿以待，名踏歌。"④ 在墓穴选址等葬俗方面也
较独特：

> 葬堂。死者诸子照水内，一人背尸，以箭射地，箭落处定穴，穴
> 中藉以木。贫则已。富者不问岁月。酿酒屠牛，呼 "团洞"。发骨而
> 出，易以小函，或架崖屋，或挂大木，风霜剥落皆置不问，名 "葬
> 堂"。⑤

最后，关于邻里父子之间的相处之道。"夷性好杀"，"父子不睦则刀
刃相向" 等是汉族知识分子对贵州非汉族类在这些伦理维度之行为规则
的观感描述。

（二）儒家家庭伦理文化的源与流

血腥的征伐与兼并是每个氏族部落及政权得以产生和发展壮大的必经

---

① （宋）朱辅：《溪蛮丛笑》 "㧬亲" 条，文渊阁四库全书本，转引自《溪蛮丛笑研究》，
贵州民族出版社 2003 年版，第 278 页。
② （宋）朱辅：《溪蛮丛笑》 "出面" 条，文渊阁四库全书本，转引自《溪蛮丛笑研究》，
贵州民族出版社 2003 年版，第 353 页。
③ （宋）范成大撰，严沛校注： 《桂海虞衡志校注》，广西人民出版社 1986 年版，第
112 页。
④ （宋）朱辅：《溪蛮丛笑》 "踏歌" 条，文渊阁四库全书本，转引自《溪蛮丛笑研究》，
贵州民族出版社 2003 年版，第 235 页。
⑤ （宋）朱辅：《溪蛮丛笑》 "葬堂" 条，文渊阁四库全书本，转引自《溪蛮丛笑研究》，
贵州民族出版社 2003 年版，第 312 页。

之路。尼采说："任何事物的开端大抵都是粗糙、原始、空洞和丑陋的。只有较高的阶段才是可观的。无论何处，通往开端之路必通往野蛮。"①华夏民族的形成和发展，也同样经历了这样一个漫长、野蛮而血腥的过程。因此，其开端与形成及历史流变，是一个宏大而辽远的话题，远非本书研究力所能及。华夏文明从远古迄至春秋战国时期，黄河流域同是华夏族的各诸侯之间纷争不已，同时也创造了灿若星辰的文化体系。尤其是战国时期，中原出现了"百花齐放，百家争鸣"的局面。各种学派应运而生：儒家、道家、墨家、法家、纵横家等诸子百家。各学派及其思想在当时的社会作用和地位上并驾齐驱、难分伯仲。以孔子为创始人的儒家思想只是璀璨文化星河中一颗比较耀眼的星星而已。秦一统六国，在政治上形成了大一统的中央集权制封建帝国。社会文化上的"百家争鸣"严重阻抑了对被征服六国的民众思想之统一的实现，为了适应大一统的政治局势，文化乃至思想的统一成了急需解决的问题。

秦初儒、法两家在诸子百家中处于相对突出和显赫的地位。儒家文化本身有着浓厚的"是古非今""尊古复古"的浪漫主义情怀。这对于充满旺盛生命力和创造力的自信满满的新生大一统政权来说，是不适宜的。通过变法而富强并统一中国的秦朝统治者采用了法家思想作为统治思想。对以儒家为代表的其他文化体系则以"焚书坑儒"的方式加以拒斥。好在暴秦的存在是短暂的，短暂到侥幸躲过"坑儒"命运的思想者们还能够活到汉朝的建立。书籍被毁了，但是其中的思想还能通过活着的人们在不再进行"焚书坑儒"的汉初得以再现并重新刻上竹简或者木牍以备保存。为了不蹈暴秦灭亡之覆辙，在国力羸弱、民生凋敝的条件下，汉初统治者奉行黄老之学，采取无为而治的方略。到了汉武帝刘彻时期，经过大半个世纪的休养生息、励精图治，呈现出一片民用殷实、国力强盛的繁荣景象。传统农耕文明的历朝历代统治者，都把疆域的辽阔、人口的繁盛作为一个王朝兴旺发达的根本标志。具备了相应条件，开疆拓土就成了锐意进取的汉武大帝的一个伟大抱负。为了拓展大汉疆域和建立高度集权的中央政府，对思想进行统一就是必然趋势。在董仲舒《举贤良对策》中所提出的"推明孔氏，抑黜百家"②主张得到了汉武帝的认可并采纳。自先秦以来，儒家思想再次从竹简木牍中走出，成了国家意识形态的主导思想。

①　［德］尼采：《希腊悲剧时代的哲学》，商务印书馆1994年版，第45页。
②　（东汉）班固：《汉书》卷五十六，中华书局1962年版，第2525页。

从此，在中国传统文化的内涵和规定性中，儒学获得了至尊的地位。尽管其他学派和道统也有发展和继承，在惯性延续力下仍然保持传承的动力和源泉。但是儒学在传统文化中独树一帜却是不争的事实，并且勾勒出了整个国家的民族性格之轮廓，甚至把中华民族与儒家传统放在一个层面来理解，此二者是一而二、二而一的关系。

伦理是处理人与人之间，以及人与自然之间关系的行为准则。对伦理准则的判断标准不是"真"与"假"，而是"善"与"恶"。儒家文化的核心是伦理，尤其是以家庭为核心的社会伦理秩序的阐释和表达。其关注家庭成员之间及以此为核心向外推演的其他社会成员之间的行为校准的建立和执行。因此，儒家学说作为一种思想，是关于善恶的学问。与西方文明更多关注真理的价值取向截然不同。西方基本的社会构成单元是团体、组织等，比如宗教团体、行业工会。团体内部凝聚力很强，对成员的情感需求、精神皈依能够承担家庭应该承担的职责和功能。但团体与团体之间则具有对抗性和排他性的特点。这就是西方中世纪教派冲突异常激烈的重要原因。较之于对家庭观念相对淡漠的西方文明来说，家在中国传统社会中则具有至关重要的地位和作用，是整个社会的基本构成单元，在家的基础之上毫无中介便直接构成国家，民间组织无几且联系松散，"家国同构"的思想根深蒂固。在中国，以血缘为纽带的家庭是人之一生物质需求和精神需求的终极归宿。与家庭成员之外的其他个体或者组织之间的关系则相对松散和淡漠。梁漱溟先生这样论道：

> 人一生下来，便有与他相关系之人（父母、兄弟等），人生且将始终在与人相关系中而生活（不能离社会），如此则知，人生实存于各种关系之上。此种种关系，即是种种伦理。伦者，伦偶；正指人们彼此之相与。相与之间，关系遂生。家人父子，是其天然基本关系；故伦理首重家庭。①

董仲舒继承并强化了"三纲五常"规范社会五伦即君臣、夫妇、父子、兄弟、朋友之间关系和秩序的地位和作用，并以此来约束彼此之间在相应角色中应该承担的责任和义务的理论和主张。自此以后，"三纲五

---

① 梁漱溟：《中国文化要义》，学林出版社 1987 年版，第 79 页。

常"的伦理规范成了我们行为的戒律和法则，也参与了中华民族的性格和心理构成。因此，可以说以儒家文化为核心的中国传统文化体系是以伦理为本位的文化。著名学者梁漱溟在其《中国文化要义》一书中就用"伦理本位"的概念来概括中国传统文化的基本特点。他在研析大量社会材料后得出的结论是：

> 举整个社会各种关系而一概家庭化之，务使其情益亲，其义益厚。由是乃使居此社会中者，每一个人对于其四面八方的伦理关系，各负有其相当义务；同时，其四面八方与他有伦理关系之人，亦各对他负有义务。全社会之人，不期而辗转互相连锁起来，无形中成为一种组织。①

即华夏文化的本质和定位就是一种伦理文化。卷帙浩繁的儒家经典无一可以避家庭伦理而不谈。历朝历代统治者推行"以夏变夷"主张的目的就是要使边鄙之民"明君臣之道""懂夫妇之别""别尊卑之序"。

儒家文化从创立到参与主体民族性格的构成，经历了一个漫长的历史时期。在不同的时代，思想者们所聚焦的领域和焦点不同，社会问题各有差异，社会环境亦然有别。因此，在"春秋无义战"、社会基本价值标准普遍缺失和得不到尊重的先秦时期，由孔子所创立的儒家思想，其核心当然是关注失序的社会状态，尤其是混乱的家庭伦常。黑格尔说："哲学是被把握在思想中的它的时代。"② 马克思说："任何真正的哲学都是自己时代精神的精华。"③ 孔子所创立的儒家哲学思想体系把伦理放在核心地位，其所处社会之礼崩乐坏、制度废弛、家庭伦理秩序混乱的程度由此可以窥见一斑。但是上古及至周代，关于父慈子孝、兄友弟恭、君仁臣忠的传说却很多。据载，唐虞五代时期，舜在父顽、母嚚、弟傲的家庭环境中，却依然能够"顺适不失子道，兄弟孝慈"④。西周时期制礼作乐，民风淳朴。但是春秋战国则群雄争霸、礼崩乐坏，周时井然有序的社会风气荡然无

---

① 梁漱溟：《中国文化要义》，学林出版社1987年版，第80页。

② ［德］黑格尔：《法哲学原理》，范扬、张企泰译，商务印书馆1961年版，第12页。

③ ［德］马克思、恩格斯：《马克思恩格斯全集》第1卷，人民出版社1956年版，第121页。

④ （西汉）司马迁：《史记》卷一，中华书局1959年版，第32页。

存。这应该是儒家思想得以生成的主要社会背景。再加上思想者一般都有悲天悯人的情怀和对时代危机的焦虑意识，所以儒学的创立应该是本着"挽狂澜于既倒，扶大厦于将倾"的鸿鹄之志。但是，儒家作为一个思想流派，尽管自始至终都把家庭伦理作为关注的焦点和核心，目的是为了通过约束人们的行为从而范导已经失序的社会秩序，但是对于人伦之中的行为要求，并不是一开始就那么苛酷和单向的。

　　在君臣、夫妻、父子之间，先秦儒学并没有苛酷的"三纲"要求。到了汉武帝时期，董仲舒才提出"罢黜百家，独尊儒术"的主张，并且也在《春秋繁露》中提出了"三纲""五常"的建议和要求，不过也只是从应当的伦理角度，而非带有强制性的律法层面。只是到东汉班固的《白虎通义》中才把"三纲"法典化，由此而具有了法律所具有的惩罚性特质。尽管"三纲五常"源于先秦孔子提出的君君臣臣、父父子子及仁义礼智信的道德规范，但是从历史上看，在先秦儒家典籍中，君臣、父子、夫妇之间有着一种相互对应的关系，它是建立在双方相对应的义务基础上的，如"君义臣忠""父慈子孝""夫和妻柔"等。例如，"君令臣共，父慈子孝，兄爱弟敬，夫和妻柔，姑慈妇听。"（《左传·昭公二十六年》）《礼记·礼运》："何谓人义？父慈子孝，兄良弟敬，夫义妇听，长惠幼顺，君义臣忠，十者谓之人义。"《论语·八佾》："定公问君使臣，臣事君。孔子对曰：君使臣以礼，臣事君以忠。"只有到了汉代，两个关系主体（君与臣；夫与妻；父与子；兄与弟）之间才形成了差序格局，双方在权利和义务上不再是对等，而是单方面、等级森严且不可逾越的。

　　综上所述，儒家思想在历史的流变中不是一成不变而是不断调整和修正的。其所关注的核心问题和相应的思想体系随着环境的改变也在发生变化。汉代提出"三纲五常"，到了宋代程朱理学的阶段，"饿死事小，失节事大"的戒律表明礼义已经演变成可以独立于或者高于生命的存在。儒家思想体系除了本身的发展演变外，还因其他文化及学术体系的相互渗透而导致中国传统文化本身在不同历史时期涵盖的内容和关注的焦点会有差异。比如汉代佛教传入中国，以其独特的宗教教义对中国文化产生了重大影响，并逐渐成为中国文化的重要组成部分。产生于中国本土的黄老之学，一直与儒学相生相随。到了魏晋时期，糅合了儒、释、道的魏晋玄学构成了这一历史时期中国文化中一道亮丽的风景。唐宋时期，因为与中亚贸易往来频繁，西域风情及其文化随之传入，佛教和道教影响的范围和程度也在扩大，这些因素对于儒家文化地位的衰落趋势起了推波助澜的作用。在唐朝的都城长安，胡化现象相当严重。甚至太子也穿胡服，喜爱欣赏西域歌舞，社会生活出现了普遍的胡化。① 到了宋明时期，儒学思想家一心要"为往圣继绝学，为万世开太平"，誓言恢复儒家道统，儒学才重回中国文化中的至尊地位。但经过这些元素的渗透和彼此的互动，儒学已经不再是先秦初创时期那个纯粹的儒学了。元朝的异族统治，这本身就意味着作为意识形态的儒家文化再次失去了绝对优势。游牧民族的生活方式稀释了汉族根深蒂固的文化传统。除了生活方式外，在体现伦理道德的孝道、节烈观和丧葬习俗等方面也发生了不可忽视的变化。而且元朝统治者在制度设计等方面的价值取向无助于儒家文化的繁荣与发展。例如：元朝取消了仕宦的省亲和丁忧服缺制度。这对于传统儒家文化中的"仰事俯育""温清定省"和重孝的伦理观念是一种忽略与淡化。因此，儒家伦理在规范家庭伦理生活领域时就相对式微。产生这一变化的原因是蒙古族群入主中原以后，在不自觉地被迫接受代表先进文化的儒家思想的同时，用游牧民族的眼光审视高度发达的农耕社会的封建道德规范，试图用游牧民族的文化习俗，通过提倡和行政命令两种方式，对其进行限制和改造。②

　　在欧洲，人类文明进程被入侵蛮族所中断的情况也同样在发生。比如，日耳曼蛮族入侵罗马帝国，导致的结果就是：带有原始社会性质的马尔克公社制度取代了完善的奴隶制度。从这个层面上讲，蒙古族对中原的政治统治，事实上也是人类文明进程中的一次逆袭。

　　由上可知，不同的历史朝代，中国主流文化思想者对问题聚焦点会有所不同，参与中原民族性格塑造和构成的文化元素和学派就有差异。由于移民本身就是文化载体，在不同历史时期进入贵州的移民，承载着的家庭伦理理念和态度就会存在差异。其对于贵州地区家庭伦理的变迁和发展，所注入的元素和文化种类因此有所差异。

　　（三）儒家文化对"化外之民"的教化

　　楚国大将庄蹻取道贵州，秦始皇凿"五尺道"，是有史籍为证的贵州始通中国的开始。在春秋战国时期，是诸子百家竞相绽放、群雄争霸的阶段。文化还没有定于一尊，因此儒学在文化领域也还未独占鳌头。其时各

_____

① 参见吴松弟《中国移民史》第四卷，福建人民出版社 1997 年版，第 626—630 页。
② 参见韩志远《关于元代社会风尚的几个问题》，《社会学研究》1991 年第 3 期。

家各派的文化和思想体系在对待与己不同的文化体系时还具有广纳百川的开放胸怀和主动借鉴的接纳态度。从庄蹻王滇后能够根据具体环境作出"变服，从其俗"的调整，而不是以占领者或者征服者文化的优越感强行改变当地民族的生活文化习俗这一记载来看，中原文化的这种包容性特征尤为明显。秦始皇凿途经黔西北威宁的"五尺道"，动用的吏卒应该不少，但是秦以后的史料却没有记载他们的行为和踪迹。唯一可作的解释就是他们入乡随俗，被少数民族夷化了。

有史籍可以查询的官方组织的移民记录是在汉武帝时期。牂牁设郡后，汉王朝在夜郎地区的统治加强了，但是并未完全稳定。异族政治统治意味着异质性文化的强行介入，这必然会给当地民众造成极大的心理不适。抗拒的方式就是"蛮夷因之数攻吏"，即叛服不常是当时贵州郡县设置地区的常态，为了镇压这些叛乱的部落或者族类，长期驻军是不二之选，但由此也产生了官吏俸禄、戍守士卒的给养难题；还有因镇压当地族类反叛临时大规模调集军队等，都需要解决兵士的供给问题。但当地产出不可能解决如此巨大的粮食需求，原因有二：一方面，贵州地瘠人贫，生产力发展非常落后，远非富庶的中原可比，因此无力承担此等重赋；另一方面，当地民众或者地方部落也不愿意承担这个任务，因为他们不可能给这些入侵者纳税。鉴于此，汉王朝只能从内郡征收租赋，再调拨至贵州。但如此超长距离的运输需要付出运一石付十石的高昂代价，这大大增加了汉朝在人力、物力和财力上的负担。为了解决这一困境，汉武帝开创了"募豪民田南夷，入粟县官，而内受钱于都内"的屯田制度。[①] 其间迁入牂牁的豪族，据《后汉书·西南夷列传》《华阳国志·南中志》等记其后人活动，主要有"三蜀大姓龙、傅、尹、董"等家族（三蜀是当时蜀郡、广汉郡和犍为郡的合称）。

先秦时期是"内诸夏而外夷狄"[②]，"德以柔中国，刑以威四夷"的观念，因此对待非汉民族的边疆族类所采取的都是征服与杀戮的方针。两汉统治者对待边疆少数民族的态度较之于先秦时期则有根本性的转变。他们把夷汉比同唇齿的关系。《盐铁论》说：

① 何仁仲主编：《贵州通史》第一卷，当代中国出版社 2003 年版，第 149—150 页。
② （唐）徐彦：《春秋公羊传注疏》"成公十五年"，北京大学出版社 2000 年版，第 462 页。

中国与边境，犹支体与腹心也。夫肌肤寒于外，腹肠疾于内，内外相劳，非相为助也！唇亡则齿寒，支体伤而心惨怛。故无手足则支体废，无边境则内国害。[①]

在此背景之下，那些应朝廷屯田号召而来的豪族大姓在与当地非汉族群相处过程中持一种开放和包容的胸怀，并且致力于儒家文化在贵州的延续和推广，这对于贵州家庭伦理的变迁起着至关重要的作用。不仅他们自己坚执着中原儒家伦理根本地位的态度，而且潜移默化地影响了牂牁当地的土著大姓，这些土著也逐渐奉汉王室为正朔。"公孙述时，大姓龙、傅、尹、董与功曹谢暹保境为汉。"[②] 到了东晋时期，当时氏族首领建立的成汉政权占据南中，谢氏后代谢恕亦保境为晋。谢暹和谢恕作为土著大姓，都奉中原王朝为正统，这表明他们已经深受儒家文化的影响并认同以儒家文化为官方意识形态的中原王朝的合法性。东汉和帝永和年间，贵州毋敛人尹珍深感家乡乃遐荒之地，于是远赴中原拜许慎为师，刻苦研习儒学经典。学成后回乡开馆授学，于是"南域始有学"[③]。由此可见，这些应募而至的豪户作为汉族移民对于这片"化外之地"的教化和濡染起着至关重要的作用。

汉成帝和平年间，牂牁太守陈立杀了夜郎王兴，并荡平了夜郎方国周边也参与叛乱的 22 小邑。从此以后，在当地世居的濮人部落快速衰落下去。这表明因为镇压而至的汉族军队在平息濮人的反叛以后，汉人已经成为黔地民族构成中的一部分了。这种汉族军队大规模的进驻和战后的恢复与发展，必然会改变当地原初的异域习俗，使贵州原有文化构成中含有浓厚的汉族儒家文化的成分。

贵州之于各个时期王朝政权的意义和价值，会因王朝本身势力的强弱和贵州相对而言的战略意义的不同而有所差异。三国两晋南北朝时期，继高度统一的秦汉中央集权之后，中国重新步入了分裂割据动荡不安的局面。蜀汉政权时期，由于以贵州、云南和川西南为版图的南中地区是刘备东拒孙吴政权，北上战胜曹操，恢复汉家基业的大后方。因此诸葛亮在南

---

① （东汉）桓宽撰，王利器校注：《盐铁论校注》卷八"诛秦"，古典文学出版社 1958 年版，第 291 页。

② （南朝宋）范晔：《后汉书》卷八十七，中华书局 1965 年版，第 2845 页。

③ （南朝宋）范晔：《后汉书》卷八十六，中华书局 1965 年版，第 2845 页。

征南中并平定叛乱以后，本着安抚夷情，致力于稳定后方的原则，推行不委派官吏、不留兵，让当地人自己治理的方针。但是，诸葛亮征南中的事件对于南中地区的影响却是历史性的。比如在云南和贵州毕节地区，至今还流传着诸葛亮教人耕种和很多别的生存技巧的传说。在彝族文献里面，记载着诸葛亮分封他们的祖先慕济济为王的故事。① 两晋时期，永嘉之乱是移民史上第一次大规模的北民南迁。由于这次南迁对南方地区形成大规模的人口补给，而且都是文化涵养较高的世家大族，江南在经济、文化方面由此而迅速崛起。一方面，这为后来南方经济赶上直至超过北方的历史性转变奠定了坚实的基础。因为在传统的农业社会，一个地区的开发程度从根本上取决于人口的多寡；另一方面，北方士族大量南迁江左，使以黄河流域为中心的华夏文明第一次移向长江流域，改变了以前南方文化远不能与北方相提并论并因此重北轻南的文化格局。"永嘉之乱"的北民南迁尽管其主要迁入场是江南，但东晋王朝都建康（南京），拉近了贵州与王朝权力中心的距离，这对于贵州的发展产生了重要的影响。因为从地域上讲，较之黄河中下游的中原地区来说，江南无疑离地处西南的贵州要近很多。从文化影响来说，中国文化重心的南移必然会吸引黔地一心向学之人到并不遥远的都城接受儒家经典及文化的熏陶；从政治上看，永嘉以后都城南迁，王朝注重对皇城附近经略的普遍规律必然会泽被黔地。南北朝时期，偏安江南一隅、前后相继的宋、齐、梁、陈四个政权对于贵州开发和社会变迁的意义和价值也可作如是想。

隋唐至宋，尽管也有五代十国这一段时期的分裂局势，但从历史大趋势来说，中国都是处于大一统的局面。中央王朝在没有内忧外患的情况下，就会致力于边疆的开拓与巩固，从而扩大或者维持自己的疆域和版图。比如隋文帝时期史万岁在云贵地区平定爨玩反叛的征伐。② 到了唐代，由于云南南诏的兴起和青藏高原吐蕃的壮大，成了威胁唐王朝的一个严重边患问题。尤其南诏对唐政权时和时叛的局势令王朝统治者头疼不已。由盛转衰的晚唐阶段，南诏叛，陷播州（今遵义市区）③。唐不得已募兵攻打南诏，太原人士杨端应募入播。杨氏后裔在此地生存繁衍，遂成

---

① 参见贵州省民族研究所、毕节地区彝文翻译组《西南彝志选》，贵州人民出版社 1982年版。

② 参见（唐）魏征等《隋书》卷五十三，中华书局 1973 年版，第 1355 页。

③ 参见（明）宋濂：《杨氏家传》，《宋学士文集》卷三十一，四部丛刊本，第 1 页。

宋、元、明时期著名的播州杨保，并对儒家文化在播州的传播产生了非常大的影响。

根据明初学者宋濂的记载，唐僖宗乾符三年（876），南昭叛，陷播州，"久弗能平"，太原杨氏应募平播。后物换星移，朝代更替，其子孙遂家于播，杨氏宗族对于贵州社会的进程以及儒家文化和思想的传播都起着关键性的作用。

杨选："性嗜读书，择名师授子经，闻四方士有贤者，辄厚币罗致之。岁以十百计。益士房禹卿来市马，为夷人所劫。转鬻者至再选购出之。迁于客馆。给食养与衣者数载。属岁大比，选厚馈，遣徒卫送其还。"

杨轼："留意艺文，蜀士来依者愈众，结庐割田，使安食之。由是蛮荒子弟多读书攻文，土俗为之大变。"

杨粲："作《家训》十条，曰：尽臣节，隆孝道，守箕裘，保疆土，从俭约，辨贤佞，务平恕，公好恶，去奢华，谨刑罚。论者多之。"

杨价："好学，善属文。先是，设科取士未及播，价请于朝而岁贡士三人。"

杨汉英："喜读濂洛书，为诗文尚体要。著《明哲要览》九十卷，《桃溪内外集》六十四卷。"①

这些史料记载足以证明杨氏家族对于原本蛮荒之播州的文化濡染所具有的意义和价值。诚如宋濂在传后引用明初史官之语：

播州本秦夜郎、且兰、西南隅故地，夷獠错居，时出为中国患。杨端借唐之威灵帅师深入，遂据其土。五传至昭，胤子中绝，而贵迁以同姓来为之后，又三传至文广，威詟德怀而群蛮稽首听命，益有光于前人，又三传至选，留意礼文，尊贤下士，荒服子弟皆知向学，民风为之一变。又二传至粲，封疆始大，建学造士，立《家训》十条以遗子孙。其子孙亦绳绳善继，尊尚伊洛之学，言行相顾一如邹鲁之俗。②

---

① （明）宋濂：《杨氏家传》，《宋学士文集》卷三十一，四部丛刊本，第3—13页。
② 同上书，第7页。

　　播州位于乌江流域以北，毗邻物产丰饶的巴蜀地区，因此得儒家文化风气之先，"渐被圣化"。婚姻习俗等渐渐"比同中州"，可见在家庭伦理方面已仿汉制。

　　除了黔北有移民的历史记载以外，黔中和黔南也有汉族移民。但隋唐时期的移民对于贵州原住民家庭伦理文化影响的详细记载和表述见于史籍的不多。只能从聊胜于无的记载中捕获一些蛛丝马迹。在婚姻习俗方面，《旧唐书·南蛮·西南蛮传》记载：

　　　　（东谢蛮）婚姻之礼，以牛酒为聘。女归夫家，皆母自送之。女夫惭，逃避经旬方出。……男女椎髻……谢氏一族，法不育女，自云高姓不可下嫁故也。①

　　这表明黔南地区的谢氏土著在缔结婚姻方面有非常强烈的门第等级观念，在同姓不能通婚的戒律之下，生育的女儿只得外嫁，但是在黔南的部落中，谢氏一族世为其长，因此在地位和身份上要远高于其他家庭，为了避免下嫁而降低其高贵的身份和地位，逐渐形成了不养育女儿的制度性规定。中原门阀士族制度兴盛的魏晋南北朝时期，也严格奉行"以门第高下为婚姻之限制，唐、宋各律之禁止良贱为婚"②的婚配观念。谢氏一族在婚姻方面与当时的儒家婚制有相同之处，即都重视婚姻中门当户对的匹配，这表明他们曾经受过或者正在受着中原文化的影响。但是"女归夫家，皆母自送之。女夫惭，逃避经旬方出"的婚俗习惯在汉族文化典籍中却无据可考。因为"婚姻"一词从汉字之词源学的意义上考察，《诗·郑风·丰》曰："婚姻之道缺，阳倡而阴不和，男行而女不随。"郑玄注释为"男以昏时迎女，女因男而来"③。这表明儒家文化在缔结婚姻的有关仪式和程序中，女性及其父母的被动性以及男方的主动性和礼仪的周全是必备的。但是从谢氏的婚俗中看出女性和男性在缔结婚姻的程式中与儒家文化相去甚远。

　　除了黔北杨氏乃中原人士外，黔南宋氏亦是汉族移民在贵州定居并发

---

　　① （后晋）刘昫：《旧唐书》卷一百九十七，中华书局 1975 年版，第 5274 页。
　　② 陈顾远：《中国婚姻史》，商务印书馆 1936 年版，第 8 页。
　　③ （汉）郑玄笺，（唐）孔颖达疏：《毛诗正义》卷四，北京大学出版社 2000 年版，第360 页。

展的典型案例。宋太祖开宝八年（975），真定（今河北正定）人宋景阳
奉命率军平定都匀广右等处后，再进兵将乌蛮逐出蛮州和黑羊箐（矩
州），宋朝下诏设置大万谷落（土语"蛮州"）总管府，以宋景阳为都总
管。① 宋氏历经近 200 年的发展，已经成了当地族群的首领。宋景阳即是
水东宋氏始祖。元初，代表正统的元朝统治者以宋氏后裔宋隆济为土官。
明初，宋蒙古歹于洪武四年（1371）附明。次年，明朝即改八番顺元等
处宣慰司为贵州宣慰使司，赐宋蒙古歹为宋钦，以彝族土司霭翠（即水
西安氏）和宋钦同为宣慰使并可以世袭这一职衔。1373 年又命二人同迁
贵州城，并确令安氏治水西，宋氏治水东，水东宋氏正式形成，并一直以
贵阳为统治中心。由此可以看出，来到贵州的汉族移民，历经岁月的沧
桑，在贵州这个特定时空下，已经"渐被夷化"。至少在正统儒家文化熏
染下的作为他者的汉人看来，这些移民已经不能比同中州了。

　　总的说来，明代之前的贵州，其社会构成是"夷多汉少"的局面。
因为贵州地处西南边陲，距黄河流域的中央王朝过于遥远，并且遍布山谷
沟壑，土地贫瘠，不具备农耕社会经济发展的基本条件，缺乏得到大力开
发的吸引力和内驱力，当然更不具备作为移入场的移民条件。所以迁入的
汉族移民很少，无法形成自给自足的相对独立和稳定的共同体环境，这些
作为个案的汉族移民必须要与当地族群进行物质交换才能够得以生存，这
对于移民所持有的原有文化的完整保存与发展是不利的。而且"夷多汉
少"的局面导致汉人对当地族群的文化影响非常有限，甚至大部分汉族
移民都为少数民族所同化，因此汉族的"夷化"就是这一漫长历史时期
贵州社会变迁的必然趋势和特征。从战国时期楚人庄蹻到滇以后的"变
服，从其俗"这一情况看，土著居民的文化处于强势地位，尽管楚人
"以其众王滇"，而楚文化则没有能够让当地居民"渐披楚风"。播州杨氏
尽管来自中原文化区，其后裔也致力于儒家文化的学习与传播，但是由于
关山阻隔与中原绝远，身处化外之地，与之相处的是化外之民，子孙后裔
长期习染夷俗蛮风，因此在中央政权及统治者的眼里，这些土司头目仍然
只是土酋而已，其所奉行的文化体系和行为规范意味着蒙昧与落后。从明
代开始，"改土归流"就成了中央朝廷削弱当地族群首领权力，使其人口
和土地逐渐纳入王朝版图的重要措施之一。改土归流这一过程一直延续到

---

　　① 参见（明）王耒贤、许一德纂修《（万历）贵州通志》卷二，日本藏中国罕见地方志丛
刊本，书目文献出版社 1991 年版，第 43 页。

清朝前期，贵州才彻底实现了流官管理地方事务的局面。这一措施的实施和完成一方面表明中央王朝权力的扩大；另一方面则表明夷民渐染华风，认同并接受了以儒家文化为核心的中原文化，并用儒家戒律规范约束自己的行为从而建立相应的社会秩序的结果。

　　综合本章第一、第二节所述，各大族系的移民与贵州世居民族之间在同一个时空交错杂居、毗邻而处。从人类学之生物学的角度讲，相处时间的愈久，不同族群之间互通婚姻并繁衍子嗣，改变了原有族群在血统方面的纯正性，实现了族群之间生物学意义上的交汇与融合。从人类学之文化的角度来看，相同环境中生活的事实意味着为了实现愿望而作出调适的生活方式的趋同性，这也合乎逻辑地推演出其行为方式和价值观念趋同的结果。因此，在处理家庭关系等伦理方面，亦有了不同于原有族群的行为准则和新型伦理文化形态。如在婚姻制度、尊老爱幼、代际传承与教育等方面就有了各有损益的借鉴与模仿。当然，强势族群或优势文化在融合过程中拥有更多的话语权和历史存留的可能性，比如儒家文化逐渐重构了其他族群的家庭伦理观念。这就是移民对贵州家庭伦理变迁产生影响的典型表现。

第二章 明代贵州汉"夷"分布及家庭伦理特征

在一定意义上说，明朝是重建中国传统政治文化的一个王朝。它上承元朝，下启满清，是汉族政权夹在两个非汉政权中的一个孤绝的历史背影，也是中国历史上最后一个由汉族建立的中原王朝。太祖朱元璋在推翻蒙元王朝建立明朝后，立即着手在经济、政治、文化等方面进行了一系列的改革。首先，废除元朝的行省制度，改为承宣布政使司（不过还是沿用习惯的"行省"称谓）；废除中书省和丞相的建制，建立了吏、户、礼、兵、刑、工六部制。其次，在文化方面，为了选拔官吏，明朝扩大了科举的规模，并明确规定以程朱理学的"四书五经"为内容，以"八股文"为形式的新科举制度。继蒙元文化的全面消退后，明廷的这一系列举措对于儒家文化的复兴与发展有着非常重要的意义和价值。明朝的建立，以及对贵州采取的一系列开发措施，对于自明以来贵州政治、经济、文化的加速度发展来说，是一个决定性的因素。

明永乐十一年（1413），以思南、思州田姓土司的内讧为契机，以"琛、宗鼎分治思州、思南皆为民害"为借口，将此二宣慰司废革，改设八府。① 在此基础上又分别从之前隶属于云南、四川、湖广及一些尚未隶籍的少数民族土司领地划拨出一部分版图，成立了贵州承宣布政使司。在明初，贵州因"开一线以通云南"的战略地位而得到中央王朝的高度重视。为了不重蹈南宋王朝灭亡之覆辙，在新生政权成立不久，明太祖朱元璋就多次派人赴云南对梁王把匝剌瓦尔弥劝降，但梁王执意不从，明廷所派使节不是被杀就是无功而返。游说无效，武力征讨成了唯一的选择。在新生政权甫定的洪武十四年（1381），明太祖就命傅友德、沐玉、蓝英三

---

① 参见（清）张廷玉等《明史》卷三一六，中华书局2007年版，第8167页。

位将军率领 30 万大军往征云南。《明实录》载道：

> 洪武十四年九月壬午（初一）（1381 年 9 月 18 日）上御奉天门，命颍川侯傅友德为征南将军，永昌侯蓝玉为左副将军，西平侯沐英为右副将军，统率将士往征云南。[①]

征南大军兵分两路：一路由都督郭英领兵 5 万，经永宁（今四川叙永）南下取乌撒（今贵州威宁）；一路由傅友德率主力 25 万，经辰州、沅州（今湖南沅陵、芷江），占普定（今贵州安顺），直趋云南。取得决定性胜利后，要想经略云南，巩固征南成果，就必须保障通滇驿道的持续畅通，否则，"虽有云南，亦不能守矣"。故打通并长期维持从湖广到云南，以及从四川到云南的通道成了当务之急。贵州不仅是湖广和四川通往云南的必经之道，而且还是云南通达明王朝政治中心南京的唯一出口。基于这两方面的原因，贵州之于明王朝变得举足轻重起来。这一至关重要的战略意义和价值使明廷开始了大规模全方位经略贵州的历程。屯兵和成立布政使司是开发贵州的两大战略措施。

朝廷对贵州的倾斜和重视，为贵州的发展打开了一个全新的局面。异质文化的强势介入，使贵州社会原有那种自然演进的缓慢进程被打破，无论是物质生产还是精神文化，在广度和深度方面都以前所未有的速度改变着。布政使司的建立对于贵州的发展，是一个历史性的转折点，是贵州历史发展的一个重要里程碑，贵州从可有可无的蛮荒之地一跃成为中央版图之中不可分割的一部分，由此以后，贵州在政治、经济、文化、社会等各方面都起了显著变化。从军屯方面来看，明朝以卫所为单位的兵屯制度，几十万兵士、军余和舍丁以及他们的后代终明一世居住在贵州这块土地上，这些饱受儒家文化熏染的耕读之家子弟，对于贵州的开发起着非常重要的实质性作用，使贵州在政治、经济、文化和社会等方面有了质的飞跃和改变。

一方面，明王朝对贵州开发的力度远大于之前的各个朝代，行省的建立，以及一系列的开发措施等对于贵州的发展都起着决定性的作用。因为贵州隶于王朝版图促进了贵州与中原及江南的沟通与交流，而且在开发的

---

① 贵州民族研究所：《明实录贵州资料辑录》，贵州人民出版社 1983 年版，第 20 页。

过程中有大量的汉族移民进入。其中包括履职的官员、谪戍的罪徙之人、趋利而来的商贾、应"移民就宽乡"政策号召而来的农民，以及屯戍的士兵及其家属等。移民是文化的载体，大量移民的涌入意味着儒家家庭伦理文化在贵州的传播与发展。尤其对于通过刻苦攻读儒家经典应举而步入仕途的官吏来说，他们秉承儒家"德化蛮邦"的理念，致力于在贵州办书院或社学促进贵州教育的发展，这对于蛮风夷俗的改变有着决定性的影响。还有民屯、商屯的农民及军屯的兵士，他们与当地少数民族毗邻而居，其先进的生产方式和生产工具对原住民产生了一定的诱惑力，因此他们在婚丧嫁娶等仪式和行为中所体现出来的家庭伦理习俗也会成为当地居民模仿的对象。原有社会变迁的自然进程被人为中断，原有的宁静被突然而至的人群所打破，政治、经济、文化等方面的发展以加速度的方式进行着，文化的缓慢演进被快速的蜕变所取代。

另一方面，随着明王朝对贵州开发的深入，也意味着加大了对当地族类控制的力度。明之前，中央王朝对贵州的控制，绝大部分地域仅限于羁縻而已。自明太祖经略贵州以来，加大了改土归流的力度和范围，开始了常态收取租赋的比同中州的管理模式；广置卫所，30万大军进驻贵州，这些措施削弱了土司的势力，也大大压缩了原住民的生存空间和文化自我代谢与发展的可能性。但是明王朝派兵驻守、广建卫所屯戍的初衷是"借一线以通云南"，所以兵士只是屯戍在通滇驿道的沿线。王朝势力并没有深入贵州腹地和每个角落，很多地方终明一世都是土司领地，还有些地方直到清朝前期都还是王朝与土司都不统属的"苗疆生界"。一般来说，王朝势力的控制范围就是汉族移民分布的范围，在土司领地或者"生界"这样一些王朝势力所不及的地方，就鲜有汉族移民的足迹。因此，通过考察明廷对贵州控制的范围及程度，就可以大致了解汉族移民的分布情况。汉族移民和原住民在婚丧嫁娶、养育子女等家庭伦理方面的风俗习惯都有各自的特征。

第一节　明王朝对贵州的控制和治理

明代的省级制度有过两次重大变化：明初"踵元故事"设行省统驭郡县卫所，洪武九年（1376）改行省为布政使司，确立都指挥使司、承宣布政使司、提刑按察使司并立的体制；宣德以后陆续向各地派驻的巡抚，逐步成为地方最高军政长官，巡抚衙门成为新的省级权力机构。

贵州设省之前，其区域除了土司领地之外就是"生界"。自永乐十一年（1413）设省始，从治理者的角度来划分，有四种域地：一是军事控制区域，即统辖于都指挥使司下的各卫所；二是布政使司统领区域，包括下属的各府州县；三是土司领地；四是"生界"，即深山箐林中的各少数民族居处区域，既未归附于明廷，亦不属于土司统辖。除"生界"之外三个区域的治理，分属于"三司"，即都指挥使司、承宣布政使司、土司。总体来看，明代贵州的治理模式是"三司并立"，经营贵州的方略可归结为"土流并治，军政分管"。

一 都指挥使司控制各军事卫所

明朝建立以后，即着手经营西南边陲，因为云南是蒙元贵族最后的据点，为了彻底摧毁蒙元势力，经营西南的重点在于控制云南。朱元璋建都南京，由京师发兵云南自然以取道贵州为捷径。其在战略上地位之重要，正如顾祖禹《读史方舆纪要》所言：

> 常考贵州之地虽偏隅逼窄，然驿道所经，自平溪、清浪而西，回环达于西北，几千六百余里（崇祯四年督臣朱燮元讨安位，位降，使位通上下六卫，并清、平、偏、镇四卫，设亭障，置游徼，纪里道之数，千六百余里）。贵阳犹人之有胸腹也。东西诸府卫，犹人之两臂然。守偏桥、铜鼓以当沅、靖之冲，则沅、靖未敢争也。据普安、乌撒以临滇、粤之郊，则滇、粤不能难也。扼平越、永宁以拒川、蜀之师，则川、蜀未敢争也。[1]

洪武十四年（1381），朱元璋命大将傅友德、沐英、蓝玉提兵30万往征云南。由于布置严密精慎，半年之间即获全胜。平定云南之后，意识到贵州之于云南的重要地位，故朱元璋又谕傅友德等："彼得报，知云南已克。……至如蔼翠辈不尽服，虽有云南，亦难守也。"[2] 为了确保西南

---

[1] （清）顾祖禹：《读史方舆纪要》卷一百二十《贵州方舆纪要序》，中华书局2005年版，第5231页。

[2] 贵州民族研究所：《明实录贵州资料辑录》，贵州人民出版社1983年版，第24页。

的安宁和云南军事道路畅通，必须在贵州遍立卫所、驻扎重兵。

当然，卫所的建立并不自洪武十四年始。早在洪武四年（1371），就在贵州设立了贵州卫（治今贵阳）和永宁卫（治今四川叙永），隶于四川都司。洪武十五年（1382），云南战事已平，乃于贵阳置贵州都指挥司，统领十八卫、二所。明代都指挥使司治所设立在贵州城（即今贵阳市都司路一带）。都指挥使司掌管地方军事，统领卫所而隶于五军都督府。都指挥下设经历司、断事司、司狱司、仓库草料等办事机构。都指挥使一人，正二品；都指挥同知二人，从二品；都指挥佥事四人，从三品；经历司经历一人，正六品，经历司都事一人，正七品；断事司断事一人，正六品，副断事一人，正七品，吏目一人；司狱司司狱一人，从九品。

卫所以贵阳为中心，贵州卫和贵州前卫拱卫贵州都司。贵阳以西有威清卫（治今清镇）、平坝卫（治今平坝）、普定卫（治今安顺市）、安庄卫（治今镇宁）、安南卫（治今晴隆）、普安卫（治今盘县），史称"上六卫"。贵阳以东有龙里卫（治今龙里）、新添卫（治今贵定）、平越卫（治今福泉）、清平卫（治今凯里）、兴隆卫（治今黄平）、都匀卫（治今都匀），史称"下六卫"。黔西北地区有乌撒卫（治今威宁）、毕节卫（治今毕节）、赤水卫（治今赤水河）、永宁卫（治今四川叙永）。又领黄平（治今黄平旧州）、普市（治今川黔边境）二直隶千户所。

终明一代，朝廷在贵州设立卫所的总量，前后合计50余处。在上述18卫2所之外，另有镇西卫（治今清镇市卫城区）、层台卫（治今毕节市层台区）、镇远卫（治今镇远县）、清浪卫（治今镇远县清浪乡）、平溪卫（治今玉屏县平溪）、铜鼓卫（治今锦屏县）、靖州卫（治今湖南靖州）、五开卫（治今黎平县）、都匀卫（治今都匀市）、古州卫（治今榕江县）、敷勇卫（治今修文县）、威远卫（治今遵义白田坝）等12卫，及镇西卫下之威武所（治今清镇市境）、赫声所（治今清镇市境）、柔远所（治今平坝县境）、定南所（治今普定县境），安南卫下之安南所（治今盘县杨那山）、安笼所（治今安龙县），普安卫下之乐民所（治今盘县乐民乡），毕节卫下之七星关所（治今毕节市七星关），赤水卫下之白撒所（治今毕节市境）、阿乐密所（治今四川古蔺县阿落密）、摩尼所（治今四川古蔺县摩尼区），清平卫下之炉山所（治今凯里香炉山），靖州卫下之天柱所（治今天柱县境）、屯镇汶溪所（治今天柱、晃县间），五开卫下之新化屯所（治今黎平县新化乡）、新化亮寨所（治今锦屏县新化）、隆里所（治今锦屏县龙里）、中潮所（治今黎平县境），敷勇卫下之修文所（治今修文县境）、于襄所（治今息烽县青山乡）、翟灵所（治今息烽县九庄）、息烽所（治今息烽所）等 22 所。①

这 50 多个卫所，由朝廷设立的贵州指挥使司统一管辖。据明代兵卫制度，每卫额定 5600 名，分属前、后、左、右、中五千户所，必要时增设外所，如普安卫领前、后、左、右、中、中左、中右、安南、南笼、乐民 10 所。千户所辖 10 个百户所，百户之下领总旗 2 个，总旗辖 5 小旗，每小旗领兵 10 名。卫所主要围绕交通要道展开铺设，如果与清代全面的掌控相比，明代的卫所则只是沿交通驿道的单线布局，目的就是保障朝廷与大西南特别是云南之间驿道的畅通。卫所之间有专门的驿路通达，这样将整个贵州地区分化成数个区域，在保障交通安全的同时，严密监控各少数民族地区。当地部落族群一有风吹草动，就能在声息相通的条件下组织起有效的军事行动。

二　布政使司管理府州县

随着对贵州开发和军事控制而来的是大量移民的涌入。在人口急剧增长、夷汉民族错杂丛居的大背景下，贵州社会政治、经济、文化等各种事务的管理日益纷繁。因此，在军事监控之外，需要专事管理社会事务的机构。明永乐年间，思州宣慰使田琛与思南宣慰使田宗鼎叔侄二人，为争夺沙坑互相攻杀，当地之民不堪其苦。朝廷派员调节，"皆具拒命不至"，乃 "命行人蒋廷瓒往召之，而敕镇远侯顾成以兵五万压其境，凶党叛散，琛等就擒"，并相继械送京师。为彻底解决思南、思州土司的问题，皇帝于永乐十一年（1413）诏谕户部尚书夏原吉等："其思州、思南三十九长官司，宜加意绥抚，可更置府州县而立布政司总辖之。"原吉等人将思州原二十二长官司分设为思州、新化、黎平、石阡四府，原思南十七长官司，分设思南、镇远、铜仁、乌罗四府。其镇远州、务川县，亦各随地分隶，而于贵州宣慰司地设贵州承宣布政司以统八府，仍与贵州都司同管贵州宣慰使司，其布政司官属俱用流官，府以下参用土官。②《明史・贵州

① 参见贵州民族研究所编《明实录贵州资料辑录》所附《明代贵州地名与今地名对照表》，贵州人民出版社 1983 年版，第 1361—1365 页。

② 参见贵州民族研究所《明实录贵州资料辑录》，贵州人民出版社 1983 年版，第 140—141 页。

土司列传》："永乐十一年，思南、思州相仇杀，始命成以兵五万执之，送京师。乃分其地为八府四州，设贵州布政使司。"① 以解决思州、思南田氏土司内部矛盾为契机，朝廷陆续取缔了部分地区土司政权，实现了中央王朝对贵州地方权力的直接控制，为日后彻底改土归流奠定了基础。同时，以此为契机在贵州设立布政司，使贵州成为明代的 13 个行省之一。承宣布政使司掌管地方行政，统领所属府、州、县及土司。布政使司下设经历司、照磨所、理问所、司狱司、库、仓、杂造局、军器局、织造局等机构。左右布政使各一人，从二品；左右参政若干人，从三品；左右参议若干人，从四品；经历司经历一人，从六品，都事一人，从七品；照磨所照磨一人，从八品，检事一人，正九品；理问所理问一人，从六品，副理问一人，从七品；提控案牍一人、司狱司司狱一人，从九品。布政使掌一省之政，朝廷有德泽禁令，承流宣播，以下于有司。凡僚属满秩，察其称职与否，上下其考，报抚按以达于吏部、都察院。三年率其府州县正官，朝觐京师，以听察典。至于部民鳏寡孤独之怀抚，孝悌贞烈之表扬，水旱疾疫之赈济等，皆属其职。

永乐十一年（1413）设省之始，贵州布政司统领的范围，在废除思南、思州宣慰司基础上设立的八府之外，另有贵州宣慰司及安顺、镇宁、永宁三州。自此以后，流官统治不断扩大，在改土归流的基础上又建有若干府、州、县，略如下表所示。

明代贵州府州县建置简表②

改后府州县地名（今位置）	时　间	改前地名
普安州（今盘县境）	永乐十三年（1415）	普安安抚司
永从县（今黎平县）	正统元年（1411）	福禄永从长官司
施秉县（今施秉县）	正统九年（1444）	施秉长官司
程番府（今贵阳市境）	成化十二年（1476）	八番长官司
麻哈州（今麻江县）	弘治七年（1494）	麻哈长官司
独山州（今独山县）	弘治七年（1494）	九名九姓长官司
印江县（今印江县）	弘治七年（1494）	思印江长官司

---

① （清）张廷玉等：《明史》卷三一六，中华书局 2007 年版，第 8167 页。
② 侯绍庄、史继忠、翁家烈：《贵州古代民族关系史》，贵州人民出版社 1991 年版，第 263 页。

改后府州县地名（今位置）	时　　间	改前地名
清平县（今属凯里）	弘治七年（1494）	清平长官司
都匀府（今都匀市）	弘治七年（1494）	都匀安抚司
镇远县（今镇远县境）	弘治十年（1497）	金容金达长官司
贵阳府（今贵阳市境）	隆庆三年（1569）	程番府
新贵县（今贵阳市境）	万历十四年（1586）	贵竹、平伐2司
定番州（今惠水县）	万历十四年（1586）	程番等13长官司
铜仁县（今铜仁市境）	万历二十六年（1597）	铜仁长官司
平越府（今福泉市）	万历二十九年（1601）	播州宣慰司南部
真安州（今正安县）	万历二十九年（1601）	真州长官司
遵义县（今遵义县）	万历二十九年（1601）	遵义长官司
桐梓县（今绥阳县望草区）	万历二十九年（1601）	播州宣慰司辖地
仁怀县（今仁怀县）	万历二十九年（1601）	播州宣慰司辖地
绥阳县（今绥阳县）	万历二十九年（1601）	播州宣慰司辖地
湄潭县（今湄潭县）	万历二十九年（1601）	草塘、瓮水2司
余庆县（今余庆县）	万历二十九年（1601）	余庆长官司
黄平州（今黄平旧州）	万历二十九年（1601）	黄平安抚司
龙泉县（今凤冈县）	万历二十九年（1601）	龙泉长官司
安顺府（今安顺市境）	万历三十年（1602）	增设
安化县（今思南县）	万历三十三年（1605）	水德江长官司
广顺州（今长顺县广顺区）	万历四十年（1612）	增设
开州（今开阳县）	崇祯三年（1631）	贵州宣慰司同知宋氏亲辖地

　　经过一番调整之后，终明之世，贵州布政司领有贵州宣慰司、贵阳、安顺、平越、都匀、黎平、思州、思南、铜仁、镇远、石阡等10余府，下属9州14县及数十长官司。而贵州都指挥使司则拥有上述50余处卫所。在此二司的管辖之下，形成"土流并治，军政分管"的局面。

三　土司统辖各领地

　　如何处理汉人与少数民族之关系，这是明代派往贵州的各级官员都必须要思考和面对的问题。周弘祖《议处铜苗疏略》："自有苗患以来，其谈制驭良策者，不过曰抚、曰剿、曰战。"周氏结合铜仁周边实际情况，认为此三种策略皆似是而实非。如"抚"之以鱼盐，犒以花红牛酒，所需之索无不应付，但一旦粮犒入手，即出劫掠。不到一年时间，"贼"势愈骄。而剿战之计，实为下策，况山高箐深，"敌"暗我明，一则战不易利；二则扑灭原非本意，故此策也不可多用。其上上策是"以夷制夷"，藉土官来管理当地人口。① 周氏的策略其实并不新奇，不过是朝廷方针政策的具体实施。明朝的土司制度总体上来说就是"以土官治土民"。不过，这里所说的"土官"是泛称，包括土知府、土知州、土知县之类的土官，以及土司两种。② 另外，土官与代表朝廷意志之流官的区别也比较明显。③ 明代的土司制度日臻完备，诚如《明史·土司传》所言："明踵元之故事，大为恢拓，分别司郡州县，额以赋役，听我驱调，而法始备矣。"④ 约有以下几个特点：（1）土流分治而不相混，分工相对明确；（2）以官品分等级，土司分为宣慰司（宣慰使从三品）、宣抚司（宣抚使从四品）、安抚司（安抚使从五品）、长官司（长官正六品）、蛮夷长官司（长官正六品）等不同级别；（3）土司与王朝关系密切，无论大小皆由朝廷任命，并亲自赴京受职，定期入京朝觐、进贡；（4）承袭之权掌握于中央，按制度袭职，发给号纸、信符；（5）将入学读书习礼作为土司袭替的必要条件，不入学者不听保袭；（6）课税，使土司能遵声教，向内地看齐；（7）定征调之法，使其能保境一方，并听朝廷驱遣。⑤

贵州布政司虽统领全省政务，但在明初，其实际掌控的地方非常有限。贵州宣慰司原则上归属布政司节制，但具体执政时一旦涉及宣慰司范围之内的政务，则必须加盖贵州宣慰使司的官印才能实施。故《明史·贵州土司传》特别强调："安氏掌印，非有公事不得擅还水西。……暂还

---

① 参见（明）周弘祖《议处铜苗疏略》，（明）王耒贤、许一德纂修《（万历）贵州通志》卷二十，日本藏中国罕见地方志丛刊本，书目文献出版社 1990 年版，第 450 页。

② 按：土官和土司不尽相同。所谓土官，其官名、官阶、职权均与流官相同，仅在职衔前面冠以"土"字，如土知州、土知县、土县丞之类。与土司官阶为宣慰使、宣抚使、长官司等截然不同。土官所掌握的钱粮、刑名直接归户部和刑部管辖，这与土司自愿任纳税赋也不相同。另外，土官有明确的任期，与土司终身任职不同。土官虽也允许世袭，但必须以是否有缺额为转移，这与土司世袭是无条件的也不尽相同。

③ 按：土官与流官的区别约有两点，一是土官是以承袭的方式获得职位，与流官是以参加科举选拔获得官职不同；二是土官的任职可以文武兼任，流官则文职和武职截然两分。总体来说，土官与流官在出身和任职资格上有区别，在执掌的政务和军务方面则大体相同。

④ （清）张廷玉等：《明史》卷三一六，中华书局 2007 年版，第 7981 页。

⑤ 参见侯绍庄、史继忠、翁家烈《贵州古代民族关系史》，贵州人民出版社 1991 年版，第 241 页。

水西，以印授宣慰宋然代理。"① 当然，"不得擅还水西"还有另一层意思，即置于地方大员的直接监视之中，亦即用"就食长安，而不至国"的办法，加以防范。②

明代贵州行省的辖境，全部划拨自邻近的湖广、四川、广西和云南四省的边地。朝廷派遣的卫所屯军和各级行政官员若不划拨土司领地或者开辟"生界"，就几乎无立锥之地。

按：贵州设省之初，省会虽置于贵州城，而布政司的直接辖地却远在数百里之外的思州、思南、镇远等府，以及西部的永宁、安顺等州。布政使除了随员之外，府州各级僚属都不在近旁。整个贵州行省的最高行政机构，竟然孤悬于土司辖境之内，四顾皆无依傍。以至于就形势而论根本不是布政使统辖各土司，反之，布政司机构的日常给养都得靠贵州两宣慰代劳。因"夷民"势力过于强大、人口众多，且土司辖区与各府州县地犬牙交错，故而矛盾丛生。永乐十一年（1413）分化思南、思州两宣慰司而设置的新化和乌罗两府，由于矛盾过于激烈，设府不久就不得不废府重置土司。这一现象说明，中央政权的势力还不足以完全掌控贵州局势，土司势力强大，贵州社会的管理主要还是土司的职责，而且少数民族人口远远超过汉人人数，汉族移民仅局限于各军事卫所。即便是流官统治的府州县领地，其汉人也远远不及少数民族的人口之众。

第二节　汉族移民的种类和汉"夷"分布

一　明代贵州汉族移民的种类

根据史料记载，明代迁移至贵州的人口，大致有以下诸种情形：（1）屯戍的正军；（2）舍丁及军余；（3）当时服役军人与当地女性为婚定居当地；（4）军人的亲戚、朋友在其鼓励动员下迁入；（5）有一定制造技术的手工业者求发展迁入；（6）有一定经济能力的商业者为创业发展迁入；（7）在黔地为官者；（8）罪谪之官吏；（9）在中原地区有一定祸事的

---

① （清）张廷玉等：《明史》卷三一六，中华书局 1974 年版，第 8170 页。
② 参见方国瑜《彝族史稿》，四川民族出版社 1984 年版，第 485 页。

人为避祸迁入。这种分类是从移民的性质和迁移的方式途径来划分的，虽有 9 种，实际上可归并为四大类，一是军事移民，包括（1）（2）（3）（4）；二是商业移民，包括（5）（6）两种；三是政治移民，包括在黔地任职和遭受贬谪入黔的官吏；四是自发的流徙民，主要指因避祸而入黔者。以下举例说明这些移民的种类。

第一大类军事移民，是移民的主体。明初贵州设立十八卫、二所，根据制度，每卫军士 5600 人，千户所 1120 人，这样计算，明初屯戍在贵州的军人约有 10 万之众。实际上，各卫驻扎之兵，均远超出每卫 5600 人的编制。《（嘉靖）贵州通志·兵防》所记明初全省 18 卫及黄平、普市两千户所驻兵原额，最多的普安卫即达 30093 名，其次赤水卫 10307 名，安庄卫 9976 名，清平卫 9803 名，最少的贵州卫也有 5704 名，总数达 16 万余人，如加上偏桥、威远诸卫，将远超过 20 万之数。①

他们"三分守城，七分屯田"，逐渐成为当地具有军户身份的长久居民。以安顺著名屯堡遗存九溪村为例，宋修文老人曾经考证本村各姓氏始祖入黔过程。如宋姓，原籍南京应天府花柳巷，洪武十四年（1381），始祖宋忠奉命征南入黔。朱姓，原籍安徽凤阳，始祖朱元正洪武十四年奉命征南入黔。邓姓，原籍湖北南阳，始祖邓福元，洪武十四年奉调征南入黔。本村的其他大多数姓氏，如张姓、高姓、鲍姓、金姓、赵姓、肖姓、汪姓、牟姓、沈姓、黄姓、陈姓、胡姓、田姓、邹姓、郑姓、凌姓、吴姓、钟姓、雷姓、全姓、严姓、冯姓、董姓等也均为奉调征南入黔。② 这种因征南入黔的现象在出土墓志中也得到很好的证明。如《贵州省墓志选集》第 17 号《明伴鹤及妻刘夫人合葬墓志铭》："先世徽州休宁人。……洪武初，顺义从□□□□□□调征南，徙贵州，隶尺籍。"③ 第 22 号《明曾仲学墓志铭》："公之先世，籍楚黄蕲州，高帝定天下，以良家子实戍行，于是占籍平溪，遂为平溪人。"④ 第 36 号《杨春发墓志》："安顺杨氏，先世安徽歙县人。始以前明指挥随军征入黔。"⑤

---

① 参见（明）谢东山纂《（嘉靖）贵州通志》，1982 年贵州省图书馆据云南大学借云南省图书馆传抄天一阁藏嘉靖刻本重抄本复印本，巴蜀书社 2006 年版，第 305—306 页。

② 参见宋修文《九溪村志》（七稿），2000 年编著，未刊本，藏安顺学院屯堡文化研究中心。

③ 贵州省博物馆编：《贵州省墓志选集》，1986 年内部印刷，第 51 页。

④ 同上书，第 73 页。

⑤ 同上书，第 108 页。

　　随同军士一起入黔的还有他们的亲属。洪武时期明军平定各地，军锋过后，随即留下相应数量军士镇守该地。明代实行军籍制，卫所军士及子孙均入军户，世代为兵，不得更动；而且"军士起解者皆金妻""如原籍未有妻室，听就彼完娶，有妻有籍者，着令原籍亲属送去完娶"①，军人必须婚配，妻小跟随丈夫到戍守地点，不得随意迁徙或逃亡。如苏州昆山邹氏，"洪武初，父随例戍普定，邹再五岁，随母返故乡，长，赘同里人吴文荣，乃始奉母历万里之险来省父。未几，父调征当行，文荣谓邹曰：涉远来首侍，始得会，遽忍父去，吾请代行"②。嘉靖时两广总督王守仁上疏，反映广西驻军缺额严重，其中南丹卫官军人数不足500，但连同"其家众，则亦不下二千"③。说明明代军户家庭人口一般在4人左右。以这个比例来计算，则明代贵州的军户约有七八十万之众。不过，由于对卫所军户人口的数量增长估计不足，而且明政府对这部分新增人口的态度摇摆不定，经历了一个从默许不作为到强制遣返，再到主动加以利用的变化过程。这一政策上的不确定性，致使卫所军户群体直到正统、景泰年间才初步形成。④

　　第二大类商业移民，包括手工业者和商业者两种。一方面，明踵元故事，将编户改为差户，即都是为皇帝当差的人，其中就有匠户的编制。为了满足屯戍士兵对生活用品的需求，部分手工业者按匠户随军队屯戍；另一方面，由于战乱，民生多艰，一些具备一定技术的手工业者为求生存，往往背井离乡到异地寻求发展空间。到贵州创业的手工业者，其著例恐怕要数王倒犁。王倒犁系贵州黄平县王家牌王氏始祖，于洪武初随父由江西来到黄平旧州。其父死于旧州，其弟王衮分居上塘。本人携妻周氏及子从旧州迁到翁坪乡的戛雄寨，以开坊铸铧为业，后娶寨女（苗女）潘"阿扁"为妻，潘家赠给一片青杠山林和"柳板"田土，始创王家牌。王倒犁之称谓是按苗语意译而来的。数百年来，黄平境内的苗胞称王家牌为"昂雕"（Vangl Diol），意为"汉寨"，称始祖为"耇雕良卡"（ghet Diol Liangb Kab），意为"铸铧的汉族公公"。因苗语把铸铧称为"倒犁"，故

　　①　（清）张廷玉等：《明史》卷九十二，中华书局1974年版，第2258页。
　　②　参见（明）沈庠修，赵瓒纂：《（弘治）贵州图经新志》卷十四，巴蜀书社2006年版，第155页。
　　③　王守仁：《处置八寨断藤峡以图永安疏》，吴光等编《王阳明全集》卷十五，上海古籍出版社1992年版，第511—512页。
　　④　参见张金奎《试析明初卫所军户群体的形成》，《中国史研究》2007年第2期。

族人称其始祖为"王倒犁"。明初的贵州，铁器十分缺乏，黔东南苗族居住区，农业生产大多处于刀耕火种的落后状态。王倒犁在此开坊铸铧出售，促进了当地农业生产的发展，同时也使王家牌王氏兴旺起来。王倒犁娶苗女阿扁为妻，开创汉苗支系，其族人遍布贵州全境，出现了不少英雄人物，如明朝景泰年间农民起义领袖"雄轰碧"；得王倒犁真传、兴建乌江铁索大桥的铁匠王保松；辛亥革命名将王宪章；新中国第一个苗族省长王朝闻等。①

商业移民的产生，主要是与征南军队的给养问题有关。明初征云南，粮草的供给是保障军队稳定和战争胜利最重要的因素之一。从京师所在的江南运粮至贵州成本巨大，且远水解不了近渴；又无法就地征收赋税以赡兵马，因为当时贵州大部分疆域都是不能施以"额定赋税"的土司版图。为解决这个问题，朝廷出台了各种政策，其一就包括上述的军屯，即"三分守城，七分屯田"。其二，就地取粮。范围仅限于已经隶籍的府州县，土司除外。如洪武十六年（1383）七月十二日朱元璋诏谕征南将军傅友德等人所示的："今符前去，尔诸人议，有粮军回云南无后患，若守军无粮，大军既回，其守军必逃，军逃日久，城中必虚，蛮人知其所以，其患复作，事难制矣。以今之计，大军既出，在外边临云南甚有生硬地方，大军可于彼哨粮养口，以候诸郡收集粮米，接着明年夏麦，大军方回，是其妙也，不然未善。"② 其三，通过各种商业途径筹粮。其中最有效的方式是"盐引开中"。所谓"盐引开中"，是指让商人将粮食运到贵州作军粮使用，由贵州各卫按所收粮食的多少，向粮商发给相应的盐引，作为收到粮食的凭证。商人可以凭借这些盐引在产盐的地方，换取食盐发卖获利。如洪武六年（1373）二月壬辰（二十），贵州卫言："岁计军粮七万余石，本州及普宁、播州等处发征粮一万二千石，军食不敷，宜募商人于本州纳米中盐以给军食。"③ 从之。同年八月辛巳（十二），四川按察司金事郑思先言："重庆、夔州漕运粮储至成都，水路峻险，民力甚艰，宜令卫兵于近城屯种，及减盐价，令商人纳米以代馈运之劳。且贵州之粮

---

① 参见王家牌王氏宗谱编纂委员会《贵州黄平王家牌王氏宗谱》，2006 年刊印，第9—14页。本书藏贵州师范大学图书馆。

② （明）张紞：《云南机务抄黄》，丛书集成初编本，商务印书馆 1936 年版。

③ 贵州民族研究所：《明实录贵州资料辑录》，贵州人民出版社 1983 年版，第 8 页。

令重庆人民负运，尤为劳苦，若减盐价，则趋利者众，军饷自给。"① 皆从之。盐引开中在当时是解决军需的重大举措，在全国实施，由户部统一管理，有较为严格的规定。洪武十五年（1382）户部奏定商人纳米给盐之例。凡云南纳米六斗者，给淮盐二百斤，米五斗者给浙盐二百斤，米一石者给川盐二百斤；普安纳米六斗者给淮、浙盐二百斤，米二石五斗者给川盐二百斤；普定纳米五斗者给淮盐二百斤，米四斗者给浙盐二百斤，川盐如普安之例。② 在利益的驱动下，商人不畏山高路险，将米粮运至边远前线，这样既节省了国家行政成本，又减轻了当地民众的税赋负担。于是出现如普安军民指挥使周骥所说的情形："自中盐之法兴，虽边远在万里，商人图利运粮时至，于军储不为无补。"③ 大量的商人参与盐引开中的商业行为，不少商人甚至一直跟随军队，同兵部有着密切的商业往来。这些人中的一部分因为婚姻或者别的原因等逐渐在贵州定居下来，成为移民的一部分。

随着征南战争的结束和时局的逐渐稳定，粮商和盐商的行为日渐规范化，其利润空间也不断缩小，在明代中后期因为官吏的贪腐等原因导致盐政废弛，贵州地区的盐引开中行为也日益萎缩。但贵州高原特有的矿藏和土产，使得商业行为并未因此中断，随着开发的逐步深入，往来于其间的商人越来越多。贵州盛产马匹、黄蜡、水银和朱砂，往往是朝贡的礼品。如永乐十三年（1415）三月壬寅（初四），贵州布政司右布政使蒋廷瓒所属宣慰司、府、州、县官并头目、耆民来朝，贡马百匹、黄蜡千斤、水银四百三十斤。④ 思南一带盛产朱砂、水银，永乐初思南田氏土司甚至为了争夺砂矿不惜大肆攻杀，以致朝廷借机改土归流而置贵州布政司。朝廷设立了专门的机构来管理矿产，如初设贵州布政司大小衙门时，曾设置大崖土黄坑水银朱砂场局，隶属铜仁府，宣德元年（1426）正月戊午（二十三），改隶大万山长官司。⑤ 宣德五年（1430）裁减铜仁府大万山长官司大崖土黄坑水银朱砂场局副使一员。⑥ 到了正统三年（1438）九月，因开

---

① 参见贵州民族研究所：《明实录贵州资料辑录》，贵州人民出版社1983年版，第9页。
② 同上书，第27页。
③ 同上书，第66页。
④ 同上书，第149页。
⑤ 同上书，第173—174页。
⑥ 同上书，第208页。

采过度，朝廷宣布革除水银朱砂场局。① 并于景泰三年（1452）四月免除该地区应缴的税粮。② 故思南、石阡二府的交会之处，成为川黔客商的汇集之地。王士性《广绎志》云："思、石之间，水则乌江，发源播之南境，下合涪江，陆与水相出入，此川、贵商贾贸易之咽喉也。"③ 又明代云南的土产出滇之途径，往往经由贵州。所以当时水陆交汇的镇远，商贾云集，成为贵州对外贸易的重镇。王士性《广绎志》亦有所记："镇远，滇货所出，水陆之会。滇产如铜、锡，斤止值钱三十文，外省乃二三倍其值者。由滇运至镇远共二十余站，皆肩挑与马骡之负也。"④ 又明时贵州盛产木材，正德九年（1514）因修缮乾清、坤宁二宫，工部下令至四川、贵州等处采取。⑤ 大批木材商云集贵州，引发出一场木材商战。这些逐利的商人逐渐固定下来，成为移民的一部分。

　　第三大类是政治移民，包括在黔为官者和贬谪贵州的官吏。在黔地为官而定居贵州的移民，是贵州移民中最重要的一种类型。永乐十一年（1413）贵州置省，除土司官职外，也产生了大量的流官。明代实行异地任官的制度，洪武间"定南北更调之制，南人官北，北人官南"；后虽不限南北，但"自学官外，不得官本省"⑥。这使得贵州各地流官府衙机构主要职位非外省人莫属。史载贵州从永乐十一年立省至明末崇祯间任省级机构主要文职官员者1137人，其中总督27人，巡抚83人，巡按178人，布政使88人，参政128人，参议153人，按察使102人，按察副使及学政等212人，分巡道及佥事166人；⑦ 如加上知府、知州、知县及各级机构中的杂职属吏，数量则更多。这些人物的事迹主要保存在地方志的官宦志中，比如《（弘治）贵州图经新志·凡例》说："名宦，皆书其既任而德政之著者。"⑧《（万历）贵州通志》继承了这个传统，其《凡例》亦云："名宦乡贤，旧志所载都存之，非确有议者不削，其续入者必公论，

---

①　参见贵州民族研究所《明实录贵州资料辑录》，贵州人民出版社1983年版，第263页。

②　同上书，第365页。

③　（明）王士性：《广绎志》卷五，中华书局1981年版，第135页。

④　同上。

⑤　参见贵州民族研究所《明实录贵州资料辑录》，贵州人民出版社1983年版，第661页。

⑥　（清）张廷玉等：《明史》卷七十一，中华书局2007年版，第1716页。

⑦　（民国）参见任可澄、杨恩源等《（民国）贵州通志·职官表二》，贵州人民出版1985年版。

⑧　（明）沈庠修、赵瓒纂：《（弘治）贵州图经新志》，贵州省图书馆影写晒印明弘治刻本，巴蜀书社2006年版。

昭明祠祀已定者不滥及也。"① 郭子章《万历黔记》更为详细，其卷二十
七列在黔为官之公侯伯总兵参将都司守备表，卷二十八列总督抚按藩臬
表，卷二十九为守令表；卷三十三至卷四十一为宦贤列传，除明代以前宦
贤传二卷外，明代入黔宦贤传共有七卷。其非贤者未列入，可见因任官而
迁入贵州的，也是移民中的主体之一。这种现象，在出土墓志中得到印
证。如《贵州省墓志选集》第 20 号《明张惇及妻曹宜人合葬墓志铭》：
"其先江西之庐陵人，上世有张益者，宦于黔，因籍焉。"② 再如《许懋才
墓志铭》："先世江南淮安之盐城人。……后随舅氏曹公熙衡之贵州臬司
任，舅氏卒，遂卜居于黔焉。"③

　　因为偏僻险远、生活环境恶劣，贵州历代为朝官贬谪流放之地。唐代
李白流放夜郎、王昌龄贬龙标即其著例。明代贬谪至贵州的官员，其事迹
大都保存在地方志的"流寓"和"迁谪"传中。谢东山纂《（嘉靖）贵
州通志》，于迁谪传中首置王守仁，并序云："自昔贤人君子得罪当时，
窜身远地者多矣。然他人以为不幸，而其人自以为幸，贺益能也。其人或
自以为不幸而一方之人以为幸，喜过化也。"④ 被贬谪到贵州的官员，就
其本身的仕途或者生活条件之艰苦程度而言，诚然是不幸的，但对贵州的
土著居民来说，却不失为一件大好事。因为他们往往带来先进的文化，直
接或间接地促进贵州地区的文明进程。这些人到贵州，大多受到当地人的
热忱欢迎，但总体来说，其贬谪生活是非常痛苦的。万历十八年（1590）
贬臣邹元标上《吏治民瘼疏》，其"恤远臣"条说："两广云贵，吏兹土
者悉谓之远。两广、滇南，文物埒中土，俸饩稍厚，以故人多乐居之。惟
是贵州僻在亥步，穷处黄茅岚氛，猿蝶为伍，士人闻命有投牒不往者，有
既赴郁郁死者。臣请备言其艰辛之状。臣往见都匀一驿丞，南京人也，悬
鹑百结，乞食道死。又有麻哈等州衙斋荒芜，举目凄凉。而独山知州吴誉
闻者，文学吏事亦自名家，夜篝灯同妻子守孤印。皆含冤被论去。视诸
臣，余可知矣。臣每拊膺太息曰：圣天子明见万里外，忍使诸臣困至此极
耶？劳逸不均，北门大夫不免以之兴叹。今之情，岂异古耶？"邹元标以

　　① （明）王耒贤、许一德纂修：《（万历）贵州通志》，日本藏中国罕见地方志丛刊本，书
目文献出版社 1990 年版。
　　② 贵州省博物馆：《贵州省墓志选集》，1986 年内部印刷，第 61 页。
　　③ 同上书，第 86 页。
　　④ （明）谢东山：《（嘉靖）贵州通志》，1982 年贵州省图书馆据云南大学借云南省图书馆
传抄天一阁藏嘉靖刻本重抄本复印本，巴蜀书社 2006 年版，第 431 页。

理解之同情，提出优待谪黔官吏的举措：“臣愚谓司铨者宜剂量其间，除方面知府知州知县外，如各卫经历、吏目等官，或升或迁，宜以四川、湖广、云南三省人当之，盖三省风气接壤，视他省稍习，如或居官称职，其升迁际他省量速一年，庶雨露无不被之泽，远臣无向隅之泣。”[1] 这些贬官中的一部分，因未能获升迁或者赦免，故无机会离开贵州而定居于此，其本人和后代均成为移民的重要组成部分。

第四类是自发的迁徙移民，其入黔的原因，主要是：（1）逃避战乱或灾祸，因原住地屡经兵燹或自然灾害，为了保全或生存而远徙他乡；（2）在原住地犯事，为避祸入黔；（3）在家乡失去赖以生存的土地，或者因为人丁增长以至原有田地已经无以为赡家小，故辗转至贵州寻求生存。此外，还有其他种种原因，比如因宗教信仰而入黔的僧尼道士之类，亦属于自发的迁徙之民。据载，明廷大力提倡儒、佛、道三教，在贵州设置儒学、僧纲司和道纲司，鼓励兴建寺庙，以“使知君臣父子之道，礼乐教化之事”，“变其土俗同于中国”[2]。儒生、和尚、道士等为避灾祸等红尘纷扰来到贵州，参与建造并维持寺庙、道观的繁荣和发展，他们自耕自食，成为自发迁徙的汉族移民之一种。

> 洪武二十一年三月，僧录司左善世弘道等于中右门领圣旨，凭僧司行文，各处散去，但有度牒的僧，二十以上的发去乌蛮、曲靖等处，每三里造一庵寺，自耕自食，就化他一境的人。[3]

比较以上所列四类移民，不难看出，对贵州影响最大的是军事移民和政治移民，其次是商业移民，最后是自发的迁徙民。这是从迁移的方式和移民的性质来划分所得出的结论。从移民的民族成分的构成来看，其主体部分是汉族，也包含少量的少数民族如回族、苗族、土家族等。从移出场的地域文化来看，移民大多来自江南，其文化类型包括江南文化、湘楚文化、巴蜀文化、岭南文化等；部分来自北方，包蕴中原文化和秦陇文化等，各种不同的文化随着移民的迁入而相互碰撞、融合，最终形成较有特

---

① （明）邹元标：《吏治民瘼疏》，（明）谢东山：《（嘉靖）贵州通志》卷二十，巴蜀书社 2006 年版，第 456 页。

② 贵州民族研究所：《明实录贵州资料辑录》，贵州人民出版社 1983 年版，第 36 页。

③ （明）释幻轮：《释氏稽古略续集》卷二，江苏广陵古籍刻印社 1992 年版，第 23 页。

色的贵州高原文化。但总的来说，都是儒家文化所濡染熏陶的汉族移民，随着中央王朝对贵州控制和开发程度的深入，他们陆续进入贵州，对于贵州家庭伦理文化及习俗的变迁起着直接和重要的作用。

二 明代贵州汉"夷"分布

如前所述，由于王朝对贵州的控制和开发不是全面推进和面面俱到的，军队只布控在驿道沿线，府、州、县的设置也只是在少部分地方，剩下的就是土司领地和生活在深山箐林中的居民所构成的"生界"。中央王朝势力的触角所能够伸到的地方，就是汉族移民可以落脚安身的地方。反之，苗疆生界或者对王朝不友好的土司领地，移民是无法安身立命的。这就决定了明代进入贵州的汉族移民，并不是均匀地分布在贵州这片土地上的。

（一）汉民分布

明代王士性《广绎志》中有一段描述贵州城居民结构的话，可见贵州汉夷分布的大体情形：

其初开设，只有卫所。后虽渐渐改流，置立郡邑，皆建于卫所之中。卫所为主，郡邑为客。缙绅拜表祝圣皆在卫所。卫所治军，郡邑治民。军即尺籍来役戍者也，故卫所所治皆中国人。民即苗也。土无他民，止苗夷。然非一种，亦各异俗……所治之民即此而已矣。

也就是说，明代在贵州境内设置的卫所屯堡是一个个大小不等的军事据点，各自修筑城垣作为防御设施。官兵及其眷属皆聚居于城垣之中。移徙入黔的商民也多随居城堡之内，或分住于交通沿线，可避免当地夷人的排斥、攻击，求得官军庇护。而众多的土著居民则居于城外的山林旷野。由此来看，明代汉民主要分布在交通沿线的卫所，以及由卫所改置的郡邑府州。这在明弘治年间由沈庠等修纂的《贵州图经新志》中得到较好的证实。如卷一贵州宣慰司，"郡人多中州之迁谪"[1]。卷八都匀府长官司，"郡人皆中州迁调，故其习俗，男女有别，甚重廉耻"[2]。卷九镇宁州长官

① （明）沈庠修，赵瓒纂：《（弘治）贵州图经新志》，巴蜀书社2006年版，第10页。
② 同上书，第94页。

司，"州民多泗城州分拨耕种农民"①。卷十普安州，"郡城军民皆中州人，风俗可观。士事诗书，农劝稼穑，然尚文重信，尤出他郡之上"②。卷十一龙里卫军民指挥使司，"卫人多楚、越、吴、闽之裔，故习俗醇古，不事浮靡云"③。卷十一新添卫军民指挥使司，"卫人皆中华迁谪，地瘠产薄，故俗多俭约"。"卫城附郭河西民曰旧人者，盖前代中州之裔，读书尚礼，亦颇富庶，家或百丁，父慈子孝，兄友弟恭，其俗最善。"④ 卷十二平越卫军民指挥使司，"卫中军士多中州缙绅之裔，崇文尚礼，不失其旧"⑤。卷十二清平军民指挥使司，"本卫人皆江南迁谪，故其语言平顺，敦尚礼义，词讼亦寡"⑥。卷十三兴隆卫指挥使司，"卫之士卒，来自湖湘"⑦。卷十三威清卫指挥使司，"卫军士皆湖湘人"⑧。卷十四平坝卫指挥使司，"卫人皆吴、楚谪戍"⑨。卷十五安庄卫指挥使司，"卫士卒皆中国之（人），久戍边境，习其风土之气，性颇强悍"⑩。卷十六毕节卫指挥使司，"戍此者皆中州人，其冠婚丧祭之礼，能不混于流俗"⑪。卷十六乌撒卫指挥使司，"卫之士卒皆谪自中州"⑫。卷十七赤水卫指挥使司，"守御官军皆中州之人"⑬。

《（万历）贵州通志》中关于嘉靖年间和万历二十五年军民户口的统计数字，大致可以反映当时的情况。除播州（今遵义）外，嘉靖时期的总户数为148957户，人数为512289，到了万历二十五年，这些数字下降为105906户，509975人。这是总体情况。不过，这些户数和人数并不能反映全部汉民的人口情况，因为这些数据都是用以征收税赋的人口统计数

---

① （明）沈庠修，赵瓒纂：《（弘治）贵州图经新志》，巴蜀书社2006年版，第105页。
② 同上书，第112页。
③ 同上书，第119页。
④ 同上书，第124页。
⑤ 同上书，第128页。
⑥ 同上书，第134页。
⑦ 同上书，第138页。
⑧ 同上书，第143页。
⑨ 同上书，第147页。
⑩ 同上书，第157页。
⑪ 同上书，第167页。
⑫ 同上书，第173页。
⑬ 同上书，第177页。

字，而不是人口普查的全部数据。① 造成人口下降的原因主要是逃亡和隐瞒漏报。嘉靖时期提学谢东山《贵州军伍考》云："贵州各为军丁，皆洪武初年直隶、凤阳、湖广、浙江等处民籍三户勾解应当。国初每卫正军五千余人，皆因兵燹逃亡事故，今各卫正军不满千数。"② 仅以《（万历）贵州通志》所载，制作明代贵州汉民分布表，以见一斑。

明代贵州汉民分布表

司府州卫所 （治所今地名）	司府州卫所军民总数 （嘉靖年间）		司府州卫所军民总数 （万历二十五年）	
	户数（户）	人数（人）	户数（户）	人数（人）
全省③	148957	512289	105906	509975
贵阳府④（贵阳市）	5948	30744	6699	38746
贵州卫（贵阳市）			2316	5397
贵州前卫（贵阳市）	2964	6237	2988	8477
宣慰使司⑤（贵阳市）	2145	12942	3294	31033
威清卫（清镇市）			6035	13758
平坝卫（平坝县）	1617	6066	—	8994
安顺州（安顺市）	8270	25227	2898	18890
普定卫（安顺市）	6060	20400	1025	2837
镇宁州（镇宁县）	15201	25578	1594	14088
安庄卫（镇宁县安庄）	—	—	7873	8857
永宁州（关岭县）	2369	10096	3019	12580
安南卫（普安县江西坡）	2486	6892	3486	7896
普安州（盘县）	3141	45038	3185	36828
普安卫（盘县）	2956	6998	2956	11800
毕节卫（毕节市）	2885	6641	2437	4132
乌撒卫（威宁县）			3551	8555
赤水卫（毕节市赤水河）	5615	33682	2107	4121

---

① 关于明代方志所载人口的实质，参见［美］何炳棣《明初以降人口及其相关问题（1368—1953）》，葛剑雄译，生活·读书·新知三联书店2000年版，第3—27页。

② （明）谢东山：《贵州军伍考》，见（明）王耒贤、许一德纂修《（万历）贵州通志》卷二十，书目文献出版社1990年版，第466页。

③ 此据《（万历）贵州通志》，遵义军民府户口未列入。

④ 其中万历十三年报增46440人。

⑤ 其中万历十三年3702户，35249人。

续表

司府州卫所 （治所今地名）	司府州卫所军民总数 （嘉靖年间）		司府州卫所军民总数 （万历二十五年）	
	户数（户）	人数（人）	户数（户）	人数（人）
永宁卫（四川叙永县）	6789	15247	2005	3087
普市所（四川叙永县普市）	493	1389	61	155
龙里卫（龙里县）	—	—	1116	5245
新添卫（贵定县）	2357	21977	2667	4478
平越卫（福泉市）	—	—	3105	21979
清平卫（凯里市）	897	2184	756	2370
兴隆卫（黄平县）	1094	3915	1056	1820
黄平所（黄平县）	547	1467	305	530
都匀府（都匀市）	9219	24618	5774	40041
都匀卫（都匀市）	—	—	1312	21113
镇远府（镇远县）	872	8657	874	8526
黎平军民府（黎平县）	3665	24514	3773	42293
思州府（岑巩县）	757	9101	803	8010
思南府（思南县）	2637	23666	2042	28352
石阡府（石阡县）	817	7411	824	16792
铜仁府（铜仁县）	939	4150	941	10683
遵义军民府（遵义市）	—	—	—	—

（二）夷人分布

明代之前的贵州，尽管在漫长的历史发展过程中，不乏以各种原因迁徙而至的汉族，但是因为数量较少且与中原少有沟通的缘故，他们最终都融入了当地土著之中。所以非汉族居民一直是贵州的主体。汉人之外，"万山皆苗"。夷、苗或者罗罗（倮倮）等名称是汉族从他者的视角对当时贵州少数民族的泛指，其中蕴含着排斥和歧视。因为他们用是否接受儒家文化和中原文明作为评判一个族群优劣与否的唯一标准。因此在深受儒家文化熏染的汉族人士看来，贵州乃蛮夷之邦、化外之地。尽管其中一些区域已经归入中央版图，大量卫所兵士屯驻其间，不属于外邦或者异域，但当地土著在汉族看来是异于中原族群的"他者"，但又是内在的"他者"，是同一个国度的"异族"。因为带着歧视和鄙夷的态度看待贵州的少数民族，故在其称谓上，就是傲慢、粗疏而笼统的。从远古至明清，汉文史籍对于贵州原住民的称谓大致如下：苗、仲、仡佬、倮㑩、宋家、僚、土人、侗、㑷人、水、佯獞、僮、瑶、龙家、蔡家、夷人等。他们错杂散居在贵州的各个地方。那种单一民族聚族而居的情况比较鲜见，而且大多是居住在深山箐林之中的"生界之民"。

明初以来，随着中央王朝对贵州控制和开发的力度越来越大，汉族移民也越来越多。为了给卫所兵士的驻扎和屯戍腾地盘，在王朝武力征服和驱赶的压力之下，很多原来居住在河谷坝子的当地居民被迫迁徙到环境恶劣的山上居住。但受迁徙条件限制，他们中的有些族群和部落并不长距离跋涉，而是腾挪到卫所附近的地方。其基本结构是"仲家（布依族）住水头，苗家住山头，汉家住街头"。苗、仲、仡佬、倮㑩、宋家、僚、土人、侗、㑷人、水、佯獞、僮、瑶、龙家、蔡家、夷人等，根据新中国成立以后的民族识别工作大致归为这样一些民族：苗族、布依族、彝族、侗族、仡佬族、土家族、水族、瑶族等。苗族主要分布在黔东南地区雷公山腹地和清水江流域，仲家（布依族）主要聚居在盘江流域，即今六盘水地区和安顺地区。彝族则分布在黔西北大小凉山一带，即今毕节地区，以大方县为中心。土家族主要分布在铜仁一带。水族则分布在都匀府周边，今日集中在三都县。仡佬族则分布于各地，以今日之惠水县较多。以下从明清各地方志的相关记载中，梳理出当时少数民族分布的大致情形。①

明代贵州少数民族分布表

序　号	所属司府州卫所	府州县名	族　名	位　置
1	贵州宣慰司	贵州宣慰司	苗、仲、仡佬	今贵阳市一带
2	贵阳军民府	开州	苗、仲、倮㑩、宋家	今开阳县地
3	贵阳军民府	金筑安抚司（后广顺州）	苗、仲	今长顺县一带
4	贵阳军民府	定番州（后）	苗、仲、仡佬、僚、土人	今惠水县地
5	贵阳军民府属长官司	麻响、大华、木瓜长官司	苗、仲、	今长顺县地
6	安顺军民府	安顺州	苗、仲、仡佬、倮㑩	今安顺市、普定县一带

---

① 参见侯哲安、黄蕴环《明代贵州少数民族分布》，贵州省民族研究所编《民族研究参考资料》第五集，1980 年内部刊印，第 20—54 页。现藏贵州师范大学图书馆。

续表

序 号	所属司府州卫所	府州县名	族 名	位 置
7	普定卫	普定卫	苗、仲、仡佬、保倮	今安顺市、普定县一带
8	安顺军民府属长官司	西堡长官司	苗、仲、仡佬、保倮	今六枝县地
9	安顺军民府	镇宁州	苗、仲、仡佬、保倮	今镇宁布依族苗族自治县
10	安顺军民府属长官司	康佐长官司	苗、仲、侗、仡佬、保倮	今紫云苗族布依族自治县
11	安顺军民府	永宁州	苗、仲、仡佬、保倮、僚	今关岭、晴隆一带
12	安顺军民府	普安州	仲、爨人、保倮	今盘县地
13		新城千户所	苗、仲	今兴仁县地
14		安隆司	苗、仲、保倮、爨人	今册亨、贞丰地
15	安南卫	安笼所	苗、仲	今安龙布依族苗族自治县
16	普安卫	普安卫（千户所在地）	苗、仲、保倮、爨人	今兴义县地
17	都匀府	都匀府	苗、仲、水、仡佬、僚、佯獚	今都匀市地
18	都匀府属长官司	平洲六洞司	仡佬	今平塘县
19	都匀府	麻哈州	苗、仲、水、仡佬	今麻江县
20	都匀府	独山州	苗、仲、水	今独山县地
21		荔波县	仲、侗、水、僮、瑶	今荔波县地
22	都匀府	合江州	苗、仲、水	今三都水族自治县地
23	平越军民府	平越卫（后置平越府）	苗、仲、保倮、僚	今福泉市地
24	清平卫	清平卫	苗、仲、仡佬	今凯里地
25	兴隆卫	兴隆卫	苗、仲、水、仡佬、僚	今黄平县地
26	播州宣慰司	重安长官司	苗、仲、水、仡佬、僚	今黄平县重安区
27	播州宣慰司	余庆司	苗、仲、仡佬	今余庆县一带
28	播州宣慰司	瓮水司	苗、仲	今瓮安县地
29	平越军民府	容山长官司（后改湄潭县）	苗	今湄潭县地
30	播州宣慰司	凯里长官司	苗	今凯里市地

续表

序　号	所属司府州卫所	府州县名	族　名	位　置
31	黎平府	黎平府	苗、仲、侗、水、仡佬、僮、瑶、土、僚	今黎平县一带
32	铜鼓卫	铜鼓卫	苗、侗	今锦屏县地
33	思州宣慰司	古州蛮夷长官司	苗、侗、僮、瑶	今榕江县地
34	思州宣慰司	赤溪楠洞蛮夷长官司	苗、仲、侗	今剑河县地
35		天坝等长官司	苗、仲	今丹寨县
36	黎平府	永从县	苗、侗	今从江县地
37		天柱县	苗、侗	今天柱县地
38		台拱寨	苗	今台拱县
39	思南府	思南府	苗、侗、仡佬、瑶、僚、土人	今思南县一带
40	思南长官司	沿河祐溪司	侗	今沿河县地
41	思州府	思州府	苗	今岑巩县一带
42	镇远府	镇远府	苗、侗、仡佬、土人、佯獚	今镇远县地
43	偏桥卫	偏桥卫	苗、仡佬	今施秉县地
44	思南宣慰司	邛水十五洞司	苗	今三穗市地
45	铜仁府	铜仁府	苗、仲、侗、仡佬、土人、僚	今铜仁县地
46	平溪卫	平溪卫	侗	今玉屏县地
47	乌罗府	乌罗府（废）（包括乌罗司、平头著可司等地）	苗、土人	今松桃苗族自治县
48	石阡府	石阡府	苗、仡佬、侗	今凤冈、石阡等县一带
49	新添卫	新添卫	苗、仲、仡佬	今贵定县地
50		龙里卫军民指挥使司	苗、仲、仡佬	今龙里县地
51		平伐司	苗、仲、仡佬	今龙里县地
52	安南卫	安南卫	苗、仲、倮㑩	今晴隆县地
53		新兴所	苗、仲、仡佬、倮㑩、僚、僰人	今普安县地
54	威清卫	威清卫	苗、仲、仡佬、倮㑩	今清镇市地
55	平坝卫	平坝卫	苗、仲、仡佬	今平坝县地

续表

序　号	所属司府州卫所	府州县名	族　名	位　置
56	毕节卫	毕节卫	苗、倮㑩	今毕节市地
57	赤水卫	赤水卫	苗、倮㑩	今仁怀、毕节一带
58		水西宣慰司	苗、仲、仡佬、倮㑩、龙家、蔡家	今黔西县地
59		比喇	苗、仲、仡佬、倮㑩	今织金县地
60		可渡河巡检司	苗、仲、仡佬、僰人、倮㑩	今水城县地
61		大方	苗、仲、仡佬、倮㑩	今大方县地
62	乌撒军民府	乌撒府	苗、仲、倮㑩、僰人	今威宁彝族回族苗族自治县
63	敷勇卫	扎佐长官司修文守御所	苗、仲、仡佬	今修文县地
64	敷勇卫	息烽千户所	仲	今息烽县地
65		播州长官司	苗、仡佬	今遵义县地
66		绥阳县（后）	苗	今绥阳县地
67		仁怀县（后）	苗、仲、仡佬、倮㑩	今仁怀县地
68	播州宣慰司	真州长官司	苗、仡佬	今正安县一带
69		桐梓县（后）	苗、仡佬	今桐梓县地

第三节　汉"夷"家庭伦理特征

　　梁漱溟先生说："任何一处文化，都自具个性。"[①] 不同种类的文化有不同的属性和特征。文化存在于各种内隐的和外显的模式之中，借助符号的运用得以学习与传播，并构成不同时空之人类群体的特殊个性。文化的基本要素是传统（通过历史衍生和选择得到的）思想观念和价值，其中尤以价值观最为重要。文化的形成和发展是因为人的愿望与环境在互动过程中形成的生活方式的表达。[②] 一种文化是在特定时空这一环境中模塑而成，故必然有这个时空赋予它的特定模型和系统。儒家文化作为发源于中

---

　　① 梁漱溟：《中国文化要义》，上海人民出版社 2005 年版，第 35 页。
　　② 参见谌林《文化的本源》，《河北大学学报》2013 年第 11 期。

原地区的华夏族群在生活中所创造的思想体系，与云贵高原少数民族的文化有着明显的区别和差异。尽管特定文化是在特定时空中形成的，但是它有一定的滞后性和独立性，文化一经形成，便能够在个体或者族群中作为基因世代相传，即便脱离了其得以产生的时空环境，仍然能够得以继续和传承。因此，作为文化载体的汉族移民来到贵州，儒家文化也就得到了移植和传播。汉族移民在儒家文化影响下所体现出来的家庭伦理观念与当地原住民在风俗习惯中所蕴含的家庭伦理必然会有截然不同的表现。汉族移民和原住民的家庭伦理都有相比较而言的鲜明特征。

一　汉族移民的家庭伦理特征

民族是一个历史范畴，有其发生、发展和消亡的过程。是一群基于历史、文化、语言、宗教、行为、生物特征而与其他族类有区别的群体。民族有"客观"的特质，这些特质可能包括地域、语言、宗教、外貌特征或共同祖先和血缘；也包括"主观"的特质，特别是人们对其民族性的认知和感情。民族本身就涵盖文化的表征，一个民族就是一种文化符号和文化表现。华夏民族或者汉族作为一个族群，儒家文化主导了它的民族构成并勾勒出了汉民族的族群属性。在属于汉民族族群的每一个体心中，都打上了儒家文化的烙印。在家庭伦理的价值取向上，汉族一直秉持儒家家庭伦理的信念和标准。尽管移民在生存的时空环境发生了变化这一背景之下，无法整体并原样移植以往的习俗和风尚。但是在移民的世代还不足够多、移民时间还不足够长以至于丧失原有族群整体文化记忆的情况下，在个体或者整体移民的族群身上占主导地位的，还是已经成为文化基因世代相袭的儒家家庭伦理文化。因此，探讨明代贵州汉族移民的家庭伦理特征，其基点在于描述性地研究儒家文化所表现出来的一般的家庭伦理特色。但汉族移民在贵州定居一定时间并与其他民族杂处之后，单一民族文化在外界环境不变的情况下，自然的惯性延续就会受到干扰，并因此而中断或者减缓延续的步伐。所以汉族移民的家庭伦理与中原地区汉族的家庭伦理存在差异和不同就在所难免。故除了一般性地描述儒家文化中的家庭伦理特征这一基础性工作外，还要专门考察贵州汉族移民及其后裔的家庭伦理典型特征。

孔子创立的儒家思想及学派，在"百花齐放，百家争鸣"的春秋战国时期，只是灿烂文化星河中一颗比较亮丽的星星而已。当时的道家、墨家、法家、纵横家、阴阳家等在社会中各自都有一席之地，难分伯仲。秦始皇灭六国，一统天下。为了适应大一统的政治形势，思想的统一势在必行。秦国因任用商鞅等法家人士通过变法而强大起来，并最终得天下。所以法家思想在秦朝获得了与其他学派相比较而言的优先地位。但是秦朝的存在是短暂的，因此法家的至尊地位没有获得永续经营，更谈不上参与构成民族性格。汉朝在秦末农民起义的废墟上建立起来，一方面为了不重蹈暴秦灭亡之覆辙；另一方面亦是因为积弱积贫，新建王朝需要休养生息，因此汉初奉行的是无为而治的黄老之学。经过文景之治的励精图治，到了文韬武略的汉武大帝时期，国力盛极一时，条件具备，拓展版图的抱负自然形成，并将其提上议事日程。为了配合政治军事对异族的征服与驾驭，思想的统一就是基础性的了。

董仲舒顺势而为，在《举贤良对策》之"天人三策"中，继承并发展了儒家"三纲五常"的家庭伦理观念，并提出了"罢黜百家，独尊儒术"的观点和主张。他的相关主张得到了汉武大帝的悉数采纳。儒家文化一跃而超越于各家学派及思想之上，成为官方所允许并认可的正统思想，并以此作为教育培养人才和选拔官吏的核心内容和标准，以经学为表现形式的汉代儒学排斥了其他学术流派而自此成为官方意识形态的唯一理论依据。理论是行为的先导，凭借教育和官方的双重强调，儒家思想所蕴含的价值观念和理论逻辑得以成为整个社会的行动指南，全面重构了社会的基本价值和行为理念。这种自此以后一以贯之的道统如水般渗入汉民族族群及个体的骨髓，参与并主导了民族性格的构成和价值取向。当然这种结果并不是在汉朝就形成了的，而是经历了漫长的历史演进过程，并有坎坷和曲折。汉民族家庭伦理观的变迁随着儒家文化在不同时期的不同形态和命运亦有所改变。三国两晋南北朝时期，大一统的政权形式不复存在，思想文化和观念的统一就成为不可能，崇尚空谈的魏晋玄学大行其道。隋朝大一统政权重新建立，思想统一的急迫性继汉以来又一次摆在统治者面前。建立科举制度选拔官吏，将儒家经典定为考试内容是隋唐统治者实现思想统一的基本套路。但其将儒家伦理政治化和生活化的做法并不成功。隋唐五代社会盛行的是佛教。整个社会宗教思想泛滥，不讲儒家纲常伦理，出现"弃父子、绝夫妇、灭君臣"之弊。造成了不良的社会影响。①

---

① 参见蔡方鹿《程颢程颐与中国文化》，贵州人民出版社 1996 年版，第 7 页。

　　宋明理学是在新形势下以思辨性的哲理来论证儒家伦理的学术文化思潮，是在对汉代经学思想进行反思的基础上建立起来的儒学发展的新阶段——义理之学。是儒家思想的集大成，自此，儒家思想最终定型，并积淀出民族潜意识，彻底勾勒出了汉民族的民族性格和社会文化心理特征。对儒家文化的秉持已经成了宋明时期汉民族的代表符号和象征。换句话说，儒家文化所蕴含的家庭伦理观念成了秉持儒学之族群的民族性格表达。

　　两汉时期，人们沉溺于古文经学与今文经学之争。因此汉儒为了追求功名利禄，沉溺于解经，无暇思考并践行儒学所倡导的义理及其精髓所在。即"重训诂注疏、轻义理"是汉代儒学的流弊。这一时期，尽管儒学是官方认可并确立的唯一主导思想，但是由于儒学的这一弊病从而导致其所涵容的家庭伦理思想浮泛无根、流于形式，无法真正成为社会上处理家庭关系的行为规范和准则。因此，这一时期参与构成民族性格和族类文化特征的除了儒家思想外，还有与儒家思想同一时期诞生的道家思想和汉代传入中国的佛教教义。道家逍遥自在，崇尚自然；佛教"无我"，从而推演出"无父无母"。这些思想对于崇尚"仁义"的儒家思想的贯彻和普及，具有一定的消解和淡化作用。

　　由于传统儒学（此指汉代经学）理论体系的不完善，在魏晋隋唐时期，遭到玄学和佛、道文化的冲击，无法构建儒家文化主导地位的社会模式。到了魏晋南北朝时期，崇尚清谈的玄学吸收了佛教和道教的思想，而玄学本身成了当时的社会时尚。这多少背离了董仲舒"罢黜百家，独尊儒术"的初衷。儒家家庭伦理价值观因此无法独树一帜主导汉民族价值取向。到了唐代，由于统治者重视并倡导宗教，因此宗教得以发展。再加上西域人民因经商或游历而移居都城长安，故胡风盛行。宗教思想泛滥和胡风的影响，以及儒学本身只重注疏不重义理的缺陷，使儒家家庭伦理失去了范导人们行为的必要性。儒家一向重视的"父子有亲，君臣有义，夫妇有别，长幼有序，朋友有信"的家庭伦理价值观遭到丢失和放逐。欧阳修把"三纲五常之道绝"①，"君君、臣臣、父父、子子之道乖"② 视为造成社会动乱的主要原因。到了北宋时期，以周敦颐、邵雍、张载、二程为首的儒学思想家深感儒家家庭伦理对社会生活失范和缺位所带来的不

① （宋）欧阳修：《新五代史》卷十七，中华书局 1974 年版，第 188 页。
② （宋）欧阳修：《新五代史》卷十六，中华书局 1974 年版，第 173 页。

良后果。于是大声疾呼要重振纲常，但是又意识到汉代儒学已经远远跟不上宋代社会的变迁和发展了。结合王安石在科举教育方面的变法维新，程氏两兄弟抛开重章句注疏、轻义理的汉代儒学，直接借道于孔孟之义理，创立了儒学继汉代经学以来的另一个发展阶段——理学，史称新儒学。南宋朱熹集其大成，到明代王阳明等进一步将其完善。至此，宋明理学作为一个完备的体系乃成。

理学一反汉代儒学重注疏训诂的传统，在唐五代疑经惑传潮流的基础上提出"以义解经，以己意说经"的主张。重义理的理学力图避免浮泛无根的章句注疏之汉代儒学的流弊，力求把儒学变为经世致用的实学。因此继承并强化了孔孟儒家的义理之辨并兼谈性命之学。不再奉五经为至尊，而是以四书为主要经典，以"理气、心性、格物、致知、主敬、主静、涵养、知行、已发未发、道心人心、天理人欲、天命之性、气质之性等"为其核心论题。除了这些本体论问题外，还在其如何实施的功夫论上下了不少功夫。因此，宋明理学作为儒学发展的新阶段，对于汉民族家庭伦理观念本质特征的最终形成起了决定性的作用。尽管南宋以后经历了异族统治的蒙元时期，而且元统治者取缔省亲制度等对于儒家家庭伦理的惯性延续有一定的阻滞作用，但是元朝的统治是短暂的，由于对自身文化的优越感和对游牧民族文化的不认同，所以蒙古族的家庭伦理观念还没有渗透进汉民族的骨髓。明朝以降，蒙古贵族重新回到草原过着游牧的生活，汉族的统治地位失而复得。儒家家庭伦理文化的优越性重新得到确认，代表其民族特性和身份认同的儒家文化再次以官方推崇和认可的方式继续着雕塑民族习性的工作。

因此，有明一代贵州的汉族移民，在文化特征上都深深打上了儒家家庭伦理的烙印。汉族移民的家庭伦理特征，从一般性上讲，就是儒家思想中家庭伦理的特征。具体说来，中国儒家家庭伦理文化最本质的特征可以概括为：

第一，在两性及婚姻的关系问题上，强调恪守"男女授受不亲"的戒律和"父母之命，媒妁之言"的信条。此皆出自孟子，他认为，"男女授受不亲"① 是礼。婚姻必须要谨遵"父母之命，媒妁之言"，否则，"不待父母之命，媒妁之言，钻穴隙相窥，逾墙相从，则父母国人皆贱

---

① 杨伯峻：《孟子译注》卷七，中华书局 2006 年版，第 177 页。

之"①。这样一种道德审判的集体惩戒机制使"男女授受不亲"的戒律得到了很好的遵守。这种缔结婚姻的戒律长期以来成了中国传统家庭伦理文化的重要组成部分。也是明代移居贵州的汉人所谨记的家庭伦理信条。

第二，男尊女卑的夫妻关系。在儒家伦理规范中，在婚姻家庭关系的维度方面，对女性的规范约束远多于对男性的节制。如对女性提出了"三从四德"的要求，《仪礼·丧服·子夏传》："妇人有三从之义，无专用之道。故未嫁从父，既嫁从夫，夫死从子。"② 而对男性在婚姻中的约束则相对宽松，并且拥有比女性更多的权利。比如可以三妻四妾，可以休妻，但是却要求女性从一而终，一女不侍二夫，强调"饿死事小，失节事大"。并用立贞节牌坊这种残忍的奖赏方式来鼓励女性前赴后继地用自身的幸福、自由乃至生命来祭奠这些冰冷的伦理教条，任由有限的生命在日复一日的孤寂中枯萎。

第三，"父慈子孝""亲亲相隐"及子女对父母绝对服从的长幼关系。父母养育子女，子女对父母存在人身依附关系，父母对子女拥有绝对权利和权威。这种家庭伦理观念与黑格尔的家庭伦理观有天壤之别。在黑格尔看来，子女不是父母的私人物品，而是独立的个体，拥有自决权。父母培育子女是为了让孩子减少乃至最后彻底脱掉自然的任性，实现独立的自由。最终脱离家庭，走向市民社会和国家。家庭将子女培育成独立自由的个体以后，家庭本身从功能的角度来说就解体了。但是在中国的文化里面，家庭是伴随人一生的东西，而且是人赖以存在的全部物质环境和精神条件。

第四，家庭在社会中的地位和作用。中国传统儒家文化认为"天下一家""家国同构"。家是国的缩小，国是家的扩大。修身齐家方能治国平天下。家庭是社会的细胞，是国家得以成立的首要前提。但是家和国此二者赖以组建的基础不同，因此借以维系和有效运转的规则就会有差异。家庭是植根在婚姻和血缘的基础之上，因此赖以维系家庭成员之间关系的纽带就是爱和亲情。成员之间因为血缘和长幼秩序而使之并不是平等的，因此亲亲与尊尊的原则同体并用。但是国家则是由彼此独立的个体或无数

---

① 杨伯峻：《孟子译注》卷七，中华书局 2006 年版，第 177 页。
② （汉）郑玄注，（唐）贾公彦疏：《仪礼注疏》卷二十九，北京大学出版社 2000 年版，第 643 页。

独立的家庭构成的。处于国家内部的这些个体和家庭之间赖以维系的不是情感，而是对等主体之间的平等协商。但是儒家则把国与家混同为一，维系家庭成员关系的伦理准则也就是调整社会成员关系的行为规范，将"忠、孝"推己及人，到普遍社会领域。中国由此形成了独特的宗法等级社会。

　　人是文化的载体，移居贵州的汉族移民必然会把祖先及自身长期积淀的家庭伦理文化观念及价值取向携带到新的栖居之地。因此，儒家思想的家庭伦理文化特征就是汉族移民的家庭伦理文化特征。他们自觉或不自觉地沿用儒家家庭伦理价值观去处理婚姻关系、父子关系、君臣关系及家与国的关系。因为移民的进入意味着一种新的文化与礼仪的进入。而且作为流官的士绅阶层希望从中州进入的儒家文明能够改造蛮风夷俗。《（嘉靖）贵州通志》曰：

　　　　贵州土著蛮夷，族类实繁，风俗亦异，大抵标枝野鹿，淳朴犹存。各军卫徙自中原，因沿故习，用夏变夷，胥此焉恃？①

　　《（弘治）贵州图经新志》这样描述宣慰司城、贵州卫、贵州前卫、毕节卫、乌撒卫的风俗：

　　　　（贵州宣慰司与贵、前二卫）俗尚如实。旧志，郡人多中州之迁谪，故服食器用咸尚朴实，间有奢靡者，群訾笑之。士君子秀而文，其氓勤而务本，人多气节。……文教丕振，风气和平，不喜争讼，乐于恬退。②
　　　　（毕节卫）中州礼俗（原注：《一统志》，戍此者皆中州人，其冠婚丧礼能不混于流俗）。用夏变夷（原注：《庙学记》，卫居乌蛮巢穴，然能读书循礼，用夏变夷）。③

_____

　　① （明）谢东山：《（嘉靖）贵州通志》卷三，巴蜀书社 2006 年版，第 266 页。
　　② （明）沈庠修，赵瓒纂：《（弘治）贵州图经新志》卷一，巴蜀书社 2006 年版，第10 页。
　　③ 同上书，第 167 页。

二　贵州原住民的家庭伦理文化特征

在历史上，相对于熙熙攘攘的中原地区来说，贵州地处远离华夏文明发源地的西南边陲，乃一人烟稀少的遐荒之地，没有像璀璨的中原文明那样传承下浩繁的典籍和文字记忆。居住在这片高原上的族群，在与环境抗争与调适的漫长生活的历史过程中，形成了用以调节秩序和关系的有着自己族类特性的伦理观念及行为模式。由于与中原文明相隔遥远，繁衍生息在云贵高原的先民与以儒家文化为民族特征的汉族之间鲜有往来。尽管据《史记》记载，早在战国时期，楚国大将庄蹻就取道贵州在滇称王；秦始皇凿五尺道，浩大的工程从理论上讲应该产生了一定数量的移民。汉武帝时期，因开西南夷，设置郡县，为了解决屯戍吏卒和筑路役夫的粮食供应，募豪户田南夷；成帝和平年间派兵镇压相互争斗的夜郎、句町、漏卧等民族部落；三国时期蜀汉政权对南中地区的开发；隋朝史万岁平爨，唐代收复被南诏所攻陷的播州；宋朝与大理之间的关系等，都不可避免会产生一定数量的汉族移民。但是族群文化的进步性由于没有文化载体数量上的优势相配合，在文化保存和发展方面就有一定的难度。因此在迁徙到异地他乡后，汉族移民自身所携带的文化就无法实现代际传承和在异族之间的推广，故明朝以前贵州汉族移民之文化变迁的趋势是：汉族移民逐渐被当地少数民族所同化，儒家文化消解于异域风情之中，即"汉人夷化"现象。正如庄蹻及其随从很快就"变服，从其俗"，淹没于无形之中那样。导致汉族移民"夷化"的现象主要有两个方面的原因：

一方面，在明代之前，由于移民运动的分散性和非持续性，甚至是单个的个体移民，比如迁谪、经商、逃亡等的流寓人士。因此汉族移民无法形成自组织、自完善的封闭的社会系统。这必然导致移民对当地居民及其环境形成极强的依赖性，失去了文化移植应有的土壤和环境。而明代以卫所为单位的移民方式则使移民群体本身可以形成一个自给自足的社会生态系统，这为文化的代际传承和继续发展提供了良好的条件。因此儒家家庭伦理文化能够较好地在移民之间保存和发展，并世代承袭。

另一方面，明代之前鲜有官方组织的移民活动，即使是官方组织，由于朝代更迭频繁，前一个朝代的移民也无法得到取而代之的新中央政权的跟踪保护，更没有相应的措施保障移民在移入地拥有绝对的强势地位。比如魏晋南北朝和五代十国时期，中原地区的民众都没有长期稳定的汉族政权可以依傍，更遑论远在边徼的贵州汉族移民。况且在元代对贵州实施土司制度之前，很多朝代的中央政权对贵州的控制都只是羁縻而已。即使在元代，也是大小土司、土官掌控着贵州的局势，属于中央直接管辖的范围和权限都很小。汉族移民进入贵州，没有制度保障和政策倾斜，就不可能在移入地占有绝对的生存优势。因此，为了能够立足和生存，消除当地居民对移民的敌意，除了"入乡随俗"别无选择。

因此，明初贵州的原住民还比较原生态地保存着当地少数民族的家庭伦理特征，与儒家伦理文化仅有较少的同质性和契合度。即使是迁自中州之人，随着岁月的流逝和基于以上理由，他们的子孙后代也更多地趋同于少数民族的属性了。即使是经过明廷大力开发后的终明一世，贵州原住民的伦理文化与汉人也有很大的差异。原因在于如下几个方面：首先，明代的卫所只是屯戍在通滇沿线，除此之外的贵州腹地尤其是苗疆生界则甚少汉人进入。其次，尽管王朝为了"化夷俗"采取了兴办社学等措施，但是，当地土著接受儒学教育的也只限于土司子弟，因为他们要袭职，为了能够和汉人在文化、制度等方面进行有效沟通而接受儒学教育。非土司首领的底层民众，则没有入社学的动力和机会。且很多土司对于朝廷要求设置社学的政令，也是只创办一两所来敷衍塞职。如直到万历十九年（1591），宣慰使安国亨才在其辖地大方地区立了一所社学①，这对于地域辽阔、人户繁盛的水西土司领地来说，是远远不够的。土司头目消极抵抗儒家文化对其属地民众的濡染和教化，具体原因不得而知。但是从汉化透彻的地方都被改土归流这一现象来看，保护自己的权力或许不失为其中一个原因。

基于如上已述理由，导致一般原住民完全是一副常年"披毡负弩，曾不知有礼"的化外生蛮形象。与汉文化的疏离必然导致其在家庭伦理方面的特立独行，具体说来，明代贵州土著居民的家庭伦理具有与儒家家庭伦理不同的如下特征：

第一，在两性及婚姻缔结的问题上，与儒家文化所倡导的规则有本质的区别。谈到滇黔地区的男女关系与婚姻形式，直到如今，男女交往自由与婚姻自主的印象仍然深深植根于人们的心中。这完全不同于汉族社会通行的以"父母之命，媒妁之言"缔结婚姻的准则和要求。比如贵州东部

---

① 参见（明）王耒贤、许一德纂修《（万历）贵州通志》卷四《贵州宣慰司·学校·社学》，书目文献出版社1991年版，第97页。

高地的苗族，时至今日，仍以游方①为寻找终身伴侣的一种方式。所谓"游方"，旧称"摇马郎"，是黔东南、黔南苗族青年男女公开的社交和娱乐活动。这些苗族青年男女往往通过游方这种方式，结交朋友，选择终身伴侣。《黄平州志》载："吹笙间以山歌，木叶两相勾引于深沟密箐，促膝私语，谓之'摇阿妹'，又谓'摇马郎'。"与游方相类似的自由求偶方式是"跳月"②。在历史上，有关贵州土著居民以"跳月"为求偶方式的记载很多。《（弘治）贵州图经新志》载：

> 仲家……婚嫁则男女聚饮歌唱，相悦者，然后论姿色妍媸，索牛马多寡以为聘礼。③

除仲家外，还有东苗、西苗、江苗等族群也是以跳月的方式缔结婚姻：

> 曰东苗……其俗婚娶，男女相聚歌舞，名为跳月。情意相悦者为婚，初不较其财，逮之一年方遣人责之，虽死亦不置。曰西苗者，俗同东苗。曰江苗者秽，余俗与东西苗同。④

嘉靖年间，杨慎谪戍云南永昌府，途经鄂、湘、黔、滇四省。他记录在贵州境内的见闻时，提到当地"男女踏歌，宵夜相诱，谓之跳月"。这也是最早以亲身经历记录苗族跳月习俗的文字之一。⑤ 当然，贵州并非所有的原住民都以"跳月"的方式缔结婚姻。在清代前期士人陈鼎的《滇黔土司婚礼记》中提到，以"跳月"这一声（歌）、色（舞）兼备的方式为婚俗的"唯仲家、牯羊苗、黄毛仡佬、白罗罗、黑罗罗"。

除了在缔结婚姻方面奉行"跳月""游方"等自由择偶的形式外，彝

---

① 参见简美玲《贵州东部高地苗族的情感与婚姻》，贵州大学出版社2009年版，第33页。
② "跳月"是苗、彝等族人民的一种风俗。于每年初春或暮春时月明之夜，尤其是中秋之夜，未婚的青年男女，聚集野外，尽情歌舞，叫作"跳月"。相爱者，通过各种活动，即可结为夫妻。
③ （明）沈庠修，赵瓒纂：《（弘治）贵州图经新志》卷一，巴蜀书社2006年版，第10—11页。
④ 同上。
⑤ 参见董广文《〈滇程记〉的民俗学价值》，《云南民族学院学报》（哲学社会科学版）2002年第2期。

族在婚配的对象上，也是有自己特点的。李京在《云南志略》中说："罗罗，即乌蛮也。……嫁娶尚舅家，无可匹者，方许别娶。……自顺元、曲靖、乌蒙、乌撒、越巂，皆此类也。"①

第二，在夫妻之间的关系及相处等问题上，贵州原住民没有儒家文化中那种"男尊女卑"的等级观念，也没有"三从四德""从一而终"等专门约束妇女的家庭伦理规范。在儒家传统中，女性地位的卑下表现在如下一些方面：女性服从丈夫的指令，要求"夫唱妇随"，丈夫死后如果再嫁，被认为是不贞洁，而且会受到家规或者族规的严惩。在代表儒学发展新阶段的宋明理学看来，长期守寡、孤寂一生才是贞洁的表现。而且女性也没有相应的社会地位，比如在财产和职位等方面没有继承权。但是明代贵州的土著居民，对妇女的行为没有太多限制。"处子孀妇出入无禁。"②"嫁娶不分宗族，不重处女。"③ 李京在《云南志略》中这样描述彝族的婚姻情况：

> 夫妇之礼，昼不相见，夜同寝。子生十岁，不得见其父。妻妾不相妒忌。……嫁娶尚舅家，无可匹者，方许别娶。有疾不识医药，惟用男巫，号曰大奚婆，以鸡骨占吉凶；酋长左右斯须不可阙，事无巨细皆决之。几娶妇必先与大奚婆通，次则诸房昆弟皆舞之，谓之和睦；后方与其夫成婚。昆弟有一人不如此者，则为不义，反相为恶。④

因此，在饱受儒家文化熏染的李京看来，这些行为令其无法接受。婚前与异性的交往也不受约束和限制，在一些族群（金齿白夷）中，女子婚前异性伴侣的多寡甚至是评判该女子是否优秀的标准之一。"未嫁而死，所通之男人持一幡相送，幡至百者为绝美。父母哭曰：'女爱者众，何期夭耶！'"⑤ 在职位方面的继承则是"酋长无继嗣，则立妻女为酋长"。即正如朱元璋所说：

---

① （元）李京撰，王叔武辑校：《云南志略辑校》，云南民族出版社1986年版，第90页。
② 同上书，第87页。
③ 同上书，第92页。
④ 同上书，第89页。
⑤ 同上。

惟黔中之地官皆世袭，闻有妇承夫位者民亦信服焉。①

奢香作为贵州宣慰使霭翠之妻，在霭翠死后能够继承其职位，得到认可并有效履行自己的职权，这在中原文化中是不可想象的。洪武二十二年（1389）刘淑贞和奢香进朝廷告指挥使马晔的御状，朱元璋不得已法办了这位封疆大吏。奢香也信守承诺开通了龙场九驿。这些都表明奢香作为女性，不仅能够继承夫权，而且在水西地区具有很高的威望，能够做到令行禁止。② 西南和西北地区的各少数民族，都有"父殁则妻后母，兄亡则纳釐嫂"这一在史书上称为"烝报制度"的婚姻习俗，现在俗称"转房制"。在传统儒家文化中，这种"父死子继，兄终弟及"的婚姻会被认为是"乱伦"。因为"不犯上""长者为尊"的戒律赋予了继母与嫂子长者的地位。

第三，长幼之间及父母与子女之间的关系。在这个维度上，汉夷之间存在着很大的差别。儒家文化规定谨遵严格的礼制规范：对长者要行跪拜之礼，对父母每日要"温清定省"。在家庭中对长幼要做到"仰事俯育"。在明朝的贵州，其所属的普安州却有这样一种婚俗："成婚之日，妇见舅姑不拜，惟侧立于前，以水器进盥漱水为礼，与酒，则立饮之。"③ 父母对子女的管教，也不以儒家文化评判标准之是非为是非。如对女子的行为管束不严，"跳月"这一求偶方式，就是因为父母允许女儿不假外出，才使之得以施行。父子之间、亲戚之间，更多的是原始、野蛮和蒙昧的表现，缺少开化民族所具有的亲情和血缘之情。如《魏书·僚传》说：

至于忿怒，父子不相避，惟手有兵刃者先杀之。若杀其父，走避，求得一狗以谢其母，母得狗谢，不复嫌恨。若报怨相攻击，必杀而食之。平常劫掠，卖取猪狗而已。亲戚比邻，指授相卖。被卖者号哭不服，逃窜避之。乃将买人捕逐，指若亡叛，获便缚之。但经被缚者，即服为贱隶，不敢称良矣。亡失儿女，一哭便止，不复追思。④

---

① （明）张纮：《云南机务抄黄》，丛书集成初编本，商务印书馆1936年版。
② 参见（清）张廷玉等《明史》卷三百一十六，中华书局2007年版，第8169—8170页。
③ （明）沈庠修，赵瓒纂：《（弘治）贵州图经新志》卷一，巴蜀书社2006年版，第112页。
④ （北齐）魏收：《魏书》卷一〇一，中华书局1974年版，第2248—2249页。

元代李京在《云南志略》中提到罗罗（即现在的彝族）有如下民族特性："左右配双刀，喜斗好杀，父子昆弟之间，一言不相下，则兵刃相接，以轻死为勇。"

综上所述，贵州原住民在婚丧嫁娶风俗上表现出来的家庭伦理价值取向，与儒家所倡导的那种伦理价值观有着显著的区别。这也是夷汉之间发生冲突的原因之一。不仅有着极强优越感的汉族移民总希望将自己的价值体系强加于异族之人，故采取各种措施以化夷俗，当地族群对于进入他们地盘的汉族人士也进行改造，使之适应他们的生活与劳作方式。如朱元璋在洪武十五年（1382）八月二十九日敕谕总兵官征南将军颍川侯、西平侯曰：

> 这蛮人地面里，凡在逃军人，但下路的不曾有一个出得来，都被蛮人深山里杀了。不杀的将木墩子墩了，教与他种田。①

尽管这是恫吓兵士以防逃逸的危言耸听之词，但也显示出夷人试图同化逃入其领地的汉人的企图。为了避免激起民变，中央王朝对于蛮风夷俗也是抱着不强行干预的态度。即"遐迩弗殊，德在安民，宜从旧俗"②。当地土著在家庭伦理方面的风俗习惯也因此能够较为完好地保存。

综合本章第一、第二、第三节所述，明王朝在前朝基础上加大了对贵州的开发和经略。屯军、改土归流基础上建省、通过已归顺土司管理各地是明朝加大对贵州管控的三大措施。伴随着王朝对贵州开发的推进，产生了大量的各种形式的汉族移民。由于明朝对贵州的权力渗透还不是全方位的，这些汉族移民的分布因此也只能在军屯附近或驿道沿线，还不能与密林深箐中的非汉族类实现零距离的交汇与融合。因此，各自文化和伦理观念都保存了相对的独立个性和特征。但是，移民作为较长时间生活在贵州的居民，他们在处理婚姻、家庭、两性在家庭中的地位和作用等方面的儒家伦理观念稀释了贵州原有家庭伦理的原生态和非儒家化持有者的成分和比例。

---

① （明）张紞：《云南机务抄黄》，丛书集成初编本，商务印书馆1936年版。
② 同上。

第三章　清代贵州移民及家庭伦理特征

　　1644 年，李自成攻占北京，明朝覆亡。清军趁势入关，宣告了大明王朝的终结。清朝是中国历史上第二个由少数民族建立的统一政权，也是中国最后一个帝制国家。在 267 年的王朝生涯中，前期各代帝王励精图治，通过平定边疆少数民族叛乱、改土归流等一系列措施，呈现出一片边患已靖、国治民安、人烟繁盛的景象。自雍正朝以来，在云、贵、粤、桂、川、湘、鄂等省少数民族地区，革除土司，全面实行"改土归流"制度。在上述地区分别设立府、厅、州、县，委派有任期的、非世袭的"流官"进行管理。这种管理体制，同内地大体一样。雍正帝的改土归流，打击了土司的世袭特权和利益，减轻了西南少数民族的负担和灾难，促进了这一地区社会经济与文化的进步。

　　清廷对贵州开发并非以"改土归流"为始终。而是以"武力征服、改土归流、抚绥教化"为三部曲逐渐推进和展开的。在这一过程中，武力讨伐的兵士，具有一定任期的官员，历史上第二次"湖广填四川"的宽乡之民等，都属于移民的范围。无论他们是有意识捍卫传统文化，还是无意识中坚守儒家伦理价值观念，对于贵州文化的推进和伦理观念的改变，都必然起着决定性的作用。

第一节　清廷对贵州的开发策略

　　清廷对贵州的重视和开发，与晚明王朝的南迁密切相关。在平定孙可望、李定国等大西军余部的过程中，逐渐拉开贵州开发的序幕。总体来看，在长达近 300 年的统治中，清廷对贵州所采取的措施可分为三种：一是武力征伐；二是改土归流；三是抚绥教化。而这些统治策略，正是清代贵州移民之所以发生的大背景。

一　武力征伐

清廷第一次对贵州用兵，是为了追剿孙可望、李定国等大西军余部。顺治十六年（1659）正月，清廷正式任命赵廷臣总督云贵，卞三元为贵州巡抚。康熙元年（1662），永历帝在逃往缅甸的途中为清军所执，后被吴三桂绞死于昆明。同年六月，李定国在云南含恨呕血而死。至此，大西军余部基本剿灭。清军第二次大规模进入贵州，发生于康熙年间，目的是为了平定吴三桂的叛乱。康熙二十年（1681），清廷收复吴三桂所占领的大部分地区，同年十月吴三桂之子吴世璠自杀，部下夏国相、马宝等人出降。至此，前后八年，战火蔓及十省的叛乱终于平定。大西军余部、吴三桂叛乱等先后被削平之后，清廷对贵州的武力征伐对象，转向土司、苗民及农民起义军。从《清实录》及《清史稿》等史料中，可以清楚地看到清廷对贵州的用兵情况。以《清史稿》所载贵州少数资料为例，如顺治十五年（1658）五月，清军进取贵阳、平越（今福泉）、镇远等府；康熙三十二年（1693）二月，古州（今榕江）土司被剿办。雍正四年（1726）十二月，鄂尔泰"办抚"仲苗二十一寨；雍正六年（1728）五月，鄂尔泰镇压东川苗禄天佑、禄世豪等；雍正七年（1729）三月，鄂尔泰镇压丹江（今雷山）、九股（今台江剑河一带）等处苗民；雍正十三年（1735）五月，哈元生镇压黄平、施秉苗；乾隆三年（1738）五月，张广泗镇压定番州（今惠水）苗阿沙等；乾隆六十年（1795）二月，福康安镇压苗义军于松桃正大营、嗅脑、长冲、卡落及永绥等地；嘉庆二年（1797）六月，勒保镇压仲苗于水烟坪、卡子河、普坪、南笼、黄草坝（今兴义地区）等地；咸丰五年（1855）三月，贵州杨凤（桐梓人）等被镇压；同治元年（1862）七月，毛鸿宾、韩超、刘长祐等镇压黔、桂苗瑶等义军；同治五年（1866）二月，清军派兆琛赴镇远办军务，镇压义军；同治六年（1867）十月，席宝田由沅州（今芷江）转黔，镇压义军；光绪二年（1876）三月，贵州四角牛寨（在古州境）及六峒（在黎平境）反清被镇压；光绪二十六年（1900）十一月，清平苗王老九等反清被镇压。①

————————

① 参见李忠浩、陆思明、张正东《〈清史稿〉贵州少数民族资料索引》，贵州省民族研究所编《民族研究参考资料》第五集，第65—71页。

　　清廷对贵州的用兵策略，是与贵州苗、汉杂处，地瘠人贫的总体形势分不开的。清初用兵主要针对大西军余部和吴三桂叛乱，在处理政府与当地苗民之间的冲突时，奉行的政策是："文武和睦，安静不生事为（要。……）边方小省，为大吏者不可见才，若生事显才，便非正理。"①但到了雍正时期，情况发生变化。雍正四年（1726），雍正皇帝曾对贵州巡抚何世璂说："武备不宜轻视稍致懈弛；当十分留心，时加鼓励。苗夷虽蠢而无知，然亦人也，若地方有司实意矜恤，令其知感，营伍严肃，令其知畏，朕可保其永远无事。"② 由此可见雍正处理贵州地方事务的强硬态度。清初务从安静不生事，主要因为全国统一不久，需休养生息。但事实上贵州大部分地区为不隶版籍的化外之地，并不在清廷统治范围之内。所以从雍正开始，以武力为手段，大力推进贵州开发，目的是为了实现对贵州的全面控制，采用的主要策略是改土归流。

二　改土归流

　　清初对贵州土司的统治策略，主要采用"抚绥"政策。也就是对归顺的土司，一律准袭前职，并颁发新的印信号纸。但事实上清廷并没有取得对该区域的实质性统治。所以从雍正朝开始，用武力等方法改变过去对土司的姑息态度，以期获得对土司地区的实际控制。

　　清代贵州的改土归流经历了两个主要阶段：一是康熙时期吴三桂的改土归流；一是雍正时期的改土归流。吴三桂盘踞西南，采取多种措施壮大实力，如结欢朝廷，巩固权位；加征赋税，充实财力；扩充军队，拥兵自重；购买战马，加强骑兵；利用"西选"，培植亲信；构陷异己，扫除障碍等。上述诸方面是吴三桂改土归流的重要背景。吴三桂改土归流的重点对象是水西安氏。吴三桂借故挑起与水西安坤的矛盾，出兵攻打安坤。康熙三年（1664）六月，吴三桂奏称："水西逆苗安坤等梗化，臣亲提师至毕节，由大方、乌撒直捣卧这，遣总兵沈应时、副都统高得捷、都统吴国贵、参领李良栋、总兵刘之复等由卧这、果勇、胧胯、大方等处分剿，自

---

　　① 中国科学院民族研究所贵州少数民族社会历史调查组、中国科学院贵州分院民族研究所编：《清实录贵州资料辑要》，贵州人民出版社 1964 年版，第 291 页。
　　② 同上书，第 292 页。

二月至五月，斩获无算。"① 康熙五年（1666）二月初一，以土司安坤故地比喇为平远府，大方为大定府，水西为黔西府，同年九月十四日，改乌撒土府为威宁府，隶贵州省统辖。除著名的水西安氏土司被改土归流外，据罗绕典《黔南职方纪略》记载，康熙时期被改土归流的土司还有金筑、凯里二安抚司，把平、水东等30余土司和土目。② 有学者在罗绕典的记载之外，逐年考证康熙时期改土归流的土司情况，较好地还原了清初改土归流的实况。③

雍正时期的改土归流力度更大，也更为坚定和彻底。当然，这里面有很多前期准备的因素，特别是康熙时期改土归流积累的经验，为雍正时期的改土归流提供了坚实基础。雍正之所以致力于贵州改土归流，是出于各种现实考虑的。第一，从经济上看，土司制度日益成为经济发展的桎梏，严重阻碍了贵州社会经济的发展。第二，从政治上看，土司拥有军队，可以私设监狱和刑法，严重阻碍了国家的统一。第三，土司统治下的少数民族地区，不仅土司和少数民族之间有严重的矛盾，而且少数民族内部也有"熟苗"与"生苗"之分，出现了汉族与少数民族、"熟苗"与"生苗"之间的对立和冲突，造成社会的不稳定。通过改土归流既可以解决上述问题，并且还能实现以下目的：其一，增加国家的税赋收入，促进贵州经济社会的多元发展；其二，加强清廷对贵州的实际统治；其三，实现国家的进一步统一。

雍正改土归流的主要对象是黔南和黔东南等少数民族。时任云贵总督的鄂尔泰在所奏《改土归流疏》中说："贵州土司，向无钳束群苗之责，苗患甚于土司，而苗疆四周几三千余里，千有三百余寨，古州距其中，群砦环其外，左有清江可达北楚，右有都江可通南粤，皆为顽苗蟠踞，梗隔三省，遂成化外。如欲开江以通黔粤，非勒兵深入，遍加剿抚不可。此贵州宜治之边夷。"（《皇朝经世文编》卷八六，《兵政十七·蛮防上》）当地官员已充分认识到化外之地"生苗"的危害性。在对苗疆地区抚、剿孰先孰后问题上，虽然有各种不同意见，但最终采用的是鄂尔泰提出的先

---

① 中国科学院民族研究所贵州少数民族社会历史调查组、中国科学院贵州分院民族研究所编：《清实录贵州资料辑要》，贵州人民出版社1964年版，第314页。
② 参见罗绕典《黔南职方纪略》卷七《土司上》，贵州人民出版社1992年版，第337页。
③ 参见成致铭《清代土司研究——一种政治文化的历史人类学观察》，中国社会科学出版社2008年版，第48—53页。

剿后抚政策。鄂尔泰说:"苗蛮之畏威,每甚于感恩。若威无可畏,亦恩不知感。故必先创惩而后收服,庶足以慑其胆而坚其心。"(《朱批谕旨》,雍正九年九月初二日鄂尔泰奏)因此,在对苗疆进行改土归流时,主要的方针就是先进剿后抚绥。有学者指出清廷改土归流所采用的两种基本方法:"一是从上而下,先改土府,后改土州。二是抓住一切有利时机进行,如有的土官绝嗣,后继无人,或宗族争袭,就派流官接任;土官之间互相仇杀,被平定后,即派流官接任;有的土官犯罪,或反王朝被镇压后,以罪革职,改由流官充任。"① 苗疆改土归流后的直接表现就是苗疆六厅的设置,在苗疆地区设八寨(今丹寨)、丹江(今雷山)、清江(今剑河)、古州(今榕江)、都江(今三都)、台拱(今台江)六厅,基本上实现了中央对苗疆的直接控制。

三　抚绥教化

清廷对贵州的统治政策,在进行武力征伐的同时,也采用抚绥方针。顺治十六年(1659)五月贵州巡抚赵廷臣上奏:"我皇上创辟大一统之业,乘此遐荒初辟,首明教化,以端本始,其大者莫如作养世禄。今后土官应袭,年十三以上者,令入学习礼,由儒学起送承袭;其族属子弟愿入学者,听补廪、科、贡,与汉民一体仕进,使明知礼义之为利,则儒教日兴,而悍俗渐变矣。"② 朝廷对待土司的政策,一是广设学校,加大教育力度;二是土司被改土归流后,也可以同汉人一样进入流官行列参与仕进。这样一来就极大地缓和了民族矛盾。康熙、乾隆年间,清廷在贵州各地大设学校,推进民智开发。但是也有一些官员提出对苗民应采取"愚民"策略。乾隆十六年(1751),贵州布政使温福上书,认为:"苗地遍立社学,并择内地社师训教,无知愚苗,开其智巧,将必奸诈百出。请密饬地方官,将新疆各社学之社师已满三年者,徐行裁汰。未满三年者,亦以训迪无成,渐次停撤,则从学苗童,自不禁而止。并请岁、科两试,仍准苗童一体应考,但不必另设额数,则苗卷自难入彀,亦可不禁而退。"③ 这种"愚民"方法,歹毒之致。但总体来说,清廷在贵州的教育教化方

---

① 黄现璠等:《壮族通史》,广西民族出版社 1988 年版,第 370 页。
② 中国科学院民族研究所贵州少数民族社会历史调查组、中国科学院贵州分院民族研究所编:《清实录贵州资料辑要》,贵州人民出版社 1964 年版,第 301 页。
③ 同上书,第 1201 页。

针是一以贯之的。

　　清代贵州学校总数为 69 所，要比明代多 11 所。其地域分布大致如下：贵阳 5 所，包括贵阳府学、开州州学、修文县学、清镇县学、贵筑县学。遵义 12 所，包括遵义府学、仁怀直隶厅学、仁怀厅学、正安州学、遵义县学、桐梓县学、绥阳县学、余庆县学、龙泉县学、仁怀县学、务川县学、湄潭县学。铜仁 9 所，包括铜仁府学、石阡府学、思南府学、松桃直隶厅学、松桃厅学、印江县学、安化县学、铜仁县学、玉屏县学。黔东南 15 所，包括镇远府学、黎平府学、思州府学、古州厅学、八寨厅学、黄平州学、麻哈州学、清平县学、天柱县学、施秉县学、永从县学、镇远县学、清溪县学、开泰县学、锦屏县学。黔南 10 所，包括都匀府学、平越直隶州学、定番州学、广顺州学、独山州学、龙里县学、贵定县学、瓮安县学、都匀县学、荔波县学。黔西南 5 所，包括兴义府学、安龙府学、贞丰州学、安南县学、兴义县学。六盘水 3 所，包括普安直隶厅学、郎岱厅学、普安县学。安顺 5 所，包括安顺府学、镇宁州学、永宁州学、安平县学、普定县学。毕节 5 所，包括大定府学、黔西州学、平远州学、威宁州学、毕节县学。[①] 此外，清代贵州共有书院 151 所。其中贵阳 6 所，黔东南 45 所，铜仁 18 所，黔南 20 所，黔西南 7 所，六盘水 7 所，安顺 7 所，毕节 14 所，遵义 25 所，不详所在地 2 所。[②]

　　清廷在贵州广设学校，民智大开。有清一代，贵州科举人士数量要比明代大为增加。以进士为例，清代贵州共有文进士 672 名，其中贵阳地区 237 名，遵义地区 69 名，铜仁地区 55 名，黔东南地区 68 名，黔南地区 72 名，黔西南地区 5 名，六盘水地区 6 名，安顺地区 40 名，毕节地区 62 名。[③] 从时间顺序上来看，其中顺治朝 2 名，康熙朝 36 名，雍正朝 45 名，乾隆朝 149 名，嘉庆朝 105 名，道光朝 98 名，咸丰朝 30 名，同治朝 54 名，光绪朝 148 名，无考 5 名。[④] 从这些数据可以看到清廷对贵州在儒学教育方面的推进及所取得的成果。

---

　　① 以上数据参见孔令中主编《贵州教育史》，贵州教育出版社 2004 年版，第 95—99 页。

　　② 同上书，第 104—111 页。

　　③ 同上书，第 124—126 页。按：据该书附录《贵州历科文进士一览表》，清代共有文进士 672 人。此处地区分布总人数为 614 人，当有缺漏。

　　④ 同上书，第 184—260 页。

第二节　清代贵州移民的类型

在第一节所述背景之下，清代贵州的移民大量增加。有学者指出，清代是贵州人口发展的重要时期。从清初的 60 余万发展到清末的 870 余万，增长了近 14 倍。而同期全国人口从 5000 多万增至清末的 4 亿，仅增长 7 倍左右。贵州同期人口增速大大超过全国人口的增长速度，其中，移民是一个重要的因素。[①] 总体来看，清代贵州的移民有官宦移民、军事移民、农业移民、工商业移民、宗教移民等不同类型，以下详述。

一　官宦移民

清代被朝廷任命为贵州地方官并履职者，属于移民中的一部分。来黔地任职的官员，一般来说都是非本地籍，将他们归入移民之属，具有合理的依据。清代官员任用的回避制度，保障了官员的地域差异。如乾隆二十七年（壬午）七月二十二日（1762 年 9 月 9 日）吏部议准贵州布政使亢保奏称：“布政使库大使、盐务大使，例不回避本省，但恐日久不无弊窦，请照地方官例回避。”[②] 从之。这说明地方官多采用回避制度，异地为官。这就从制度上保证了官员与为官之地的地域性文化差异，从而使文化的交流和沟通成为可能。但是，清代前期贵州官员的任命还有一个值得注意的现象，就是多从本省选拔。如康熙三十八年（乙卯）九月十三日（1699 年 11 月 4 日）吏部议复：“吏科给事中马士芳疏言：‘楚、粤、黔、蜀逼近苗穴，最称难治。请将四省中如黎平、茶陵、东川、平越等界连苗地府州县员缺，令督、抚于本省中拣员题补。’应如所请。”[③] 从之。康熙三十九年（庚辰）四月二十一日（1700 年 6 月 8 日）吏部题：“贵州都匀、铜仁、黎平、威宁四府，独山、大定、平远、黔西四州，永从一县，应如该抚所题，于本省官员内将熟悉风土、品级相当、廉能之员调补。”[④]

---

① 参见蒋德学《试论清代贵州的移民》，《人口研究》1983 年第 5 期。
② 中国科学院民族研究所贵州少数民族社会历史调查组、中国科学院贵州分院民族研究所编：《清实录贵州资料辑要》，贵州人民出版社 1964 年版，第 286 页。
③ 同上书，第 281 页。
④ 同上书，第 282 页。

从之。乾隆二十五年（庚辰）三月十七日（1760 年 5 月 2 日）谕军机大臣等："今如古州等处，日久已成重镇，与腹地无异，是以从前简用总兵，有在任七八年尚不轻言更调者，即此亦可为风土便安之明验。况地方有司，专司民社，正当令其久任谙练，以资实用。"①

清代贵州任职官员的具体情况，以《（乾隆）贵州通志》卷十六《职官志》为例来探讨。任职官员分为文职和武职两种。

文职：总督 1 员，巡抚 1 员，提督学政 1 员，布政使司布政使 1 员，经历司经历 1 员，照磨所照磨 1 员，丰济库大使 1 员，按察使司按察使 1 员，司狱司司狱 1 员，清军粮驿道 1 员，分巡贵东道 1 员，分巡贵西道 1 员，古州兵备道 1 员。

贵阳府：知府 1 员，同知 1 员，通判 1 员，经历 1 员，司狱 1 员，儒学教授 1 员，训导 1 员，丰济仓大使 1 员，阴阳学正术 1 员，医学正科 1 员，僧纲司都纲 1 员，道纪司都纪 1 员。

贵筑县：知县 1 员，典史 1 员，儒学教谕 1 员，训导 1 员。

定番州：知州 1 员，州判 1 员，吏目 1 员，儒学学正 1 员，训导 1 员。

广顺州：知州 1 员，吏目 1 员，儒学学正 1 员，训导 1 员。

开州：知州 1 员，吏目 1 员，儒学学正 1 员，训导 1 员。

龙里县：知县 1 员，典史 1 员，儒学教谕 1 员，训导 1 员。

贵定县：知县 1 员，典史 1 员，儒学教谕 1 员，训导 1 员。

修文县：知县 1 员，典史 1 员，儒学教谕 1 员，训导 1 员。

安顺府：知府 1 员，同知 1 员，通判 1 员，经历 1 员，儒学教授 1 员，训导 1 员，毛口驿驿丞 1 员。

普定县：知县 1 员，典史 1 员，儒学教谕 1 员，训导 1 员。

镇宁州：知州 1 员，吏目 1 员，儒学学正 1 员，训导 1 员。

永宁州：知州 1 员，吏目 1 员，儒学学正 1 员，训导 1 员，坡贡驿驿丞 1 员。

安平县：知县 1 员，典史 1 员，儒学教谕 1 员，训导 1 员。

清镇县：知县 1 员，典史 1 员，儒学教谕 1 员，训导 1 员。

平越府：知府 1 员，经历 1 员，儒学教授 1 员，训导 1 员。

---

① 中国科学院民族研究所贵州少数民族社会历史调查组、中国科学院贵州分院民族研究所编：《清实录贵州资料辑要》，贵州人民出版社 1964 年版，第 284—285 页。

平越县：知县 1 员，典史 1 员，儒学教谕 1 员，训导 1 员，杨老驿驿丞 1 员。

黄平州：知州 1 员，州同 1 员，吏目 1 员，儒学学正 1 员，训导 1 员，重安江驿驿丞 1 员。

瓮安县：知县 1 员，典史 1 员，儒学教谕 1 员，训导 1 员。

余庆县：知县 1 员，典史 1 员，儒学教谕 1 员，训导 1 员。

湄潭县：知县 1 员，典史 1 员，儒学教谕 1 员，训导 1 员。

都匀府：知府 1 员，理苗同知 1 员，理苗通判 2 员，经历 1 员，知事 1 员，儒学教授 1 员，训导 1 员。

都匀县：知县 1 员，主簿 1 员，典史 1 员，儒学教谕 1 员，训导 1 员。

麻哈州：知州 1 员，吏目 1 员，儒学学正 1 员，训导 1 员。

独山州：知州 1 员，州同 1 员，吏目 1 员，儒学学正 1 员，训导 1 员。

清平县：知县 1 员，县丞 1 员，主簿 1 员，典史 1 员，儒学教谕 1 员，训导 1 员。

荔波县：知县 1 员，县丞 1 员，典史 1 员，儒学训导 1 员。

镇远府：知府 1 员，理苗同知 1 员，理苗通判 1 员，经历 1 员，知事 1 员，儒学教授 1 员，训导 1 员。

镇远县：知县 1 员，县丞 1 员，典史 1 员，儒学教谕 1 员，训导 1 员。

施秉县：知县 1 员，县丞 1 员，主簿 1 员，典史 1 员，儒学教谕 1 员，训导 1 员。

天柱县：知县 1 员，县丞 1 员，典史 1 员，儒学教谕 1 员，训导 1 员，镇远司巡检 1 员。

思南府：知府 1 员，经历 1 员，儒学教授 1 员，训导 1 员，朗溪长官司吏目 1 员，沿河长官司吏目 1 员。

安化县：知县 1 员，典史 1 员，儒学教谕 1 员，训导 1 员。

印江县：知县 1 员，典史 1 员，儒学教谕 1 员，训导 1 员。

婺川县：知县 1 员，典史 1 员，儒学教谕 1 员，训导 1 员。

石阡府：知府 1 员，经历 1 员，儒学教授 1 员，训导 1 员。

龙泉县：知县 1 员，典史 1 员，儒学教谕 1 员，训导 1 员。

思州府：知府1员，经历1员，儒学教授1员，训导1员。

玉屏县：知县1员，典史1员，儒学教谕1员，训导1员。

青溪县：知县1员，典史1员，儒学教谕1员，训导1员。

铜仁府：知府1员，同知1员，经历1员，儒学教授1员，训导1员，省提长官司吏目1员，平乌长官司吏目1员，正大营巡检1员。

铜仁县：知县1员，县丞1员，典史1员，儒学教谕1员，训导1员。

黎平府：知府1员，同知1员，经历1员，照磨1员，仓大使1员，儒学教授1员，训导1员，潭溪长官司吏目1员，洪州长官司吏目1员。

开泰县：知县1员，县丞1员，典史1员，儒学教谕1员，训导1员。

永从县：知县1员，县丞1员，典史1员，儒学教谕1员，训导1员。

锦屏县：知县1员，典史1员，儒学教谕1员，训导1员。

大定府：知府1员，通判1员，经历1员，司狱1员，儒学教授1员，训导1员。

平远州：知州1员，吏目1员，儒学学正1员，训导1员。

黔西州：知州1员，吏目1员，儒学学正1员，训导1员。

威宁州：知州1员，吏目1员，儒学学正1员，训导1员，巡检1员。

毕节县：知县1员，典史1员，儒学教谕1员，训导1员。

南笼府：知府1员，经历1员，儒学教授1员，训导1员。

永丰州：知州1员，州同1员，州判1员，吏目1员，儒学学正1员。

普安州：知州1员，州判1员，吏目1员，儒学学正1员，训导1员，杨松驿驿丞1员，刘官屯驿驿丞1员，亦资孔驿驿丞1员。

普安县：知县1员，典史1员，儒学教谕1员，训导1员，罐子窑驿驿丞1员。

安南县：知县1员，典史1员，儒学教谕1员，训导1员，列当驿驿丞1员。

遵义府：知府1员，通判1员，经历1员，儒学教授1员，训导1员。

遵义县：知县 1 员，典史 1 员，儒学教谕 1 员，训导 1 员。

正安州：知州 1 员，吏目 1 员，儒学学正 1 员，训导 1 员。

桐梓县：知县 1 员，典史 1 员，儒学教谕 1 员，训导 1 员。

绥阳县：知县 1 员，典史 1 员，儒学教谕 1 员，训导 1 员。

仁怀县：知县 1 员，典史 1 员，儒学教谕 1 员，训导 1 员。①

上述官员总计 312 员。这些官员绝大部分来自外省，只有少量的儒学教谕和训导为黔省本地人。以遵义地区所任官员为例，大致可以看到清代贵州文职官员的总体情况。据《（道光）遵义府志》卷二十八《职官二》所载，至道光二十八年（1838），遵义府：知府共 68 人次，全为外省人；通判 27 人次，全为外省人；经历 49 人次，全为外省人；教授 25 人次，其中本省 17 人次；训导 17 人次，其中本省 15 人次。遵义县：知县 77 人次，全为外省人；典吏 22 人次，全为外省人；教谕 20 人次，其中本省 17 人次；训导 22 人次，其中本省 18 人次。正安州：知州 88 人次，全为外省人；学正 28 人次，其中本省 22 人次；训导 25 人次，其中本省 21 人次；吏目 43 人次，全为外省人。桐梓县：知县 103 人次，全为外省人；教谕 24 人次，其中本省 20 人次；训导 32 人次，其中本省 24 人次；典吏 39 人次，全为外省人。绥阳县：知县 64 人次，全为外省人；教谕 25 人次，其中本省 22 人次；训导 31 人次，其中本省 22 人次；典吏 36 人次，全为外省人。仁怀县：知县 61 人次，全为外省人；教谕 18 人次，其中本省 16 人次；训导 10 人次，其中本省 6 人次；典吏 28 人次，全为外省人。② 至道光二十八年（1838），遵义地区有记载的任职官吏总计 982 人次，其中外省人员任职 762 人次，约占总数的 78%；本省人员任职 220 人次，约占总数的 22%。

清代贵州武职任职情况大致如下：

提督 1 员。

督标：五营。中军副将 1 员，前、后、左、右营游击 4 员，守备 5 员，千总 10 员，把总 20 员。

抚标：二营。左营管中军参将 1 员，右营游击 1 员，守备 2 员，千总 4 员，把总 8 员。

提标：四营，左营管中军参将 1 员，右、前、后营游击 3 员，守备 4

---

① 以上数据参见《（乾隆）贵州通志》卷十六，文渊阁四库全书本。
② 以上数据参见郑珍、莫友芝《遵义府志》卷二十八，点校本。

员，千总 8 员，把总 16 员。

镇远镇：总兵官 1 员，中军游击 1 员，左、右营游击 2 员，守备 3 员，千总 6 员，把总 12 员。

古州镇：总兵官 1 员，中军游击 1 员，左、右营游击 2 员，守备 3 员，千总 6 员，把总 12 员。

安笼镇：总兵官 1 员，中军游击 1 员，左、右营游击 2 员，守备 3 员，千总 6 员，把总 12 员。

威宁镇：总兵官 1 员，左、右营游击 2 员，守备 2 员，千总 4 员，把总 8 员。

定广协：副将 1 员，都司 1 员，守备 1 员，千总 4 员，把总 8 员。

都匀协：副将 1 员，左、右营游击 2 员，守备 2 员，千总 4 员，把总 8 员。

上江协：副将 1 员，左、右营游击 2 员，守备 2 员，千总 4 员，把总 8 员。

清江协：副将 1 员，左、右营游击 2 员，守备 2 员，千总 4 员，把总 8 员。

铜仁协：副将 1 员，左、右营游击 2 员，守备 2 员，千总 4 员，把总 8 员。

大定协：副将 1 员，左、右营游击 2 员，守备 2 员，千总 4 员，把总 8 员。

黔西协：副将 1 员，都司 1 员，守备 1 员，千总 4 员，把总 8 员。

平远协：副将 1 员，都司 1 员，守备 1 员，千总 4 员，把总 8 员。

遵义协：副将 1 员，都司 1 员，守备 1 员，千总 4 员，把总 8 员。

长寨营：参将 1 员，守备 1 员，千总 2 员，把总 4 员。

丹江营：参将 1 员，守备 2 员，千总 4 员，把总 8 员。

黎平营：参将 1 员，守备 2 员，千总 2 员，把总 6 员。

台拱营：参将 1 员，守备 2 员，千总 4 员，把总 8 员。

朗洞营：参将 1 员，守备 2 员，千总 4 员，把总 8 员。

贵阳城守营：游击 1 员，守备 1 员，千总 2 员，把总 4 员。

归化营：游击 1 员，守备 1 员，千总 2 员，把总 4 员。

平越营：游击 1 员，守备 1 员，千总 2 员，把总 4 员。

下江营：游击 1 员，守备 1 员，千总 2 员，把总 4 员。

毕赤营：游击1员，守备1员，千总2员，把总4员。

长坝营：游击1员，守备1员，千总2员，把总4员。

安南营：游击1员，守备1员，千总2员，把总4员。

安顺城守营：游击1员，守备1员，千总2员，把总4员。

水城营：游击1员，守备1员，千总2员，把总4员。

荔波营：游击1员，守备1员，千总2员，把总4员。

思南营：游击1员，守备1员，千总2员，把总4员。

新添营：都司1员，千总1员，把总2员。

永安营：都司1员，千总1员，把总2员。

平伐营：都司1员，千总1员，把总3员。

天柱营：都司金书1员，千总1员，把总2员。

石阡城守营：都司1员，千总1员，把总2员。

普安城守营：都司1员，千总2员，把总4员。

仁怀城守营：都司1员，千总1员，把总2员。

黄平营：都司1员，千总1员，把总3员。

凯里营：都司1员，千总1员，把总3员。

古州道标：守备1员，千总1员，把总1员。

古州同知亲标：千总1员。

台拱同知亲标：千总1员。

八寨同知亲标：千总1员。

都江通判亲标：把总1员。

清江通判亲标：把总1员。

丹江通判亲标：把总1员。

古州左右卫：千总2员。

台拱卫：千总1员。

八寨卫：千总1员。

清江左右卫：千总2员。

丹江卫：千总1员。

凯里卫：千总1员。

黄平卫：千总1员。①

---

① 以上数据参见《（乾隆）贵州通志》卷十六，文渊阁四库全书本。

总计武职 554 员。至道光二十八年（1848），遵义地区武职任职情况
如下：总兵官 3 人次，全为外省人；副将 40 人次，全为外省人；游击 26
人次，全为外省人；都司 39 人次，全为外省人；守备 27 人次，其中本省
1 人次；千总把总 172 人次，其中籍贯未详 82 人次，外省 3 人次，本省
87 人次。① 总计武职 307 人次，其中外省人员任职 137 人次，约占 45%；
本省人员任职 88 人次，约占 28%；籍贯不详 82 人次，约占 27%。

根据以上所述情况，大致可以得出这样的结论：清代贵州官员任职，
文职近八成外省人员，两成为本地人员，以教谕和训导为主。武职近一半
为外省人员，一半为本省人员。至于官宦移民的总数，我们可以试着来估
算一下。就文职来看，遵义地区共有文职 25 员，占黔省总数 312 员的
8%。据以上统计数据可知遵义地区在道光二十八年之前任职的总人次为
982，用这个数字除以它所占的比例，即可大致估算出黔省文职官员的总
数为 12275 人次，其中外省人员占 78%，约为 9575 人次；本省人员约占
22%，约为 2700 人次。但实际上的任职人次要比这个数字大得多，这是
因为《遵义府志》所载任职人数还有不少缺漏。武职方面也可以用这个
方法来估算。遵义协共计武职 15 员，占总数 554 员的 2.7%。实际统计
遵义地区武职为 307 人次，用这个数字除以它所占的比例，得出黔省武职
任职人数约为 11370 人次。其中外省约占 45%，约 5116 人次；本省约占
28%，约 3183 人次；不详籍贯者占 27%，约 3070 人次。实际上的任职人
数比这些数字要大，因为《遵义府志》所载武职任职人次也不够完整，
同样有缺漏。合计外省人员所任文武职总数为 14691 人次。假如每个任职
官员家庭人口为 5 人，则因任职入黔人数约有 73455 人。实际上应超过此
数，在 8 万以上。这大致是道光二十八年前因任职迁入贵州的人数。

履职官宦作为移民的一种类型，在清代贵州移民中至为重要。其重要
性并非指数量而言，而是从官宦移民所具有的文化强势来说的。一方面，
官员是饱读儒家经典通过开科取士的途径入仕的，因此从理论到行为实
践，都是儒家文化的物质载体；另一方面，官员意味着权力，权力意味着
强权与使人服从。因此可以颁布并强制推行一些体现儒家伦理观念的政令
和措施。

① 以上数据参见郑珍、莫友芝《遵义府志》卷二十八，点校本。

二　军事移民

顺治、康熙时期，清廷对贵州的军事统治与全国其他地方一样，采用的是绿营镇戍制度。所谓绿营，是指清初为解决八旗兵力不足问题，将明朝的镇戍军队招收改编，组成一支别于八旗的武装力量。因其以绿色旗帜为标识，以营为建制单位，故称"绿营"。据《清文献通考》卷一九〇《兵考》记载：顺治十五年（1658），设贵州巡抚标左右营，各设游记以下将领 8 人，兵共 1500 名，驻贵阳。顺治十六年（1659），设贵州提督标左右前后 4 营，左营设参将以下将领 8 人，右前后三营各设游击以下将领 8 人，兵共 3000 名，初驻贵阳，顺治十八年（1661）移驻安顺。并设大定镇（今大方）、黔西镇（今黔西）、镇远镇（今镇远）、威宁镇（今威宁）总兵官。镇标设中、左、右三营，各设游击以下将领 8 人，每镇兵 2200 名。又设平远协（今织金）、定广协（今惠水）、铜仁协（今铜仁）、平越协（今福泉）、安南协（今晴隆）、贵阳城守协（今贵阳）等处副将，每协左右二营，各设游击以下官兵若干人。又设思南营（今思南）等处参将，毕赤营（今毕节）等处游击，以及普安营（今盘县）、黎平营（今黎平）、石阡营（今石阡）、盘江营（今关岭）等处守备，各分统官兵若干人。据统计，顺治时期贵州经制官兵仅 2.9 万名，绿营镇戍制度的实施，使贵州的局势迅速得到控制。

康熙时期的贵州兵防得到进一步加强，由此前的各军事据点逐渐转变为基本覆盖全省的军事网络。其编制及空间分布大致如下。

贵阳：督标 4 营，额兵 4000 名。督标移驻云南后，新设左右 2 营，额兵 1500 名。贵阳城守营，兵 600 名。安顺：提标 4 营，兵 3000 名。安龙：安龙镇辖 3 营，兵 1500 名。大方：大定镇辖 3 营，兵 1500 名。威宁：威宁镇辖 3 营，兵 1500 名。以上称"三镇"。黔西：黔西协辖 2 营，兵 1200 名。织金：平远协辖 2 营，兵 1200 名。镇远：镇远协辖 2 营，兵 1200 名。惠水：定广协辖 2 营，兵 1200 名。铜仁：铜仁协，兵 640 名。黎平：黎平协，兵 620 名。以上为"六协"。贵定：新添营兵 280 名。平伐营，兵 280 名。盘江河：盘江营，兵 280 名。晴隆：安南营，兵 400 名。普安：普安营，兵 280 名。福泉：平越营，兵 600 名。施秉：黄施营，兵 400 名。都匀：都匀城守营，兵 600 名。凯里：凯里营，兵 280 名。思南：思南营，兵 600 名。石阡：石阡营，兵 280 名。毕节：毕赤营，兵 600 名。① 以上加贵阳城守营，合称十三营。总计兵额 24260 名，督标移驻云南后，兵额为 20260 名，分布全省 23 处。

雍正改土归流后，清军在贵州的驻扎发生变化，一是兵力增加；二是布防严密；三是在新辟苗疆设卫屯戍。具体情况如下：

总督标：驻扎贵阳省城，兵额 5000 名；巡抚标：驻省城贵阳，兵额 2800 名；提督标：驻安顺府，兵额 2800 名；镇远镇：兵额 2400 名；古州镇：兵额 2400 名；安笼镇：兵额 1800 名；威宁镇：兵额 2000 名；定广协：1000 名；都匀协：兵额 1800 名；上江协：兵额 1750 名；清江协：兵额 2000 名；铜仁协：兵额 2000 名；大定协：兵额 1200 名；黔西协：兵额 1200 名；平远协：兵额 1100 名；遵义协：兵额 1200 名；长寨营：兵额 800 名；丹江营：兵额 1200 名；黎平营：兵额 1000 名；台拱营：兵额 1400 名；郎洞营：兵额 1200 名；贵阳城守营：800 名；归化营：兵额 800 名；平越营：兵额 600 名；下江营：兵额 800 名；毕赤营：兵额 700 名；长坳营：兵额 800 名；安南营：兵额 500 名；安顺城守营：兵额 700 名；水城营：兵额 600 名；荔波营：兵额 800 名；思南营：兵额 500 名；新添营：兵额 300 名；永安营：兵额 400 名；平伐营：兵额 300 名；天柱营：兵额 400 名；石阡守营：兵额 270 名；普安营：兵额 500 名；仁怀城守营：兵额 300 名；黄平营，兵额 500 名；凯里营：兵额 600 名；古州道标：兵额 300 名；古州同知亲标：兵额 100 名；台拱同知亲标：兵额 100 名；八寨同知亲标：兵额 100 名；都江通判亲标：兵额 100 名；清江通判亲标：兵额 100 名；丹江通判亲标：兵额 100 名。② 以上是雍正改土归流后至乾隆年间贵州驻兵情况，总计 1 督标、1 抚标、1 提标、4 镇、9 协、25 营、7 道标和亲标。兵额共计 50120 名。清代全省绿营兵额，历朝各不相同。王庆云《石渠余纪·纪列朝各省兵数》载，从康熙到道光，贵州兵额总数如下表。

康熙、乾隆、嘉庆、道光贵州兵额总数表

年代	康熙二十八年	乾隆二十九年	乾隆五十年	嘉庆十七年	道光元年	道光二十九年
兵额（人）	20000	38200	37700	48400	38400	36400

① 以上数据参见《（康熙）贵州通志》卷九《兵防》。
② 参见《（乾隆）贵州通志》卷二二《武备志·兵制》，文渊阁四库全书本。

雍正改土归流后，还在新辟疆域采取军屯制度。其中古州左右卫千总各 1 员，安设屯堡 40 个，共屯军 2519 户；台拱卫千总 1 员，安设屯堡 12 个，共屯军 1039 户；八寨卫千总 1 员，安设屯堡 10 个，共屯军 750 户；清江左右卫千总各 1 员，安设屯堡 11 个，共屯军 1958 户；丹江卫千总 1 员，安设屯堡 12 个，共屯军 830 户；凯里卫千总 1 员，安设屯堡 12 个，共屯军 950 户；黄平管卫千总 1 员，安设屯堡 6 个，共屯军 480 户；麻哈州，安设屯堡 1 个，共屯军 60 户；清平县，安设屯堡 1 个，共屯军 86 户；施秉县，安设屯堡 4 个，共屯军 267 户。① 总计安设屯堡 109 个，屯军 8939 户。以每户 3 口计，共 26817 人。有学者认为，这些屯军的来源，一是从原招募的五千名新兵内选择。这些新兵本拟投入"开辟"苗疆的战场，因事平将其解散归农，从中选取能种田又愿去苗疆屯垦者。二是从民间招募。② 每十户设一小旗，每五十户设一总旗，每一百户设一百旗。小旗、总旗、百旗首领为基层军弁，负责对所属屯军"管束稽查"。清代乾嘉时期在贵州设立的屯卫，虽有协助官军守望之责，但它同明朝屯卫的性质完全不同。明代的屯卫是一种不隶于行政的独立军事系统，有自己的管辖区域。而雍乾时期的屯卫则直接由行政系统的按察使和贵东兵备道管辖，仅是一种用军事组织编成和管理的农业生产单位，所设千总、把总等武弁，不管兵马，只管组织屯丁生产和平时操练。③

清代贵州的军屯制度，是指清政府将直接占有的大量土地分给驻军屯垦，以实军资，是一种以兵养兵之制。正如《清文献通考》卷十《田赋考》所说："黔蜀两省，地多人少，诚行屯田之制。驻一郡之兵即耕其郡之地，驻一县之兵即耕其县之地，驻一乡之兵即耕其乡之地。如此则养兵之费既省，而荒田亦可渐辟矣。"④

三　农业移民

顺治六年（1649），诏谕内三院："凡各处逃亡民人，不论原籍别籍，必广加招徕，编入保甲，俾之安居乐业。察本地方无主荒田，州县官给以

① 参见《（乾隆）贵州通志》卷二二《武备志·兵制》，文渊阁四库全书本。
② 参见何仲仁主编《贵州通史》第三卷，当代中国出版社 2002 年版，第 94 页。
③ 同上书，第 96 页。
④ 《皇朝文献通考》卷十《田赋考》，文渊阁四库全书本。第 632 册，上海古籍出版社 1987 年版，第 203—204 页。

印信执照，开垦耕种，永准为业。"（《清世祖实录》卷四三）康熙十年（1671）朝廷发文加大垦荒奖励："准贡、监生员民人，垦地二十顷以上，试其文义通者，以县丞用，不能通者，以百总用。一百顷以上，文以通顺者，以知县用，不能通晓者，以守备用。"① 在清廷如此大力度的鼓励措施之下，云贵高原的土地开垦吸引了不少外省流民。民国《广南县志稿》云："在二三百年前，汉族人至广南者甚稀，其时分布于四境者，附郭及西乡多侬人（按：即壮族），南乡多保保（按：即彝族），北乡多沙人（按：即壮族）。其人滨河流而居，沿河垦为农田。山岭间无水之地，尽弃之不顾。清康、雍以后，川、楚、粤、赣之汉人，则散于山岭间，新垦地以自殖。伐木开径，渐成村落。汉人垦山为地，初只选择肥沃之区，日久人口繁滋，由沃以及于瘠。入山愈深，开辟愈广。山间略为平光之地，可以引山水以灌田者，随山屈曲，垄峻如梯，田小如瓦。"② 鼓励汉人进入民族地区，是与当时的具体情况密切相关的。因清军进入苗区，采用武力实施改土归流，在残酷的战争中，苗民大量死亡，土地抛荒。因此，"招汉人错处，以变苗司"就成为当时处理苗疆的办法之一，亦即召汉人进入苗疆，承垦苗民因死亡而废弃的土地，并让汉人与苗民杂居，尽量增加接触，最终达到"化苗渐可为汉"的目的。总体来看，清代贵州地区的农业移民主要有两种类型：一是民屯；二是客民。

如上所述，清廷处理苗疆问题的办法是在苗人区域设立卫所，实行军屯。军屯既能以兵养兵，亦可通过与苗民杂处的方式达到控制苗疆的目的。官府直接占有的土地，除军屯受田之后还有多余的土地，就划为余田。这些余田由官府招募各族人民佃耕，就是民屯。余田屯垦户的由来，档案记载如下："先尽兵丁子弟内人材壮健能耕种者招令承领，再于从前招募、现在酌减归农各兵内，招其人材壮健能种田亩并情愿前赴苗疆承领者，给与耕种。再查从前招募之兵，现经臣等议请拨补新设兵额所余兵丁，尚不敷屯军之用，应令张广泗就近招募年力精壮可充兵丁之人，令其领种。"③ 张广泗奏称，乾隆二年八九月以后，"闻风应募者众。盖因承平日久，内地不免有人满之患。其中有家无恒产，愿赴苗疆承领屯田者；亦有家业田亩无多，不敷口食，因弃彼而适此者；亦有父兄子弟，田少丁

① 《（康熙）钦定大清会典》卷八，文渊阁四库全书本。
② 《（民国）广南县志》，1965 年云南大学传抄云南省图书馆藏 1934 年稿本。
③ 朱批奏折。允禄等折，乾隆二年三月十一日。中国第一历史档案馆藏。

多，不敷分种，抽拨壮丁前往领种屯田，自成一户者"。而对前来应募者的审查，也是相当严格的："承种屯户，除营兵暨兵丁子弟外，地方官核其是否土著，查其有无眷属，验其人材壮健是否可充屯军，取其里保居邻甘结，实在有无假冒。几经挑选裁汰，始行开具户口籍贯，详报到臣。臣复核其多寡，酌其远近，指定处所，饬令差委员役，陆续起用前往。"有学者据此认为，进入苗疆的屯民多为本省的汉人。① 民屯所上的屯粮，主要是供应驻军所需。所以从这个角度来讲，民屯乃是军屯的后备和补充。这是民屯的第一个特点。此外，民屯的垦荒之处，主要是苗疆，多在今黔东南一带。随着屯户人口的不断增加，汉人垦殖区域逐渐向盆地四周的山地推进。这样就容易引发苗民与汉人之间的矛盾。关于这一点，罗绕典曾深刻地指出："顾所设屯之始，无非抚驭归顺余苗，并禁约汉奸私入煽诱，播弄构衅，农隙之时仍须入伍操练，是以择其扼要处所，建筑汛堡，苗多则屯户多，苗少则屯户亦少。即于田土夹杂处所，逐一区划整齐，务令屯兵与苗人界限井然，所以杜后业挽混侵占之弊。"② 但事实上，苗民与汉人并不像政府所规定的那样界限井然，而是各省客民蜂拥而至，"客民之依傍屯军，潜身汛堡而耽耽苗寨者，亦复不少。"③

民屯之外的农业移民，主要是客民。与民屯主要聚集于苗疆不同的是，客民遍布于贵州全省各地。贵阳府的客民主要集中于府城周围，比如广顺州（今长顺县北），"嘉庆间始有遵义及各省客民，住种其地。"④ 兴义县在平定苗乱后设立，"大兵之后，削平苗户十存三四。比岁以来，川、播之民，携老挈幼而至，十居其五。"⑤ 《黔南纪略》卷二十载："（兴义县）汉、苗户口统计二百八十六寨，三十屯，一万五百七十五户，内仅五十四寨系苗产，其余二百三十二寨及三十屯均属客民。缘自嘉庆二年苗变后，土著之苗民日耗，流寓之客民日增，现在统计男妇大小四万五百六十二名口，客民十居七八，苗民不过十之二三，五方糅杂，良莠不

---

①　参见葛剑雄主编《中国移民史》第六卷，福建人民出版社 1997 年版，第 155 页。

②　罗绕典撰，杜文铎点校：《黔南职方纪略》卷六，贵州人民出版社 1992 年版，第327 页。

③　同上书，第 324 页。

④　罗绕典撰，杜文铎点校：《黔南职方纪略》卷一，贵州人民出版社 1992 年版，第279 页。

⑤　罗绕典撰，杜文铎点校：《黔南职方纪略》卷二，贵州人民出版社 1992 年版，第290 页。

齐，较苗民为难治。"①遵义府的农业移民也备载史籍，如《（道光）遵义府志》即云，其地客民来源包括齐、秦、楚、粤等各籍。

都匀府之丹江厅（今雷山县）之牛皮箐山区："箐内非石即木，无土可耕，且阴寒之气，逼人甚厉，所以历年于兹，弃与毒蛇猛兽耳。其余各寨之山，荒土辽阔，贫民挖种住居既久，日渐增多，或二三里一户，或十里八里三户五户。苗寨中住居汉户典买苗产者，不见其多，而种山客民则日益月盛。"②又平越直隶州（今福泉市）"除杨义、高坪、中坪三司外，并无苗寨，所住汉户半系前明洪武间安插之户，及至削平播难，苗户凋零，十存一二，经督抚李、郭诸公重为厘定，将旧日荒芜苗产丈量定赋，听各省客民愿占籍者酌价缴官，以充建立城池、门卫、译传诸费。二年之外，一律起科。于是客民之开垦官荒又复不少，此又客民住居苗地耕苗产之原也。"③再如镇远府："荒土甚多，苗民懒于开挖，弃之不问。于是寨内头人以为公土，租与天柱、邛水一带客民挖种杂粮，所租之地，并无界限。每丁认锄一把，每锄每年租钱数百文不等。客民自认租钱，任意择地而种，穷一人之力，遍山垦挖。此处利厚于彼，即舍彼而就此，随地搭棚居住，迁徙靡有定处，挈室而来，渐招亲故。上里尚少，下里颇多。甚有恃其强悍，硬开硬挖，成群结党，每启苗民争竞之端。"④

清代贵州农业移民的持续不断和繁盛发展，是与清廷的农业政策密切相关的，特别是垦荒的免税和低赋政策，吸引了大批外省或本省农民前来大力开垦荒地。乾隆六年（辛酉）九月初十（1741 年 10 月 19 日）户部议复："署贵州总督云南巡抚张允随奏称：'黔省地鲜平畴，凡山头地角零星土地，及山石搀杂工多获少，或依山傍岭虽成丘段而土浅力薄须间年休息者，悉听夷民垦种，永免升科。至有水可引，力能垦田一亩以上，照水田例六年升科，不及一亩者，亦免升科。无水可引，地稍平衍，或垦为土或垦为干田，二亩以上者照旱田例十年升科，不及二亩者亦免升科。'

①　爱必达撰，杜文铎点校：《黔南识略》卷二十七，贵州人民出版社 1992 年版，第226 页。

②　罗绕典撰，杜文铎点校：《黔南职方纪略》卷五，贵州人民出版社 1992 年版，第314 页。

③　同上书，第 319 页。

④　罗绕典撰，杜文铎点校：《黔南职方纪略》卷六，贵州人民出版社 1992 年版，第326 页。

应如所请。"① 从之。清廷的这些鼓励政策，使垦荒面积不断增大。但是由于战争的连续不断，许多土地开垦之后又成为荒地，以致光绪二十三年（1897），贵州巡抚嵩崐奏称："黔省地尽荒芜，以故各属钱粮未能征收，现设法垦种荒地，冀复原额。"② 由此可见，垦荒是一个不断反复的过程。清廷鼓励移民，可能出于政治考虑，解决贵州开发之初汉少苗多的困局。如康熙五年（1666）贵州巡抚罗绘锦奏称："黔省开辟今方九载，汉少苗多，人民生聚未久，请暂免其丈量，俟百姓复业，荒地开垦，再行请丈。"③

四　工商业移民

清代贵州的矿业较为发达，主产铅、铜、汞、金、银、铁、煤等。铅主要用于铸造钱币，运往京师供鼓铸用，部分用于本省。主要产地分布在威宁州、水城厅、毕节县、大定府、普安州、平远州、遵义县、绥阳县、凯里县、丹江县、镇远府、松桃厅、都匀县、南笼府、贞丰州等地。其中威宁铅厂最多，有妈姑、羊角、新发、白崖、马街、倮纳、黑泥、三家湾、莲花、齐家湾、白蜡厂、江西沟厂、罐子窑、榨子朱砂、倮布戛等十多处。铜主要用于铸币。贵州铜矿未开发之前，贵州省铸币所用之铜多购自云南。雍正年间，贵州铜矿得到较大规模开采。主要产地在威宁州，有猴子、赋书、阿都、白蜡、榨子、格得、八地、朵里、拖克、落州、女罗、致化里、玉龙、罗布甲、铜川河、勺录、哈喇河、三格、地田坝、迥龙等十多个厂矿。其中致化里铜厂，乾隆六年（1741）厂民达 2000 余人。汞的主产地在务川，有木悠、板场、岩头、华盖山、泥塘山、大岩山、大路坳、猫门、李家沟、铁厂沟、太平沟、官坝等矿洞。此外，开州、修文县、普安州、遵义县、独山县等地也有少量的水银和朱砂矿洞。金矿主要分布在黔东北的印江、江口、思南及黔东南的天柱、黎平、锦屏等境内。银矿主产地在威宁州和水城厅。清代贵州的铁矿主要分布在贵筑、修文、开州、南笼、黎平、遵义、石阡、铜仁、郎岱、永宁、锦屏等州府县。煤矿则主要分布于平远府（今织金）等地。《镇远府志》卷十六："生煤性恶，毒气中人，煅过则良。黄平之湾水、天柱之帮洞、施秉

---

① 中国科学院民族研究所贵州少数民族社会历史调查组、中国科学院贵州分院民族研究所编：《清实录贵州资料辑要》，贵州人民出版社 1964 年版，第 4 页。
② 同上书，第 13 页。
③ 同上书，第 92 页。

之瓮哨等处皆产之。有檀煤、油煤之别。用途广，产量亦多。"

清代贵州的工业移民主要是以上述矿业为依托形成的移民群体，包括从事生产的矿工和从事运输的工商人口。田雯《黔书》记载开州铜矿的开发："阡江盘水，婺邑铜崖，咸可握而可采。然忽闭而忽开，未有若开阳之伙者也。于是奇赢之徒，废举之士，指烟岚以争趋，趋舟车而来至。相与募保佣工，划壤列肆。"① 可见矿业对移民的极大吸引力。矿业的巨大利润使工商业者趋之若鹜。他们一方面从事开采；另一方面从事运输。如乾隆三年（1739）户部议："查威宁一路，有江、安、浙、闽四省承办铜斤人员并商驼货物，均于此处雇运。"② 乾隆十七年（1752）陈宏谋奏称："云、贵铜、铅、银、锡等厂，工作贸易多系江楚之人，向闻犯罪脱逃者，往往窜入藏匿。马朝柱籍隶楚省，壤址毗连，设或窜匿各厂，乡民类聚，殊难辨识。请饬云贵总督严密稽查。"③ 马朝柱为湖北蕲春人，马朝柱起义发生于乾隆十二年至十七年（1747—1752），朝廷为防其藏匿贵州矿厂，特令云贵总督严查，主要因为矿厂工人多系江楚之人，与马朝柱乃为同乡。又罗绕典《黔南职方纪略》卷一载：安顺府郎岱厅（今六枝县西南）地形虽崎岖，但"商贾往来，行人辐辏……且水西诸厂，由厅捷径可达，肩承背负，攀藤附葛者终日络绎于途，以故客户为多。"④ 普安厅（今盘县）狗场营："路通平彝之铅厂，厂地皆五方杂处，客民往来搬运一切货物道所必经……客民逗留不少。"⑤ 大定府（今大方县）之威宁州："州境颇宽，且滇省昭、东各厂运铜，陆道解至泸州，必有州境，人夫背负，牛马装驮，终岁络绎于途。兼之州属所产黑白铅子厂林立，砂丁炉户悉系客民，虽其地尽属彝疆，而客民之落业其间而置产者不少。"⑥ 上述记载表明依附矿厂从事运输者，也以外来移民为主。

---

①　田雯：《黔书》（下），转引自《贵州通史》第三卷，当代中国出版社 2000 年版，第168 页。

②　中国科学院民族研究所贵州少数民族社会历史调查组、中国科学院贵州分院民族研究所编：《清实录贵州资料辑要》，贵州人民出版社 1964 年版，第 40 页。

③　同上书，第 47 页。

④　罗绕典撰，杜文铎点校：《黔南职方纪略》卷一，贵州人民出版社 1992 年版，第283 页。

⑤　罗绕典撰，杜文铎点校：《黔南职方纪略》卷二，贵州人民出版社 1992 年版，第296 页。

⑥　罗绕典撰，杜文铎点校：《黔南职方纪略》卷三，贵州人民出版社 1992 年版，第300 页。

　　清代贵州的商业移民与上述矿业的发展有密切关联。这是因为清廷规定，各种矿物开采之后，先课税 20%，余下者由官、商分买。如乾隆五年（1740），户部议准张广泗奏疏："请开采绥阳县属月亮岩铅厂，并遵部前议，令民间自备工本前往开采。所出铅斤，官、商分买，如出铅一万斤照例抽课二千斤，其余八千斤，官、商各买一半。"① 这样就吸引了一大批外省商人进入贵州从事矿物贸易。咸丰五年（1855）四川总督黄宗汉奏称黑铅有关军火，应查禁贩运。朝廷饬谕："四川、云南、贵州各省多有产铅之区，所采铅斤，半归官卖，半归商销，向无例禁之文。惟黑铅有关军火，若任令行店市商照常贩运，辗转销售，莫究归宿，流弊滋多，必当严行禁止。"② 此后只有白铅（按：即锌）照常官商各买一半，黑铅只得官买。但两年后的咸丰七年（1858），吴振棫、张亮基等人奏请开铅禁，因为据查黑铅并不能铸造枪炮和铅丸，自咸丰五年禁止商人销售以来，造成部分厂矿被迫关闭，厂民失业。清廷于是下令："所有云、贵各属商贩铅斤，着仍行开禁，并准其领票行销，以济穷黎。"③ 光绪十二年（1886）二月，贵州巡抚潘霨上奏采矿规程，其中三项涉及商业：一是厚集股份；二是预筹销路；三是明定课票。④ 同年四月，潘霨复奏试办矿务，奏称："黔省各矿煤、铁处处皆有，硝、磺两项尤价贱质良。……惟须各省每岁酌量能销若干斤数，汇总计算，分储备用，其余仍听各商领照运销。"⑤ 从上述材料来看，清代贵州因矿业开采而形成的商业还是比较兴盛的，这种情况造就了一批商业移民。

　　盐商。贵州本地不产盐，食盐主要有川盐、粤盐、滇盐和淮盐。川盐入黔，有永（叙永）、仁（仁怀）、綦（綦江）、涪（涪陵）四大盐岸。粤盐入黔路线，主要从西江水系的都柳江水运而来。滇盐自安宁盐场沿陆路进入贵州。淮盐以湖南辰溪为口岸。盐业的巨大利润吸引了大批盐商进入贵州。如乾隆八年（1744）十二月张广泗奏称："镇远、铜仁二县，并镇远、思州、黎平三府，例应行销川盐。但该地人户掺杂楚省地界，距川遥远，民、苗就近买食淮盐，相沿已久，应从民便改食淮盐。惟是镇远等

----

　　① 中国科学院民族研究所贵州少数民族社会历史调查组、中国科学院贵州分院民族研究所编：《清实录贵州资料辑要》，贵州人民出版社 1964 年版，第 29 页。
　　② 同上书，第 69 页。
　　③ 同上。
　　④ 同上书，第 70 页。
　　⑤ 同上书，第 71 页。

府村落零星，夷多汉少，买食不常，其行销引目，遽难悬定。应令淮商试销一年，再为增引定额。"① 由此可见，盐商多为外省人。但是食盐在黔省内的运销主要由本地人来承担。《黔南识略》卷五载：普定县"其能畜牛马贩蜀盐者，为驼盐户；其只供客雇及为人负赁者为脚户"。"驼盐户"是指赶着马去运盐的盐贩子，"脚户"是指租赁马匹给商贩驮运食盐。又据《（乾隆）贵州通志》，大定府民众因贫穷而争作运盐役夫，多以负盐为业。

　　粮商。贵州本地所产粮食往往不敷口食，需要从外省购买。特别是驻扎在苗疆的军队，更需要大力购进粮食以赡兵士。由此催生了一批粮商。如乾隆十七年（1752）诏谕军机大臣："夫采买以裕仓储，本为民食计耳。乃因采买而市价益昂，是未得向后接济之益，而先受当前贵食之苦。"由于米价腾涌，清廷欲停止粮食采购。不久，贵州巡抚开泰奏称："黔省各属仓储缺额不及十分之一，毋庸买补。惟新疆各营兵粮，每年在古州等厅县采买屯苗米拨支。又，威宁素不产米，所有镇标各营兵米于附近收买，均请照旧办理。"② 由此可知，贵州各军营之粮食多需采买。可供采买的粮食多从湖广、四川运入。其运粮路线，主要从四川、贵州驿道，由重庆经遵义运至贵阳。由湖广运入的，则水运至镇远转陆行至黄平等地。

　　木商。清代贵州木材的产地主要在黔东南清水江流域。木材贸易中心为锦屏之王寨、茅坪、卦治三寨。《黎平府志》卷三："府属及清江、台拱等处俱产杉木，周围约距千余里，均系苗地。苗汉语言不通，惟茅坪等砦俱系同类苗人，是以各处木植俱运至三寨售卖。"从事木材贸易的商人分为"山客"和"水客"。"山客"是指三寨本地人深入林区收购木材运至三寨批售者。"水客"指外省及本省至三寨收购木材，再沿江运至湖南等地散销者。"水客"有"三帮""五襄"之分。来自安徽、江西、陕西三省的木商称为"三帮"③。帮者，客帮也，同乡或同业者互相帮助之意。来自湖南常德、德山、河佛、洪江、托口等五地的木商称为"五襄"。襄者，互相帮助也，与"帮"同。在巨大利润驱使之下，木材销售"每年

　　① 中国科学院民族研究所贵州少数民族社会历史调查组、中国科学院贵州分院民族研究所编：《清实录贵州资料辑要》，贵州人民出版社1964年版，第133页。
　　② 同上书，第225页。
　　③ 《贵州通史》第三卷，当代中国出版社2002年版，第239页。

可卖二三百万金"①，清水江流域呈现出"商贾络绎于道，编巨筏放之于大江，转运于江淮"②的繁忙景象。

布商：丝布以遵义绸最为有名。"遵绸之名，竟与吴绫、蜀锦争价于中州，远徽、界绝不邻之区。秦晋之商，闽粤之贾，又时以蚕成来墝鬻，捆载以去。"③桐梓县的桐绸也很有名，乾嘉时期，山西、河北客商远道来此贸易。道光年间，四川、河南商人来此购买，"通岁计有十万金"④。正安州的丝绸也成为市场上的重要商品，"售丝售绸，远通商贾"⑤。定番州（今惠水）的番绸也远销云南、广西诸省。清代贵州的棉花主要产地在兴义，由于产棉，兴义同时还成为黔省最大的棉纺织业之地。罗绕典《黔南职方纪略》卷二记载：兴义府之普安县（今盘县）："近年以来，下游各郡并川楚客民，因岁比不登，移家搬住者惟黄草坝及新城两处为最多。揆其所由，其利不在田功。缘新城为四达之冲，商贾辐辏，交易有无，以棉易布。外来男妇无土可耕，尽力纺织。布易销售，获利既多，本处居民共相效法，利之所趋，游民聚焉。"⑥黎平府也出产木棉。罗绕典说：其地"虽有崇山峻岭，而两山之中每多平坝，溪流回绕，田悉膏腴，村墟鳞比，人户稠密，其富庶之象易起客民觊觎之心。且地利物美，物产丰亨，山土种木棉，苗户勤于纺织，山木、茶林到处皆有，于是客民之贸易者、手艺者，邻省邻府接踵而来，此客民所以多也。"⑦

清代贵州的城市商业中心主要有贵阳和镇远等地。《贵阳府志》卷二九载，道光时期省城贵阳商贾云集的繁盛景象："百工骈集，然皆来自他省。革工尤为天下所重。商贾则江西、湖南人为最多。"《镇远府志》卷五载："商贾辐辏，乃滇楚要枢。"此外，都匀府"亦一大都会。……虽其地群峰叠嶂，跬步皆山，然而溪流萦绕，水泉汩汩，每多膏腴之田，客

① （清）俞渭：《黎平府志》卷三，光绪十八年（1892）黎平府志书局刊。

② 田文：《黔南识略》，贵州人民出版社 1992 年版，第 177 页。

③ （清）郑珍、莫友芝纂：《遵义府志》卷十六，点校本，第 466 页。

④ （清）何宗轮修、赵彝凭纂：《（光绪）桐梓县志》卷十一《实业志》，1990 年据原稿复印本。

⑤ （清）吴宗周修、欧阳曙纂：《（光绪）湄潭县志》卷四《食货志》，清光绪二十五年（1899）刻本。

⑥ 罗绕典撰，杜文铎点校：《黔南职方纪略》卷二，贵州人民出版社 1992 年版，第 293 页。

⑦ 罗绕典撰，杜文铎点校：《黔南职方纪略》卷六，贵州人民出版社 1992 年版，第 322 页。

民之贸易流寓其间，易于羼足焉。"①

商业活动对贵州地方社会的影响之大，前人早有深刻认识。比如雍正四年（1726）鄂尔泰奏称："云贵远居天末，必须商贾流通，地方庶有生色。"② 乾隆时期贵州按察使介锡周上奏："现今省会及各郡县，铺店稠密，货物堆积，商贾日集。又如士庶一切冠婚丧祭，争趋繁华，风俗日奢。"（《清实录·乾隆朝实录》）道光年间贵州巡抚贺长龄说："黔不产盐，布匹又贵，类皆挹注于他省。苗民错居山洞，所饶者杂粮材木耳，非得客民与之交易，则盐布无所资，即杂粮材木亦无由销售，分余利以供日用。是客民未尝不有益于苗民。"③ 鄂、介、贺诸人所论，已指出商业活动对促进汉苗交流沟通的重要作用。

五　宗教移民

明末清初贵州佛教兴盛。陈垣先生尝论其致盛之由："一、佛教复兴之波动也。有明中叶，佛教式微已极，万历而后，宗教复振，东南为盛，西南亦被其波动。二、僧徒开辟之能力也。滇黔建省较后，其开辟有赖于僧徒，此节近始发觉，益显宗教与文化之关系。三、中原丧乱之影响也。明季中原沦陷，滇黔犹保冠带之俗，避地者乐于去邠居岐，故佛教益行热闹。"④ 明末清初贵州禅寺林立，名僧辈出。大部分僧人皆因战乱避祸由外省逃禅入黔。《黔南会灯录》载明季黔僧百余人，其中多为因战乱入黔者。如赤松和尚，本为四川三台人，因世乱入黔。万德和尚，本湖南长沙人。三能和尚，四川人。行之和尚，四川人。语圣和尚，四川人。语贤和尚，四川人。古海和尚，四川成都人。以四和尚，四川人。桂铉和尚，四川人。善达和尚，湖北人。慧颖和尚，湖南永州人。绍南和尚，湖南永州人。蓝田和尚，四川成都人。卓庵和尚，四川广元人。长灵和尚，湖北荆州人。云峰和尚，四川人。嵋霁宗，河南人。天一和尚，楚南人。总的来看，入黔僧人省籍以四川为主，主要因为地域原因。除上述川籍入黔僧人

---

① 罗绕典撰，杜文铎点校：《黔南职方纪略》卷五，贵州人民出版社 1992 年版，第 312 页。

② （民国）任可澄、杨恩元纂：《（民国）贵州通志·前事志三》，贵州人民出版社 1988 年版，第 185 页。

③ 《皇朝经世文编续编》卷九二《兵政十八·蛮防》，《近代中国史料丛刊》第八十五辑，（中国台湾）文海出版社，第 6 页。

④ 陈垣：《明季滇黔佛教考》，中华书局 1962 年版，第 2—3 页。

外，还有天隐、天湖、述中、月幢、雪林、大凡、识竺、别南、桂魄、古月、剑端、极盛、古雪、济川、溪脉、大千、审实等。① 这些僧人为贵州文化发展作出了重要贡献。他们通过创建寺院，为学子提供读书讲学场地，架路铺桥、发展交通，引泉开渠、兴修水利，植树造林、美化环境，救死扶伤、济困助贫等方式，为推进明清时期贵州开发发挥了重要作用。

与明代佛、道兼重不同，清代重佛轻道，出于民族偏见，道教被视为"汉人宗教"，地位低下。加上天主教和基督教等强势涌入中国，道教发展空间更为狭小。从移民的角度来看，清代贵州的道教教徒多为本地人，移民较少。这与上述清代的宗教政策有关。

鸦片战争之后，随着西方列强坚船利炮对中国的入侵，输入中国的不仅有毒害身体的鸦片，还包括关涉人类灵魂皈依的各种宗教文化。就贵州而言，主要有天主教和基督教。道光二十六年（1846），天主教教皇格列高利十六世将贵州升为独立的教区，不再由四川教区代管。白斯德望被任命为贵州教区首任主教。咸丰十年（1855），胡缚理成为贵州教区第二任主教。他们在贵州各地建立教堂，广泛吸收教徒，派遣传教士传教。基督教传入贵州相对较晚。但基督教对近代贵州，特别是少数民族地区的影响，却是所有宗教中最大的。其中最著名的是柏格理等人建立的石门坎教区。从 1905 年至 1949 年，先后在石门坎传教的英籍牧师及其人员有：柏格理、韩孝贞（柏格理之妻）、王树德、张道惠、顾德维、穆博礼、石崇德、邵泰卿、赵月林（女）、张绍乔、张继乔等。

第三节　清代客民与原住民伦理风俗之比较

清朝政权是中国历史上最后一个高度集权的封建帝制王朝。尽管作为统治者的建州女真是非汉族类，作为游牧民族，在其发展壮大的过程中没有受到以农耕为基础的儒家文化的熏陶和濡染，其对孩童子弟进行教化和人格养育的精髓亦不是儒家经典。但是自从定鼎中原以来，为了安抚和驾驭这个庞大的疆域和儒家价值观念已经成为遗传基因的子民，儒家大一统的观念仍然是其根本的意识形态和统治思想，"化内—化外"也还是其区

---

① 参见王路平《贵州佛教史》，贵州人民出版社 2001 年版。

分"华—夷"的根本标准。因此，将边疆纳入版图，让非汉族类隶籍，使之能够接受儒家思想和"谨遵君臣夫妇父子之礼"的行为准则依然是清朝统治者及其官员的治国之策和终极政治追求。从区域史研究的角度来说，是否尊奉儒家"礼义廉耻"准则也是区分汉族与其他族类的标准之一。本章节力求从风俗表现、文化记载等方面揭示客民与原住民在家庭伦理价值观表现方面的不同与差异。

一　原住民的分类及家庭伦理文化

（一）原住民的分类

清代贵州的原住民，如果以汉化程度和伦理观念及风俗差别的标准来划分，应该有三种类型：明代及之前迁入贵州的汉人；改土归流后"渐染华风"的土司领地所辖居民；"苗疆生界"的"化外之民"。

1. 明代及之前迁入贵州的汉人

明代之前，贵州与中原王朝关系疏离，中央政权对贵州的影响力仅限于在部分地方实现羁縻而已，甚少地方隶籍中央，而且随着不同时期中央王朝势力的强弱而时断时续或者有所伸缩。贵州人口的族类构成成分主要是非汉族类，其文化及生活习俗迥异于中原地区。如前所述，从商代至元末的几千年中，伴随着中央王朝对贵州时断时续的开发，也产生了一部分汉族移民，但是由于开发及移民活动的零散性和非连续性，以及王朝的不断更迭和动荡，导致移民的数量很少且这些来自中原的汉人与中原声息断绝。如果异质环境下文化缺乏必要的补给和更新，即便是坚持儒家传统的移民及其后代，其儒家伦理文化血统如果没有跟随儒家思想的历史发展而相继更新，与中原同时期的风俗习惯及伦理观念也大相迥异。这些携带中原文化特质的汉人及其后裔逐渐消退了汉人的传统和文化特征，更多地具有了地域特色和本地族类的风俗习惯。故明之前的漫长历史岁月中，陆续来到贵州的历史移民，相对于明代才来到黔地的汉人来说，已经是原住民了。只不过在奉以儒家文化为意识形态的王朝为正朔的态度和立场方面，他们比世居的当地族类更为坚定和热烈。因此，考察清代贵州移民与原住民的时候，明及之前来自中原的汉族移民都被归于原住民之列。

自明初以来，由于具备了"开一线以通云南"的战略意义，贵州与中央王朝联系的密切程度大大加强。洪武年间，平定云南后，明廷在贵州境内的通滇驿路沿线遍设卫所，三十万大军随之长期耕垦在黔地，休养生息，繁衍后代，成了事实上的军事移民。另外，随大军而来的，除了兵丁家眷以外，还有依傍卫所需求而产生的商贾、手工业者，以及从地狭人稠之地来到地广人稀的地方谋求生存的农民等，为了避免与原住民争夺生存空间或因文化隔膜而产生纷争，这些非军事移民与军事移民比邻而居，因为这样可以寻求卫所势力的庇护。且随着明王朝势力在贵州腹地的深入和对部分土司弹压力度的加强，陆续对一些土司及其领地进行改土设流，成立府州县。永乐十一年（1413），在以思州和思南田氏土司内讧为借口进行改土设流的基础上，成立了贵州布政司，由此正式成为全国 13 个行省之一。但是由于贵州地瘠人贫，以及大部分领土还是属于不隶黄册的土司管辖，因此全省可以获取的赋税总收入还不及中州一大县，官戍岁给只能仰仗湖广、四川等省协济。因此，贵州成立行省，只是具有政治和军事的意义，而不具经济方面的价值和规模。但是，麻雀虽小却五脏俱全，行省的建立及很多土司领地的改土设流，必然需要完善的官僚系统及大量各级官吏来管理贵州相关事务。因此，除了前述所提到的军事移民及商业、手工业和农业移民之外，还有来到贵州履职的代表汉族文化与伦理观念的仕宦移民。可以符合历史和逻辑地推测，经过 276 年的历史时空汰渍以及明王朝的大力经略，明末清初的贵州社会已经不是元末明初的那个样子了。因以上所述各种原因，终明一世持续迁入贵州的汉人及其后裔，由于岁月的流逝和时代的变迁，相对于清代才进入贵州的移民来说，已经是原住民了。

　　2. 土司所辖的非汉族类

　　明代及清代初期，贵州有若干土司，规模较大、势力较强的有：思州、思南田氏土司，黔西北的水西安氏土司，黔中水东宋氏土司、播州杨氏土司等。田氏土司在永乐年间即因内讧而遭到改土归流，且在以此辖地为版图的基础上设立了贵州布政司。水西安氏和水东宋氏土司，终明一世都在明廷的节制和利用之下相互制约，又互为唇齿。万历年间，播州土司杨应龙反明，明廷与安氏土司联手平叛，自此杨氏土司对黔北数百年的统治彻底画上了句号。在历史上，这些土司都是属于羁縻或者完全不隶王朝版籍的化外之地，因此所辖居民也属于包括猡猡、仲家、苗、僚、仡佬等非汉族类的"化外之民"。随着王朝与当地土司关系的日渐密切和对其渗透程度日渐加强，明廷通过在土司地区设置社学等措施，以实现其明儒家"君臣夫妇父子之道"的目的。土司为了与中央王朝打交道的方便，也自觉学习儒家经典及礼仪，并且雇用汉人作为他们的参谋，史称"汉把头"。通过这一系列的措施，这些完全不隶声教的非汉族类也渐染华风。

3. "苗疆生界"之"生苗"

迄至清雍正年间，黔东南地区还是完全不通王朝声教的"生苗"聚居地。"生苗"是与有所向化的"熟苗"相对而言。所谓"生苗"，史料记载如下：兰鼎元在《论边省苗蛮事宜书》称，"楚蜀滇黔两粤之间，土民杂处，曰苗、曰瑶、曰僮、曰仡佬……其深藏山谷不籍有司者为生苗"。（清）陈鼎《黔游记》："生苗者，无头目，不服土官箝束。雄而强者即为长……逢人即杀，见物即劫。"（清）龚砥《苗民考》："已归王化者，曰熟苗，与内地汉人大同小异。生苗则僻处山峒，据险为寨，言语不通，风俗迥异。"（清）方亨咸《苗俗纪闻》："自沅州以西，即多苗民，至滇黔更繁，种类甚伙……但有生熟之异。生者匿深箐中，不敢出，无从见，熟者服力役，纳田税，与汉人等，往往见之。"（清）严如煜《苗疆村寨考》："生苗历来不通声教，羁縻于土官，以野人摈之。其寨落多寡，从不登司民之版。"（清）罗文彬《平苗纪略》："黔中向以剃发者为熟苗，蓄发者为生苗。熟苗能通汉语，安分守法。生苗则梗顽难化，与汉为仇。"在王朝官员眼里，这些深藏山谷、据险为寨的贵州土著族类不但"不隶职方"，"不籍有司，无土司管辖"，而且以剽窃为业，冥顽梗阻，实难加以约束。

（二）原住民的家庭伦理特征

如前所述，迄至清朝，贵州原住民大致可以分为三类：明代移民后裔、土司领地非汉族类、"以抢劫为业且不通声教"之"生苗"。种类不同，其家庭伦理观念及相应风俗特征因此也会有差异。

1. 明代移民后裔的伦理观念

自洪武始，太祖朱元璋为了保障通滇驿路的畅通，调集30万大军屯戍在驿路沿线，成立了若干军事卫所。这些卫所兵丁来自京畿附近江南一带的耕读之家。饱读儒家经典应举入仕是其实现社会身份向上流动的唯一途径，注重"修齐治平""经世致用"践行功夫的儒家思想，必然会主宰他们行为处事的观念和价值取向。因此，儒学尤其是宋明理学"亲亲尊尊""三纲五常"的家庭伦理观念也是他们固有的行为规范和伦理准则。为了固守这一传统以体现汉族身份之优越性和先进性，他们拒斥生活于其中的贵州地域文化的浸染与改变。随着历史变迁，中原儒家思想及家庭伦理理念在与时俱进中开始反思和自我调整，卫所命运亦随着王朝各个时期发展聚焦点的不同而风雨飘摇。

宋明理学作为儒学思想发展集大成的义理之学，比秦汉隋唐时期的经学更加重视"三纲五常"的制度性意义，"三纲五常"已经从劝勉性行为规则上升到了国家意志的法制化地位的层面。"饿死事小，失节事大"的恐吓全面改变了女性的婚姻家庭价值观和幸福观。女性在这种自虐中托付了自己的一生。隋唐时期女性有限的自由与尊严随着这一道德绝对命令的颁布而荡然无存。"事物都会盛极而衰"，这一规律同样适合儒学的发展历程。经历了宋明理学全面控遏人们身心的辉煌时期，到了明末清初，思想家们开始反思儒学这种令人战栗的行为准则。戴震喊出了"儒学以礼杀人"这一振聋发聩的口号。就像尼采很蔑视地告诉虔诚的基督教徒，他"杀死了他们心目中的上帝"那样，让人从虔诚的信仰中一下子瘫软在地。理学倡导的贞洁至上的婚姻家庭伦理观念从至高无上的神坛坍塌下来，碎了一地！儒学思想的这个具有转折意义的历史发展过程，在中原悄无声息地重构了文化意义上的新历史形态的汉民族。

洪武年间奉旨来黔屯戍的兵丁及其后裔，由于贵州偏远及明中后期对卫所疏于管理等原因，导致与中原地区文化信息沟通不畅，不能与中原在文化方面的变迁保持同步，最终陷于停滞不前，与中原文化及价值观念严重脱节的后果。明初开始设置的卫所，随着明朝中期以来南方边政的废弛和疏于管理，以及贵州恶劣的生存环境等原因，卫所编制无法满额，具有军户身份的兵丁流失严重。尤其到了明末清初，平播之役、川黔两省奢安土司联手起事、南明王朝的最后挣扎、明清王朝更迭，以及吴三桂的叛乱等，使这些洪武年间"奉旨征南"或"奉旨填南"的汉族移民及其后裔无法从中原获得文化补给和后续更新。这些卫所社区成了一座座具有历史遗迹性质的文化孤岛。较之于清代才迁移过来的接受过新时期儒家思想及其家庭伦理文化再造的汉族移民来说，这些明代移民，已经是在思想上与中原儒家文化有一定差异的贵州原住民了。罗绕典在《黔南职方纪略》的第一卷中提到，贵阳府的明代客民"今日皆成土著"。经过三百多年的历史摧残，清朝末年，这些明初的汉族移民的后裔，已经变成了无人能够识别其族别、服饰行为独特的"屯堡人"①了。六百年的乡愁，让这些屯

---

① 按：关于"屯堡人"文化、习俗等方面的研究，学术论著和浮光掠影的艺术采风成果已经汗牛充栋，限于篇幅，本书不打算就此展开笔墨。

堡人固守江南的风俗和儒家的文化，殊不知，如今的江南和六百年前相比，已经是今非昔比，面目全非了。

2. 土司所辖非汉族类的家庭伦理习俗

自明朝以来，中央政权就加大了对贵州持续开发的力度。尤其通过开驿路、办社学等途径对土司领地的开发与渗透，更加快了土司辖地在风俗、文化等方面具有自身独特特征的非汉族类的汉化进程。到了清代，即使还没有改土归流，但接受中央王朝授爵，向王朝朝贡，或者认纳捐税和贡赋的土司，其辖地在不同程度上出现了"渐被华风"的景象。《平远州志》云：

> 苗蛮以土司为长，初何知遵法度、输赋役、伏首屏息于长吏之庭哉！迨水西开拓，设官分职，宣布皇仁，敷扬威德，虎牙鹰眼，悉变化驯服而不敢动，此非建官之效欤？①

尤其是明王朝在土司地区开通驿路的举措对于当地民众风俗文化、道德观念的汉化起着至关重要的作用。明人吴国伦已经指出开驿与改变风气的关系：

> 我闻水西奢香氏，奉诏曾谒高皇宫。承恩一诺九驿通，凿山刊木穿蒙茸。至今承平二百载，牂牁僰道犹同风。②

除了开设驿路以外，明清王朝对土司及其辖地的经略还包括设置社学，规定应袭土官子弟悉令入学有意"化导"等措施。并作出"如不入学者，不准保袭"③的明确规定。这些规定也确实收到了一些成效：乾隆年间，贵州按察使赵英奏请改变对"土酋猺獠"犯罪实行"宽恤"的政策。即如果犯徒流军遣等罪，援照古例免于发遣，改为枷责完结。此前实施"宽恤"政策的原因是："苗獠与内地民人语言不通，服食各殊，实徙

---

① （清）王正玺等修，周范纂：《（乾隆）平远州志》卷七《职官》，巴蜀书社 2006 年版，中国地方志集成：贵州府县志辑成，第 49 册，第 669 页。

② 吴国伦：《次奢香驿因咏其事》，（清）黄宝中修，邹汉勋纂：《道光大定府志》，巴蜀书社 2006 年版，中国地方志集成：贵州府县志辑成，第 49 册，第 114 页。

③ 张廷玉等：《明史》卷三一〇《湖广土司传》，中华书局 2007 年版，第 7982 页。

实流恐断其谋生之路。"他提出请求改变这一政策的理由如下：

> 一百二十余年来，熏育教化，凡土苗人等服饰语言多与汉同，如
> 猓猡、仲家、侗苗、宋家、犽老之类，读书游庠，援例捐纳贡监及职
> 衔者，在在有人，至于得中武科者，间亦有之。①

由此可见，迄至清朝，黔西北地区的这些苗僚土人的汉化已经达到读书游庠甚至中科举的程度，婚丧嫁娶的家庭伦理风俗习惯也由此得到了改变。黔北毗邻汉文化发达的四川，甚至雍正朝以前原本就属于蜀省，因此播州杨氏土司子弟及其辖地的风俗也有很大改变：

> 杨保，乃播州之裔，其婚姻、葬祭颇同汉人，亦有挽思哀悼
> 之礼。②
> 冠婚桑祭，不尚奢华。人知向学，深山穷谷，犹闻弦诵声。虽夜
> 郎旧地，当与中土同称。③

但是这些景象主要还是土司及其子弟的状况。因为这些土司政权的上层人物，他们为了自身利益避免不了要与汉人打交道，因此学习儒家语言文化是其不二选择。而且王朝官员及君王都认为土司能够明君臣父子之礼乃"安边之道"，于是规定，凡是要承袭土官职衔的人，都必须要入学读书，向学应举。明廷规定：

> 洪武二十八年六月壬申（初十）（1395 年 6 月 27 日）户部知印
> 张永清言："云南、四川诸处边夷之地，民皆倮倮，朝廷与（谕）以
> 世袭土官于三网（纲）五常之道，懵焉莫知。宜设学校以教其子
> 弟。"上然之，谕礼部曰："边夷土官皆世袭其职，鲜知礼义，治之
> 则激，纵之则玩，不预教之，何由能化。其云南、四川边夷土官，皆
> 设儒学，选其子孙弟侄之俊秀者以教之，使之知君臣、父子之义，而

---

① 参见中国第一历史档案馆藏，乾隆朝军机处录附奏折，缩微号：585—2085，乾隆二十七年五月初六日，赵英，"跪奏为酌定苗人犯罪以肃法纪事"。
② （清）郑珍、莫友芝纂：《遵义府志》卷二十，点校本，第 571 页。
③ 同上书，第 554 页。

无悖礼争斗之争，亦安边之道也。"①

弘治十二年六月壬子（二十四）（1499 年 7 月 30 日）巡抚贵州都御使钱钺奏："贵州土官渐彼（被）圣化百三十余年，污俗已变，但应袭子孙未知向学，请令宣慰、安抚等官应袭子孙年十六以上者，俱送宣慰司学充增广生员，使之读书习礼，有愿习举业者，比军职子孙补廪充贡出身。至袭职之时，免委官保勘，止取亲管并学官结状，其不由儒学读书习礼者，不听保袭，庶可以变夷俗之陋，杜争夺之源……"事下兵部，复奏谓："……至明年而止，土官应袭子孙宜视近例，十岁以上者俱送附近宣慰司或府州县学。至袭授时，则如钺所拟，其补廪充贡，请下礼部更议。"② 从之。

清顺治十六年（1959），贵州巡抚赵廷臣疏言：

　　今后土官应袭，年十三以上者，令入学习礼，由儒学起送承袭；其族属子弟愿入学者，听补廪、科、贡，与汉民一体仕进，使明知礼义之为利，则儒教日兴，而悍俗渐变矣。③

据《黔西州志》：

　　（黔西）旧属夷地，种类非一，语言文字概不相通。我朝改土设流，建立学校，文教大兴，习俗丕变，冠婚丧祭渐循于礼。④

但是，这些改变涉及的只是土司及其子弟。一般民众，则既没有动力，也没有机会接受儒学教育。因为土司本着自己便于管理的理由，会千方百计阻挠办学或者禁止一般民众接受学校教育。他们这么做的理由就是：

---

① 贵州省民族研究所编：《明实录贵州资料辑录》，贵州人民出版社 1983 年版，第 94—95 页。
② 同上书，第 576—577 页。
③ 中国科学院民族研究所贵州少数民族社会历史调查组、中国科学院贵州分院民族研究所编：《清实录贵州资料辑要》，贵州人民出版社 1964 年版，第 301 页。
④ （清）李云龙修，刘再向等纂：《（乾隆）黔西州志》卷二《地理志·风俗》，第 8 页。

恐民向学有知，不便于彼之苛政，不许读书。①

　　没有接受官方学校教育和文化熏陶的一般土司领地民众，其文化和风俗习惯就很难有质的改变与突破。因为进行族类分别的基础就是不同人群在语言、风俗、文化甚至族源方面的差异。《左传》："非我族类，其心必异。"元人脱脱所著《西南彝论》（《古今图书集成》卷1522）云："黔州，涪陵徼外，汉牂牁郡，西南诸蛮也。其俗椎髻、左衽或编发，随畜牧迁徙无常，喜险阻，善战斗，部族各一姓，虽各有君长而风俗略同。"任何一种文化都有自己惯性发展的势能，任何一个民族都有不可须臾就能去除的共同族源的历史记忆、文化表达，甚至血缘及基因遗传。儒家思想作为他者的异质文化强行介入这些曾经"左衽编发，随畜牧迁徙且善战斗"的族类，希望得到认同并被接纳，且妄图收到立竿见影的效果，这一想法本身是虚幻的浪漫主义情怀。因此，除了士大夫眼里看到"渐染华风"的情景外，更多的还是与汉文化截然不同的风俗习惯、婚姻家庭伦理观念等族类特有属性的表达与展现。在改流之初的平远州，黄元治看到的是"皆僻居溪洞、笼菁中，如鸟兽之巢穴，不能以近人"②的群苗。

　　迄至道光年间，宋起在已经改土设流的原乌撒土司的威宁州看到的仍然是"其桀骜之气犹未尽驯"的乡土民俗。他说：

　　　　诸倮之俗如此，虽沐化已久，其桀骜之气犹未尽驯，昔以威宁命名有以也。③

　　在婚姻缔结方面，还存在如下一些"苗倮陋俗"：

　　　　至家中婢女，率皆无夫，听其与人苟合，生子则又为奴仆，是以苗、倮家奴皆无父也。余尝在毕节籍一马户，家有老婢名大娃者，问其夫，则曰："未嫁。"及点奴子，有二童，皆其子也，可为一笑。

---

　　① 张广泗：《设立苗疆义学疏》，《（乾隆）贵州通志》卷三五《艺文》，文渊阁四库全书本，第60页。
　　② （清）黄元治：《黔中杂记》，（清）王晫，张潮编纂：《檀几丛书》二集，上海古籍出版社1992年版，第316页。
　　③ 宋起：《威宁风土记》，《（道光）大定府志》卷五四《文征》，第17页。

然其俗大概如此，不为异也。①

3. "苗疆生界"之民的家庭伦理习俗

"苗疆"的称谓在清初有广义和狭义之分。广义上这一称谓是把西南少数民族地区全部称为苗疆。清代学者魏源这么刻画广义"苗疆"的范围和其族群的特征："无君长，不相统属之为苗"，"若粤之僮、之黎，黔楚之瑶，四川之㹃、之生番，云南之猓、之野人，皆无君长，不相统属，其苗乎"。② 狭义的"苗疆"则是指湘西、黔东南、黔东北等几个苗族大聚居区。本书考察的苗疆范围，是专指贵州黔东南这一少数民族地区，具体包括今黔东南所辖镇远、剑河、锦屏、黄平、黎平、榕江、岑巩、天柱、从江、雷山、凯里黔南所辖的三都县。当时有"地广袤三千里，户口十余万"的规模。当时"苗疆"是在改土归流背景下进入王朝统治者视野的。方显在其《平苗纪略》中就清廷开辟苗疆的缘由作了详细的阐述：

> 生苗不籍有司，且无土司管辖。官民自黔之黔，自黔之楚，之粤，皆迂道远行，不得取直道由苗地过。内地奸民犯法，捕之急，则窜入苗地，无敢过而问者。苗又时出界外肆剽掠，内地商旅尤以为苦。界以内弱肉强食，良懦苗民咨嗟太息，恨控诉无所。此黔省之大害也。诚能开辟，则害可除。清水江滢洄宽阔，上通平越府黄平州之重安江，其旁支则通黄丝驿；下通湖南黔阳县之红江，其旁支通广西。清江南北两岸及九股一带，虽多复岭崇冈，而泉甘、土沃，产桐油、白蜡、棉花、毛竹、栀木等物。若上下舟楫无阻，财货流通，不特汉民食德，即苗民亦并受其福。此黔省大利也。诚能开辟，则利可兴。③

由此可知，清廷开辟苗疆的主要原因有如下几个方面：(1)生苗没有土司管辖，所以无地方势力阻碍；(2)可以解除商旅军民绕道而过的迂阔与艰难；(3)便于社会治安的有效管理；(4)丰富的物产，便利的水上

---

① （清）赵翼：《檐曝杂记》卷四"苗猓陋俗"条，中华书局1982年版，第70页。

② （清）魏源：《圣武记》，中华书局1974年版，第283页。

③ 马国君：《平苗纪略研究》，贵州人民出版社2008年版，第117页。

交通。

　　苗疆之所以在土司管辖之外得以存在，明之前几乎没有史料涉及这一地区的风土人情，并且终明一世的改土归流都没有触动这一地区，原因众说纷纭。有的学者认为，原因在于生界之苗民过于强悍难驯，愚昧无知，因而难以将这一片广大的土地纳入中央王朝的版图或羁縻范围；也有学者认为，是因为这一地区自然环境过于险恶，苗疆冈峦错接、跬步皆山，经营难度太大、成本太高，因此王朝缺乏开辟这片地域的动力；历史人类学家则认为，苗疆"生界"的长期存在是当地少数民族文化与汉文化无法系统兼容而导致的后果。① 本人较为赞同汉苗文化体系难以兼容这一原因。清代之前有关贵州风土人情的历史资料唯独阙载苗疆信息是这一观念的有力证据。现在能够查阅的有关苗疆原住民的风俗习惯史料，也只是自改土归流始。

　　"生界"乃"生苗"所居之处。"生苗"的称谓与"熟苗"相对。二者都是与儒家文化有差异者。其区别一方面在于是否"输租服役"；另一方面在于来源不同。生苗多是当地族类通过历史演化而来，且完全没有接受过儒家及中原文化的影响，熟苗则多半都是江楚之人迁徙而来，长期浸染异俗的结果：

　　　　其地有汉民变苗者，大约多为江楚之人。懋迁熟习，渐结亲串，日久相沿，浸成异俗，清江南北岸皆有之，所称"熟苗"，半多此类。②

　　在清廷平定苗乱开设新疆六厅的过程中，见诸史料的对"生苗"的描述一般多用"犷悍""性类犬羊""冥顽梗阻""难于向化"等词，以此来刻画该族类"其生性之蛮野洵非政教所可及"③ 的属性。由此也可以看出贵州原住民行为准则与儒家伦理文化异质性的程度。黔南及黔东南苗疆地区，是中央王朝在贵州进行改土设流的最后一站。在平定苗疆的过程中，方显"剿抚并用，战守符法，历有六载，仁恩洽于异种，威声振于殊俗。至今三十余年，佩刀雕齿之徒，靡不安生而乐化，户诵而家弦与中

---

① 参见马国君《平苗纪略研究》，贵州人民出版社 2008 年版，第 115 页。
② （清）徐家干：《苗疆闻见录》，贵州人民出版社 1997 年版，第 163 页。
③ 同上。

国编民等"①。而且出现了"土田广矣！户口蕃矣！少长辨而习俗更矣！"② 但是这个族类在特定环境下生存繁衍长期遗留下的历史记忆仍然固执地体现出与汉文化截然不同的一面。一个族类要全面清空特定时空赋予它的特质而接受异质性文化的重构，这是一个人类学和历史学意义上的难题。也是如亨廷顿所言说的那样，文明的冲突无法在异质性的基础上达到无缝和解。

一个半世纪以后的同治年间，清人徐家干以平定苗乱为事由来到这一地区，著《苗疆闻见录》一书，较为全面地描述了改土归流后苗疆的风土人情状况。在他看来，这一地区仍然是：

> 周环千里，声教罕通……蛮风"犵"俗，率异编氓。③
> 苗人椎髻跣足，男女皆蓄发。肃清苗疆时原有责令剃发改装之禁，经营数年，卒不能一律如约。异俗惯常，积重难化，用夏变蛮诚不易也。④

在缔结婚姻的方式及择偶方面，与儒家文化中"男女授受不亲"以及"父母之命媒妁之言"的行为规范大相径庭。在选择对象方面，黔东南原住民依然以"踩鼓"的方式寻找人生伴侣：

> 苗有踩鼓之俗，每于平地，置鼓中央，以老妇击之，年幼男女则皆周环行走，且歌且笑，亦踩亦舞，甚或为委琐之状，而不之禁，故又谓之跳月。⑤

"跳月"的择偶风俗在有关贵州少数民族的史书记载中，不乏这方面的文字。由此也可推定，"跳月"不仅仅是黔东南地区的非汉族类才有的，应该在西南少数民族中都有这种方式。从本人结合有关文献进行的田

---

① （清）傅为讶：《平苗纪略序》，（清）方显著，马国君等编著《平苗纪略研究》，贵州人民出版社 2008 年版，第 63 页。

② （清）陈世烈：《平苗纪略序》，（清）方显著，马国君等编著《平苗纪略研究》，贵州人民出版社 2008 年版，第 51 页。

③ （清）徐家干：《苗疆闻见录》，贵州人民出版社 1997 年版，第 25 页。

④ 同上书，第 214 页。

⑤ 同上书，第 166 页。

野调查的状况来看，"游方"才应该是黔东南苗族男女青年的择偶方式。徐家干这么记载关于"游方"的情形：

> 男女婚娶，不须媒妁，女年及笄，行歌于野，遇有年幼男子互相唱和，彼此心悦，则先为野合，而即随之以奔，父母不之问也。必俟生育后始通好焉。①

在农耕方面，苗人"聚种而居……刀耕火种，其生性之野蛮洵非政教所可及。"② 因此，在纳入王朝版图150年后，仍然还能看到这样的情形，足以说明一个族类及其文化在社会进程中的自我封闭性和所保持的不易为异质文化所中断的历史惯性。

二　清代移民的家庭伦理特征

如本章第二节所述，清代的贵州移民大致有五种类型：（1）任职贵州各级行政官员的仕宦移民；（2）改土归流，平定苗疆的士卒等军事移民；（3）从地狭民稠之地来到地广人稀的贵州谋求生存与发展的农业移民；（4）从事手工业或商品买卖的工商业移民；（5）传教士或佛教界逃禅的高僧大德之宗教移民。由于儒家伦理文化在构建汉民族性格方面的相似性，无论仕宦、兵士、农民，还是工商业者，他们都是深受儒家伦理濡染的汉文化的物质载体，因此基于这方面的理由，限于篇幅和资料缺载等方面的困难，本部分将第1类至第4类归于移民的一个大类来进行研究，宗教移民由于其特殊性而单列为一个类型。

（一）清代汉文化历史移民的家庭伦理特征

如前所述，清代是中华民族政治制度史上最后一个高度中央集权的封建王朝，也是非汉族类在中原建立的两个大一统政权之最后一个政权。卡尔·马克思的理论告诉我们，经济基础决定上层建筑，有形的、物质性的政权的易主，必然意味着某种传统思维或意识观念的改变。儒家文化作为历朝历代大一统政权的核心价值观，也经历了一个集大成到从内部对其进行反思批判的过程。

---

① （清）徐家干：《苗疆闻见录》，贵州人民出版社1997年版，第167页。
② 同上书，第162页。

　　两汉以来，儒家文化成为中国传统文化的主体，儒学的发展体现了中国传统文化发展的主流，而儒学在产生、发展的历史进程中，亦经历了不同的发展阶段。儒家文化体系自汉代以来，成了大一统政治体系及权力模式的理论辩护者。但是儒家思想体系本身却在不断调适、修正和完善之中。儒学发展的过程就是不断完善自己、弥补原有之不足的过程。尤其是儒、释、道并肩发展让儒学意识到自己的抽象思辨能力不强，且缺乏本体论为依据等方面的缺陷和不足。到了宋明时期，在继承汉代经学正义明道不计其功及"三纲五常"伦理本位的基础上，儒学建立并强化了自己本体论层面上的"理"的概念，建立了宋明理学。宋明理学作为一种哲学体系和价值观念，达到了极致的状态。尤其在作为一种规范伦理的层面上，彻底完成了对汉民族儒性人格的雕琢与构建。"存天理灭人欲"的震天口号和亲亲与尊尊同体并用的伦理规范，全方位全语境模塑了人们的社会生活和家庭生活领域。因为"事事物物皆是理"的定论要求我们随时随地都要"格物穷理"。具体体现在家庭伦理尤其对女性在婚姻及两性问题上忠贞程度的苛刻要求，造成了"饿死事小，失节事大"观念的普遍化和强制性。到了陆王心学的阶段，"心一发动处便即是行"的告诫更是让人在自己思和行上都如履薄冰。

　　清王朝入主北京，宣告了明王朝的终结，也掀起了思想者们对宋明理学在"泯灭人性"家庭伦理观念方面的反思与批判。以顾炎武、王夫之和黄宗羲为代表的思想家们开始总结明朝灭亡的历史教训，也对理学全面否定人欲的矫枉过正观念进行了纠偏，认为人欲在合理限度内的存在应该给予承认。戴震也一针见血地指出理学"以理杀人"的真实本质。

　　清代贵州的汉文化移民族群，尤其是仕宦阶层的移民，必然也受到了此类观念的影响。因为对于读书应举入仕的官员来说，儒家经典及思想体系作为开科取士的主要内容，其学术体系前沿的变化和思想的动态，他们是烂熟于心的。同时也潜移默化地建构了他们的伦理观念和行为准则。官员就意味着掌握资源分配和话语主导的权力，因此不但他们本人能够拥有与宋明理学有所不同的家庭伦理观念，他们还可以通过开办学校、颁布相关政策等给他人灌注这种伦理观念。士卒作为来自中原的耕读之家的汉文化移民，必然也会对儒家学说发展到清代的伦理观念有一个较为全面的认识和掌握。而且在任何时代、任何性质的政权和国度中，军队都是进行意识形态宣讲的前沿阵地，兵士也是最快捷了解统治集团价值观念切换方向的群体。他们屯戍贵州期间，作为贵州的一员，其为儒家伦理文化涵养的家庭伦理观念和行为习惯，则是这一类移民所表现的家庭伦理的共性方面。除了仕宦和士卒以外，工商业者和农业移民也来自儒家文化所涵养的中原地区。无论是屯垦的农民，还是进行商品买卖和手工制作的工商业者，对于后代的教育，都是以读书应举作为终极的目标。因此，对于儒家的价值观念和伦理文化，他们深以为然，并身体力行之。

综上所述，这四种类型的汉文化移民，拥有共同的儒家伦理观念。在家庭伦理文化体系中，节俭勤奋，谨记耕读传家的文化传统，注重亲亲与尊尊同体并用的原则，三纲五常仍然是基本的维系君臣、父子、夫妻之间关系的基本行为规范，不过不同于宋明时期过分偏重于对女性贞洁方面的苛责等。

(二) 清代贵州宗教移民的家庭伦理文化特征

涉及贵州的宗教主要是佛教、天主教和基督教。宗教移民的类型及移民缘由，本章前一节已经作了研究，在此恕不赘述。佛教强调"四大皆空"，佛教教义的基本特征可以用四句话来概括：诸行无常，诸法无我，一切皆苦，涅槃寂静，即所谓"四法印"。清代佛教僧众以前所未有的规模进入黔地的原因是战乱和避世。一些避祸前来的高僧大德建庙立寺，弘扬佛法，给贵州留下了一些佛教名山。如黔东梵净山、黔北禹门山、黔中黔灵山等。① 基督教和天主教是西方宗教，早在明万历年间，意大利传教士就来到中国进行传教活动。自清王朝开始衰落及鸦片战争起，西方各国传教士奉教皇之命并且受到他们国家政府的强势保护，来华传教的规模越来越大，尽管信奉儒家圣人之教的官方和民间都鲜少有人对这些外来宗教感兴趣，当局甚至厌恶动摇其统治基础的这些舶来品，但因为清政府软弱无能，无法按自己意愿驱逐这些从瓜分中国的列强国家来的宗教人士。因此，较之于明朝，传教士在华渗透的区域越来越广泛，信徒越来越多。传教士来贵州传教，大致是在鸦片战争以后的晚清时期。因此，清代贵州的基督教、天主教宗教移民，主要是传教士。

但凡宗教，无论是佛教、天主教还是基督教，都是以一个至高无上、全善全能全智的神作为裁定人来世生活幸与不幸的审判者。皆不关注尘世和此岸的生活，而是向往来生的世界、彼岸的幸福。因此，家庭作为尘世

---

① 参见王路平《贵州佛教史》，贵州人民出版社 2001 年版。

生活的基本构成部分，是不会受到任何宗教的关怀的。这也是儒、释、道在中国并肩前行了若干个世纪虽然互有借鉴和吸纳，但却无法最终握手言和的主要原因。儒家文化模塑了中国文化与文明，基督教和天主教则建构了整个西方文化的形态，并促进了文明的保存与世代传播。在儒家学说构建的中国传统文化中，认为丧失道德是可耻的，因此中华文化事实上是"耻感文化"。而基督教和天主教的《圣经》则告诉信徒：由于人类的祖先亚当和夏娃受撒旦的引诱，挣脱不了生理有机体这一有限性的束缚，偷吃智慧果，因此犯下了原罪。这种原罪通过遗传让人类世代不得超脱，基督教构建的西方文化是"罪感文化"。中西文化基础的异质性决定了儒家思想与基督教的本质差别。传教士进入贵州，广布教会，泛施上帝福音。传教士及其信徒都坚信上帝的存在和恩泽，由此影响甚至阻碍了儒家伦理观念对化外之地及化外之民的劝善作用和功能。从清朝贵州发生的几个教案中就可以看出基督教与儒家正统文化之间的冲突及其不可调和性。因此黔地官员对此加以严厉的打击与控制，只是因为清政府的软弱无能，才最终没有将这些传教士驱赶出去。

19世纪60年代，贵州陆续发生了几起教案。田兴恕等地方官员坚决打击传教士在贵州各民族中的传教行为。教案发生的本质是：儒家文化与西方宗教文化冲突的具体表现。孔孟之道及"三纲五常"的封建礼教是其大一统意识形态的核心价值。儒家文化强调君臣、父子、夫妇之礼。但是基督教和天主教则只尊崇上帝，人的社会生活中没有家庭这个维度和相应的伦理观念。在饱受儒家文化熏陶和饱读儒家经典且通过科举而获取功名的官员看来，天主教是在传播与中国原有之典章文物及伦理观念背道而驰的"异端学说"。长此以往，将会"坏人心术""丧人廉耻"。反对传教的官员这样界定西方宗教：

> 彼教无君父之尊亲，唯耶稣之是奉，是无纲纪也。无骨肉之亲爱，唯主教之是崇，是无伦常也。且已有妻女任其与主教亵淫，则廉耻丧。只敬天主而不祀神祇祖考，则礼义亡。①

由上可知，清代贵州的宗教移民，在家庭伦理文化及其规范方面，是

---

① 王明伦选编：《反洋教文书揭帖选》，齐鲁书社1984年版，第17—18页。

乏善可陈的。以彼岸世界为终极旨归的宗教对于家庭一律采取虚无的态度，遑论调整家庭成员关系的家庭伦理及行为准则了。

从本章的研究可以看出，较之于明代来说，清代对贵州的开发是彻底而不留死角的。消灭明朝残余势力、苗疆生界的征伐、彻底的改土归流等措施的实施，最终将贵州悉数纳入了王朝版图。伴随着王朝势力在贵州的全面深入与渗透，有固定任期的官宦、士卒、"湖广填四川"的农业移民、避祸入黔的高僧大德、传播上帝福音的传教士等各种类型的移民陆续来到贵州。较之于明朝的汉族移民，这些移民和当地原住民之间的空间距离更小，近距离或零距离的相处是一种常态。对于周边的当地居民来说，他们在处理长幼、夫妻及两性关系及家庭教育等方面的行为方式和价值观念上，就有极强的示范效应和模仿空间。且王朝推行的学校教育、官吏的强制措施及传教士的广施上帝福音等行为，也会把相应的伦理观念有意识地植入原住民的行为框架中。这些行为对于原住民家庭伦理等文化观念和行为方式的改变产生了决定性的作用和影响。但总的来说，这些移民都可以分为两个大类：秉持儒家传统的汉文化移民和宗教移民。汉文化移民的儒家伦理观念和宗教移民的伦理观念有截然不同的差异。从一定意义上说，儒家思想的核心就是家庭伦理的哲学探讨，"家"作为一个范畴，是儒家思想的问题领域，在处理家庭成员之间关系的问题上，儒家文化怀着更大的热情且有着丰富的形上理论和形下经验。追求彼岸生活的宗教则不同，无论是笃信什么样的神和什么样的宗教派别的信徒，他们追求的是"与神同在"的超然于世俗生活的至高境界。因此，宗教移民和非宗教的汉族移民对于当地原住民家庭伦理观念的变迁来说，所产生的作用和效果是截然不同的。

第四章 贵州汉"夷"家庭伦理的共振与合流

　　具有异质性文化背景的族群共居在一个时空内，无论是文化还是行为习惯，对于彼此的存在都会经历一个相遇、碰撞、容忍、理解、认同、接纳的渐进式过程。由此可以合乎逻辑地推出如下论断：在历史时空中，汉族移民与贵州当地族类之间的共居与相处，也经历了这样的历史进程。本章对于"汉族"的界定，是从接受儒家文化熏陶的层面，而非仅限自古生活在中原地区的人类学之生物学意义上的汉人。因为清朝统治时期，到贵州任职的不仅是汉族，也有清朝官员和知识分子，但清朝统治者的官方意识形态是儒家思想，因此这些官员都是饱读儒家经典通过科举入仕的，出于研究的方便，笔者基于文化同源的理由将其都归于汉族的论域，因此与前几章略有差别。

　　汉"夷"家庭伦理的共振与合流，是夷汉杂处的必然结果，是不同族属的原住民之间、不同类型的汉族移民之间、汉族移民与原住民之间这三个层次的互动互通、交叉融合。本章第一节拟就原住民中不同族属之间的沟通与融合，以及不同类型的汉族移民之间的联动关系为脉络，来考察各自对家庭伦理的作用和影响。第二节具体阐释汉族移民与少数民族之间的合流途径和方式。第三节研究清代传教士的传教活动与地方文化变迁之关系。

第一节　原住民内部及汉族移民群体之间的沟通与融合

　　春秋时期的华夷观认为，华夏诸国是同胞兄弟，是"有礼义之大"

"有章服之美"① 的文明之邦，除此之外则是夷狄和异族外人。是不知礼
义、不讲文明的野蛮族类，是"禽兽""豺狼"。在整个历史发展过程中，
中原诸政权对非汉族类形成了"非我族类，其心必异"的价值判断。因
此，在对待华夏和夷狄的态度上就判然有别，并由此形成了相应的行为模
式和措施，"内诸夏而外夷狄""德以柔中国，刑以威四海"，面对夷狄威
胁，华夏诸侯各国应当团结起来一致对外。自秦汉以来，华夏诸族逐渐形
成了大一统形式的政权观念，这种观念自此以后根深蒂固地烙印在汉民族
的心里，也成为历朝历代统治者孜孜以求的目标。即使经历了三国两晋南
北朝的分裂，五代十国的割据，各区域的汉文化族群无论因为政权的不同
而经历过多长时间的隔膜与疏离，汉民族都会因为共同的历史记忆而最终
走向统一，接受被其奉为正朝政权的统治。

　　到了明代，随着王朝国力的强大、社会发展及国家防务的需要，贵州
进入了中央王朝的视野，汉民族大一统政权的势力触角伸入了贵州黔中一
带，自此拉开了明王朝大规模全方位开发贵州的序幕。一方面，在荡平滇
黔蒙元残余势力后，为了防范云南因驿路不同而成为异域，调北征南的
30 万大军依照明朝兵制长期屯戍在通滇驿道沿线；另一方面，为了控制
妨碍王朝势力深入贵州的地方土司政权，又不至于激起民变，对于势力较
强的土司（如水西安氏土司、水东宋氏土司），则通过开设驿路，限制土
司活动和居住范围等措施进行节制。对于因内讧而势力遭到削弱的土司
（如思州、思南的田氏土司）直接进行改土设流，在做足了基础性工作
后，于明永乐十一年（1413），建立了贵州布政使司，并列为全国十三布
政司之一，从此贵州具有了和其他省份一样为中央王朝等同视之的合法政
治身份。到了清代，由于南明政权在西南一带的活动及农民武装大西军的
存在，以及大一统的传统观念等因素，清廷沿明旧制，在明朝开发和建设
基础上继续并加大了对贵州的经略。通过戡定苗乱，开始新疆六厅等平定
"苗疆生界"的一系列军事行动，清廷将在贵州的王朝版图扩大了三分之
一左右。

　　明清王朝的一系列开发与经略活动，使贵州涌进了大量的汉族移民。
移民及其所携带的儒家文化和伦理观念以强势而异质的方式介入了贵州社
会发展和演变的进程。对于贵州原住民来说，这些不同族类人群的介入，

---

① （唐）孔颖达等：《春秋左传注疏》卷五十六"定公十年"，北京大学出版社 2000 年版，
第 1827 页。

不仅打断了他们延续若干年的社会秩序和生活模式，而且也意味着异质文化的入侵和利益的受损，这必然会给当地族类造成紧张、恐惧甚至敌对的情绪。在面对异族势力的扩张压力之下，为了抵御非同质他者及其文化的入侵，当地各种平时联系相对松散的非汉族类在各自首领的领导下联合起来，形成了内在的民族联合体或土司集团。他们为了维护共同的利益而彼此声息相通，相互声援，休戚与共。长此以往，这种不同族类（但都同属非汉族类）之间或者土司之间的联合也就实现了家庭伦理文化及风俗习惯的对流与交融。如《明史》记载的明天启年间贵州和四川土司联手起事的"奢安之乱"，就是两大土司在世代联姻基础上抱团抵御王朝势力的典型案例。

与此同时，汉族移民来到贵州，因为共同遭遇背井离乡的命运，而且基于族属、语言文化、伦理规范、价值观念、生活行为习惯相同，以及与当地非汉族类在语言方面的障碍和文化方面的隔膜等原因，使汉族移民彼此的来往与互动较之于在内地时更为频繁与密切。另外，由于从内地来的移民一般都聚居在一个地区，对包括耕地在内的生存空间和利益的占领与攫取必然会激起当地原住民的敌对情绪甚至反抗或攻击性行为。为了保护共同的利益和生存机会以抵御当地族类的觊觎和挑衅，抱团取暖是移民之间的最佳选择。因此，少数民族之间的共同体，汉族移民之间的联动，以及汉族与少数民族之间在斗争与敌对过程中的信息交流与物质文化价值观念的输送等所产生的夷汉家庭伦理观念的共振与合流，是推动贵州家庭伦理变迁的主要因素和根本动力。

一 不同族群之间的沟通与融合对家庭伦理变迁的影响

（一）族类认同与民族共同体的形成

族群（ethnic group）被认为是一个有着内部认同感和外部区分标志的社会群体，很多人类学家还强调这个群体的成员具有共同族源的信念。族群认同（ethnic identity）就是族群的身份确认，是指成员对自己所属族群的认知和情感依附。在人类学历史上，生活在贵州高原的族类很多，《（嘉靖）贵州通志》卷3云："贵州土著蛮夷，族类实繁，风俗亦异。"在20世纪50年代进行大规模民族识别之前，贵州究竟有多少种民族，很难统计。因为这涉及两个不同的维度和立场：

一是汉族人对少数民族的了解和识别。春秋战国以来，华夏文化对中原周边那些文明程度较低却不遵守周礼的部落或族群统称为蛮、夷、戎、狄。但华夏文化从客位立场界定出来的各种族类，其内部成员是否具有这样的族群认同感我们已难以得知，因为很多关于民族研究的史料，都是汉族知识分子站在他者的立场所进行的描述和记录，这在多大程度上吻合于或者偏离于事情本身，由于没有站在其他角度的史料记载的对比，今人已难于判断。这种单一化的夷夏之辨的民族历史观给后来民族族属识别的问题带来了很大的障碍。

二是各非汉族群对自己本身的认识。一般来说，他们对于同源共祖或者生活文化习俗相同，而且在地域上相邻或者相近的族群和部落才会视为自己的同胞。基于这样的评判标准，贵州的少数民族种类就不是汉族知识分子从他者角度所统称的"西南夷"或者"蛮僚"就可以拢而归之的了。

研究明代贵州少数民族之间的交流沟通，首先也要弄清楚这两个问题，并极力避免简单化的倾向。

历代中央王朝对西南少数民族的认识，是随着王朝势力对西南地区的深入而不断加深的。最高统治者向以天子自居，且以为居于九州之中央，九州之外之四方皆"夷、蛮、戎、狄"。对于僻处西南隅的非汉族类，笼统目之为"西南夷"，只知其或者"魋结，耕田，有邑聚"，或"皆编发，随畜迁徙，毋长处，毋君长"[1]。因为宋及之前的历史上，中央王朝与贵州的关系是，或郡国并存，或羁縻，或互不侵犯。鉴于此，王朝势力及汉族知识分子不能深入贵州腹地，因此对这片高原上各族群内部的详情知之甚少，故宋代以前关于贵州少数民族的记载，或者语焉不详，或者直接从最早记载西南民族情况的《史记·西南夷列传》中引用词句来解决有关西南民族的记述问题。但从元朝以军事力量实施直接控制以来，这种封闭状态逐渐被打破。据史志载，元代对贵州的少数民族开始以"西南夷""播州蛮""思州蛮""苗人"（有时泛指，有时特指今苗族）等称谓来统称，相对于之前史书上单一模糊的"濮人、僚人或西南夷"等有所进步，因为毕竟开始注意到贵州不同地域不同族群之差异的情况了。而且对贵州族群种类的认识也逐渐深入，细分为苗人（今苗族）、仲家（今布依族）、侗人（今侗族）、仡佬（今仡佬族）、罗罗（今彝族）、瑶人（今瑶族）、

---

① （西汉）司马迁：《史记》卷一百一十六，中华书局 1959 年版，第 2991 页。

僚人、仵㹮、僰人、木佬、八番、宋家、龙家等类。①

到了明代，在对思州、思南田氏土司改土设流的基础上设置了贵州布政司，在水西土司辖地开设了龙场九驿，为保持通滇驿路的畅通而长期屯戍了大量的军队。较之于元朝来说，明代对贵州的控制无论是从广度还是深度来说，都发生了根本性的变化，对这些族类的认识取得了突破性的进展，称谓也进一步细化。所掌握的当地少数民族情况较之前代也更多些。比如苗族，就有东苗、西苗，生苗、熟苗等不同种类。但由于当时明廷开发和控制贵州的目的仅仅是"借一线以通云南"，没有全面控制贵州，无意于对那些于驿道干线不存在威胁的苗疆生界进行开发或者有意识地了解当地的族类。而且因为担心霭翠等贵州的土司们从中作梗导致"虽有云南，亦不能守"的局面，对土司们持以抚为主的宽容态度，对土司领地内的田亩、户口等亦不予统计和了解，赋税的征收，是以土司或土目的认纳为限。因此对于生界或者土司内部族群生活文化等情况，基本上是一无所知。朝廷在处理民族事务时，往往还是用"诸蛮、苗民"等泛指统称的方式来称谓这些生活在深箐密林中还未曾汉化的贵州原住民。比如正统九年（1444）六月庚寅（十二），右副都御使丁璇奏："贵州所辖乌撒十二卫所屯堡俱属四川、广西地方，与诸蛮人不时出没劫虏。"② 同年六月壬午（初四）因湖广、贵州虫灾，二布政司上奏云"苗民被虫鼠灾伤田禾"，请求赈灾。上曰："苗民亦吾赤子，可坐视其饥窘邪?!"③ 晚明朱燮元在平定奢安事件的过程中，于崇祯二年（1629）上奏朝廷的《陈黔省情形用兵机宜疏》中，开篇即言"臣自历黔境，乃知万山皆苗"，又曰"环黔皆苗，安能尽杀"④，他所剿捕的主要是彝族安邦彦部和奢崇明部，却一再称"苗"者，即泛指也。所谓诸蛮、苗民者，均是对少数民族的统称和泛指。这是汉族知识分子在渐进性地认识少数民族的过程中必然会出现的阶段。

少数民族本身对自己又是怎样认识的，即族群的主体自觉程度如何？从理论上来说，由于各民族在历史发展中，从家庭到家族、氏族、部落再

---

① 侯哲安、黄蕴环：《元代贵州少数民族分布》，贵州省民族研究所《民族研究参考资料》（第五集），1980 年版内部刊印，现藏贵州师范大学图书馆。

② 贵州民族研究所：《明实录贵州资料辑录》，贵州人民出版社 1983 年版，第 296 页。

③ 同上。

④ （明）朱燮元：《陈黔省情形用兵机宜疏》，《清高宗敕选·明臣奏议》卷三十九，丛书集成初编本，中华书局 1985 年版，第 750 页。

到民族，这是一个从数量上不断壮大但凝聚力却不断减弱的历史过程。同一民族或者同一部落在形成和发展的过程中由于同源共祖或者地域相同的缘故，因此在语言、风俗、习惯等方面都有相同性或者相似性。而与别的族群相比较则有鲜明的异质性和差异性，这种相同和差异就是区分不同族属的标志和符号。但事实并非如此简单，原因之一就是族群或部落在发展过程中为了寻找更好的生存空间或者因战乱等而不断迁徙，逐水草而居的人类共性会导致多个族群有可能在条件良好的地域交汇融合，杂居相处。单一民族在独处空间形成的风俗习惯、文化传统等方面的纯粹性就很难保留，各个民族之间的差别和界限就不可能再那么清晰，在取长补短或相互渗透中，彼此的界限逐渐变得模糊。导致族群独特性淡化、界限模糊、人们无法清晰识别自己之民族族属的原因是多方面的。费孝通先生曾经将其归纳为八种情况，其复杂的程度由此可见一斑。① 总体来看，大多数族群能够通过神话故事、口头传说、宗族谱牒等对自己的民族来源、族属关系有一定程度的认识，对其历史发展脉络也有依稀的民族记忆。但亦有些民族对自己部落、宗族的来源语焉不详。导致族属不清的原因可能是多方面的。比如因兵燹战祸屡次迁徙导致部落族群宗族谱牒遗失，或者中央王朝对少数民族的歧视性对待导致他们暂时隐匿自己的身份来源，以规避可能的利益损失和伤害，长此以往，子孙后代对其民族来源就整体失忆等。如主体生活在织金的穿青人，到底是一个单一的少数民族还是汉族，就是一个较为复杂的问题。② 他们自己也无法清晰描述自己的族源或界定自己的族属。

　　以少数民族为坐标，站在汉族的角度来认识，即为来自"他者"的"他视"，是站在客位和旁观者的角度；站在少数民族自身的角度来看，则为"自视"，是从主位和内部认同的角度。"他视"与"自视"、客位与主位之角度不同，其结果就会有所不同。以彝族为例，根据汉文献的记载，彝族在明代往往被称为"罗罗"（有时写成倮倮、猡猡），有黑罗罗和白罗罗之分。清代的官员往往以"彝"取代"夷"来指称，到20世纪50年代民族识别后，才固定以"彝"来称呼这一族类。但他们自称却多种多样，计有诺苏、诺苏濮、阿西濮、格濮、聂苏濮、罗武、所都、撒

<hr />

① 参见费孝通《关于我国民族的识别问题》，《费孝通民族研究文集》，民族出版社1988年版，第159—160页。
② 参见杨然《穿青人问题研究》，中央民族大学博士学位论文，2006年。

苏、六米、堂郎让、希期、罗罗濮等上百种。① 黔西北地区的彝族自称为娄素或娄素濮，很少有自称罗罗的，根据民族调查的结果，对大多数彝族支系来说，"罗罗"都是局外人强加给他们的，是最常见的"他称"。他们自己则并不认可这种区分与划界，甚至认为这是一种侮辱性称号。罗罗一词在当时确实带有歧视性的色彩，写作"猓猓""猓猡""罗鬼"等，并常常加上"性类犬羊"之类的评价。可是，为了沟通的需要，他们在与汉族官员打交道的过程中又不得不以广为汉人熟悉的"罗罗"来定义自己的身份和族别。

例如，嘉庆年间大定府平远州发生了一桩命案，彝人陈阿佃赴京控告，其供词中称："我系贵州平远州倮倮，年三十八岁，在本州向化里居住。我们土司头目安达屡次向众倮倮派敛银两……"② 这就是多民族融合过程中呈现的特殊现象。同时也表明在认识少数民族的过程中"客位认识"与"主位认识"之间的冲突与错位。

从以上的讨论中可以得出两点结论：一是清代中央政府对贵州少数民族的认识与此前的历史时代相比较为深入，但同时也存在很大局限，往往将此区域所有族类统称为"苗""夷"或"蛮"；二是大多数族类对自身的认识较为清晰，但也有不少族类对自己的认识模糊不清，缺乏主体自觉。由这两个特点，衍生出第三个问题，即民族共同体。中央政府对少数民族的政策是统一的，未加细分，不论其为何族类，统统视为"夷"。影响朝廷政治决策之差异性和偏向性的，往往只有两种民族，一是汉，一是"夷"。这就使得那些汉族以外的其他族类在面对汉"夷"关系时，因为利益或者遭遇的一致性，往往自视一族，形成利益共同体。当然，这些民族之间也有冲突，但他们在对外的过程中，很容易团结一致。并由此而加强了彼此的沟通与交流，家庭伦理文化等价值取向方面开始趋同。

中央政府对少数民族的控制，往往要借助土司的力量，同时为防止个别土司过于坐大，又不得不采取"以夷制夷""以土官治土民"的策略来

---

① 参见杨成志《中国西南民族中的罗罗族》，《地学杂志》1934 年第 1 期抽印本；参见方国瑜《彝族史稿》，四川民族出版社 1984 年版，第 7 页；参见自文清《彝族自称考释》，贵州彝学会编《贵州彝学》，民族出版社 2000 年版。

② 中国第一历史档案馆藏，乾隆朝军机处录附奏折，缩微号：585—1084，嘉庆十三年闰五月二十九日，宜兴、英和、多庆，"谨奏为请旨事"。供词中的"倮倮"似乎并非作记录的胥吏擅自加上去的，因为如果陈阿佃不讲明自己的身份，京城的官员与胥吏们是不会知道他是"倮倮"的。

钳制。贵州宣慰使司是明朝贵州最大的土司，由水西安氏和水东宋氏共同构成。水西安氏历史久远，从他们的祖先济济火协助诸葛亮征南中迄至明朝，已经是一千多年的历史，而且辖区辽阔，从贵阳西北一直到今毕节地区，均为安氏领地，居民以彝族为主体。水东宋氏本是早期定居贵州的汉族移民，所辖居民除汉族移民外，尚有布依族、苗族、仡佬族、彝族、毛南族、瑶族、土家族等民族。水乐安氏终明一世任职"贵州宣慰使"，水东宋氏则任"贵州宣慰同知"，这正是朝廷"以夷制夷"，使之两相钳制的策略体现。据《明史·土司列传·贵阳府》："安氏世居水西，管苗民四十八族，宋氏世居贵州城侧，管水东、贵竹等十长官司，皆设治所于城内，衔列左右。而安氏掌印，非有公事不得擅还水西。"① 于此可见朝廷经营之苦心。

由于少数民族错居杂处的特点，朝廷采取"以夷制夷"的策略来控驭。比如安顺军民府下辖六个长官司和一个安抚司，分别管辖着不同的民族。大致而言，普安安抚司，即后继的普安州，主要统辖彝族居民，并兼管部分苗族、布依族和白族居民。慕役长官司的长官家族为彝族，辖境内的主体居民则是布依族。顶营长官司的长官家族也是彝族，统领的居民以彝族为主，苗族次之，也有少数布依族。十二营长官司的长官家族也是彝族，其下属居民主要是布依族，其次是苗族和仡佬族。康佐长官司的家族为布依族，统领的主体居民是布依族，但却承担着招抚生界内苗族的重任。西堡长官司的长官家族为彝族，统领的居民则主要是苗族和仡佬族。宁谷长官司的长官家族出自彝族，统领的主体居民却是布依族。② 可见，明代安顺地区民族杂居错处，其势力最强最大的是彝族，其次是布依族。这种现象充分体现了朝廷通过土司控制民族地区的特点，也是少数民族关系的最好说明。基于这样的特点来解读历次少数民族的反抗战争，不难发现所谓的平苗、平蛮，并非汉族与单一少数民族苗族之间的冲突，而是汉族与整个相互联系的众多族属不同的族群之共同体之间的矛盾。

（二）民族共同体的形成与家庭伦理的交融

较之此前的历史时期，两汉时期的"郡国并存"，唐宋王朝的"羁縻制度"，以及元朝全面的土司等都远不及明清中央王朝对贵州控制和开发

---

① （清）张廷玉等：《明史》卷三百一十六，中华书局2007年版，第8170页。
② 参见罗康智、王继红《明史贵州地理志考释》，贵州人民出版社2008年版，第82页。

的力度。国家权力机构的进驻，以及相应的大量汉族移民的进入打破了贵州原生态社会的宁静，使社会变迁的自然进程遭到人为的阻断和转向。

从不同的立场来看这种阻断和转向，就会得出截然不同的结论。对于中央王朝来说，是国家版图的扩大、大一统观念的有效贯彻，更是对少数民族的教化，使之"遵声教""懂礼仪"，使之从蒙昧、野蛮、愚昧状态向文明进步状态转变，因此具有积极的意义。但是从贵州各族群的立场来说，汉人的进入和王朝的开发则意味着异族的入侵和自己原有生活方式的改变或者丧失，并且因为赋税的征收更使他们感觉到剥夺与压迫的强制。为了抵抗来自同一族群和势力的压迫与征伐，之前各族群之间毗邻而居却不相往来的状态被打破了。因为除了团结起来、共同反抗以外，他们别无选择。如洪武十一年（1378）至洪武十八年（1385）间，林宽领导的侗族和苗族联合的反抗斗争，洪武三十年（1397）林宽所领导的起义①，还有雍正朝的苗乱，咸同年间的苗民起义等。在面对相同压力的情况下，各族群之间以往的差别与纷争都会暂时搁置，求同存异，共同抵御强势入侵者是他们唯一的选择。族群之间的这种联合，对于家庭伦理价值取向、风俗习惯等方面的沟通与融合有着积极的作用。因为在交往过程中，行为习惯等方面彼此之间就会有意无意地互相借鉴、取长补短。由此缩小甚至消除了彼此的隔阂与成见，族群之间的交往还包括不同族群之间缔结婚姻这种方式。婚姻更容易融合双方在价值观念等方面的歧见，婚姻家庭的世代繁衍最终会彻底消弭曾经的来自两个不同族群个体之间的分歧，而且会产生新的族群，由此产生出新的家庭伦理观念及风俗文化习惯。这对于家庭伦理从多元、差异突出到融合、趋同等现象都明显起着决定性的作用和影响。比如在婚俗方面，贵州除了苗族以外，还有一些民族也有通过"跳月""游方"等自由择偶方式选择伴侣，以及同姓不婚的禁忌。婚姻习俗的趋同性表明各民族之间的交流与融合真实发生过且正在发生。

二　移民之间的联动与家庭伦理发展演变的关系

终明一世迄至清朝，贵州的汉族移民从规模和数量上讲都是有史以来最多的。这种移民潮一直延续到清嘉庆年间。这个阶段大定府的汉人移民户数与人口数之比已经从乾隆十四年（1749）的 1∶1.34 发展到道光二

①　参见何任仲主编《贵州通史》，当代中国出版社 2002 年版，第 12—18 页。

十六年（1846）的 1：4.9。这表明移民潮渐趋平息，先前的移入者已正常定居，繁衍子嗣。[①] 他们因为各种原因或为着不同的目的来到贵州，从而形成了各种类型的移民。比如因屯军而来的军户；因响应"移民就宽乡政策"之号召而来的耕垦之民；追逐利益而来的商贾；还有迁谪之士，逃徙之民，任职贵州的仕宦，逃禅而来的僧侣等。这些移民进入贵州后，其世代繁衍的子孙后代在历史的发展中逐渐通过各种途径改变了其入黔始祖原本所具有的社会身份和地位；也有一些移民因为国家制度在某些方面的严格限制而导致世代不改其身份。比如军旅之士，因为明代的军户制度使之很难改变其角色身份和地位。但是汉族移民因为相同的文化背景、共同的价值取向，使他们内部更容易联合起来，形成一个移民的生态圈。比如贬谪之人与官宦的交往，知识分子之间的联动等。汉族移民内部的沟通与往来，对于儒家家庭伦理文化在贵州的传播与发展，以及贵州家庭伦理的变迁，都起着至关重要的作用。

（一）移民生存状态的不同类型

以汉族为主体的移民迁徙至贵州后，其本身也在发生各种变化。在历史的发展过程中，即使是限制相当严格、难以实现身份转换的军户及军事移民也会分化为继守原有军户身份的移民后裔和通过科举考试跃升为仕宦阶层的移民后裔这两种，归纳起来约有两种情形。

1. 历代为军职型

以入黔顾氏为例。黔地顾氏，入黔始祖为顾成，据《香炉山顾氏宗谱》及《明史·本纪》记载，成字景韶，祖籍湖南湘潭，祖父以渡船营生，往来于江淮之间，日久定居扬州。后归附朱元璋，因战功授凤翔卫百户、金吾卫千户、彭城卫指挥等职。洪武四年（1371）同征虏大将军傅友德攻成都，升成都后卫指挥佥事。洪武八年（1375）入黔，屡平苗乱，升普定卫指挥使。洪武十五年（1382）春，明军远征云南，顾成出守普定，扼其后路。洪武二十九年（1396）七月，因从征有功，升任右军都督府都督佥事，佩征南将军印。洪武三十一年（1398）奉诏返京，建文元年，任右军都督。"靖难"事发，从耿炳文出兵抗御。在真定被絷，缚送燕王。朱棣不杀，且命辅佐世子居守。燕王即位，论功封镇远侯，食禄

_____

① 参见温春来《从"异域"到"旧疆"》，生活·读书·新知三联书店 2008 年版，第228—230 页。

千五百石，命仍镇贵州。永乐六年（1408）三月，年逾古稀的顾成奉诏还京。同年（1408）六月二十四日，顾成复受命，再次入黔。永乐十一年（1413）春，思州、思南两宣慰司土官构兵，顾成受命平定。叛乱既平，朝廷遂于当年设贵州行省，以总八府，结束川、滇、楚三省分治贵州的历史。也就是说，顾成平定思南、思州之乱，促成贵州省治的建立，功不可没，名垂青史。永乐十二年五月二十五日（1414年6月12日），顾成在贵州任所病逝，享年八十有五，朝廷晋赠夏国公。

顾氏入黔后，子孙繁昌。顾成诸子，谱牒不明载。但据《香炉山顾氏宗谱》可知，其长子为统，曾任普定卫指挥佥事，建文元年因曾投降燕王牵连被诛；庶子勇承袭贵州卫指挥同知；庶子绲，曾任镇蛮将军镇守遵义。以上为入黔一世。勇子无考；绲生二子兴宗、兴祖，因统无子，遂将绲之次子兴祖过继续嗣。以上为入黔二世。顾成死后，荫及三子，兴祖嗣镇远侯，勇嗣普定卫都指挥使，兴宗嗣贵州卫指挥千户。以下据《香炉山顾氏宗谱》列香炉山顾氏明朝八代宦绩表，可见一斑。

香炉山顾氏明朝八代宦绩表

世　代	名　讳	官　职	镇守地	追　封	备　注
入黔一世	绲	任指挥来黔	遵义	镇蛮将军	
二世	兴宗	世袭千户指挥	贵阳	威武将军	
三世	诚	世袭千户指挥	都匀	昭勇将军	
四世	旻	世袭千户指挥	香炉山	武毅将军	自此移镇香炉山
五世	良相	世袭千户指挥	香炉山	广成将军	逸入苗疆
六世	骃	世袭千户指挥	香炉山	武略将军	
七世	德政	世袭千户指挥	香炉山	振武将军	
八世	承勋	世袭千户指挥	香炉山	平蛮将军	

从上表可知，顾氏一族在明朝主要任军职，虽然《香炉山顾氏宗谱》上说绲等"生平酷嗜经史，器识宏深"，然从《香炉山顾氏宗谱》来看，少有任文职者。这是与接下来要考察的陈氏和汪氏在明代中后期发生弃武从文的转型不一样的地方，因此能够成为明代军事移民发展演变的一个重要典型。

2. 通过科举改换门庭型

不同家庭后裔通过科举来改换门庭，发生的时期有早有晚。在入黔第二代即发生变换者，其著例为黔腹汪氏。入黔始祖汪灿公，系汪华公第八相公支派后裔，后因洪武十四年（1381）调北征南留守普定卫（今安顺），钦封世袭千户所百户指挥之职。灿公始建立祠堂于安顺府城南门内，其地名曰青龙山，前殿太祖金容，后殿设列各位夫人，合族先王神主俱供在内，每年正月十八日太祖圣诞之期，凡属汪氏五房宗支会祭祀典，祠堂立甲山庚向，前面排列双童侍讲，后耸三公笔文峰左右，罗城周密，族当发贵，即此地也。①《汪灿公墓志铭》（灿公传略）记："公十八从军，历任九夫长、镇抚军官。洪武十四年奉旨南征，统军入黔，平靖黔境，因功钦封，奉为普定卫（今安顺）世袭千户所指挥之职。公由此留守黔腹，宅居安顺姬龙街。后娶黄公之女为妻，共生五子，长子汪福、次子汪祯、三子汪祥、四子汪裕、五子汪祚。此即后世所谓的五房宗支。"② 这是入黔汪氏最主要的一支。此外，如志书所载，汪氏是徽州大姓，还有其他汪姓入黔，如汪恕等，而来自徽州或与汪氏有亲戚关系的人就更多了。

入黔汪氏的强势，通过官方建立神祠提高地位和影响，再通过科举改换门庭来实现并维系。从洪武十四年（1381）汪灿随军入黔，至正统十二年（1447）汪祚中举，约在迁入后的 60 余年间，普定卫汪氏基本上完成了身份的变换，其后不断产生的举人和进士，加强了地位的稳固性。可以推知，汪公信仰先是被作为改变入黔汪氏社会地位的手段，而后随科举进入地方社会上层的汪氏家族身份地位的改变，极大地扩展了传播面，逐渐形成了屯堡地区移民社会认同的标记。

黔腹汪氏科举及任职表③

姓　名	世　系	科　举	任　官
汪祚	二世，汪灿第五子	正统十二年（1447）举人	云南通安州知州
汪钟	三世，汪灿长子汪福之子	成化元年（1465）举人	云南广南府
汪汉	四世，汪钟之子	成化十年（1474）举人	云南云屏州学政
汪润	四世，汪钟之子	弘治十七年（1504）举人	桃源教谕、广州府推官
汪大章	五世，汪汉之子	弘治八年（1495）举人 弘治十二年（1499）进士	浙江提督学政 云南布政司左参议
汪大量	五世，汪汉之子	弘治十四年（1501）举人	湖广德安知府

① 参见汪希鹏主编《汪氏宗谱》（颍川—黔腹），2001 年印制，第 48—49 页。
② 汪希鹏主编：《汪氏宗谱》（颍川—黔腹），2001 年印制，第 63 页。
③ 据汪希鹏主编《汪氏宗谱》（颍川—黔腹）灿公后裔科举考试题名表明代部分，第 581 页。《（嘉靖）贵州通志》卷六《科目》，《（万历）贵州通志》卷六《普定卫·科贡制》，汪祚任官据《（嘉靖）贵州通志》。

姓　名	世　系	科　举	任　官
汪大宜	五世，汪润之子	正德八年（1513）举人	云南蒙自知县
汪大有	五世，汪润之子	正德十一年（1516）举人	浙江金华知县
汪大智	五世，汪灿次子汪祯支	正德十二年（1517）优贡	四川长寿知县

有明一代，汪氏家族随着社会变迁而沉浮。在世袭军户制和屯田制衰颓以后，汪氏长房七世汪国泰，于明末从六枝木岗镇嘎老塘移居丁旗。他因兼营工商业，家声大振，跻身于丁旗大户之首。从军人到入仕，再到经商，汪氏长房一支的生活经历，是与社会变迁紧密联系在一起的。

通过科举改换门庭发生在明中后期者较多，以黔南陈氏为例。黔南陈氏一族，本江南扬州府江都县太平桥剪刀巷人。入黔始祖陈旺，洪武九年（1376）以军功钦除河南都司祥符卫左所百户，敕封昭信校尉，洪武十六年（1383），调平坝卫左所百户。世居平坝百户卫所，五代单传，旺生亮，亮生二子善、学，善乏嗣，学生景，景生鉴，鉴生五子琮、琳、玢、瑜、珣，至第六代始壮大。至第八代陈懿，始入学读书，弃武从文，陈氏"入文庠自公始"。陈懿善读书，着意家庭教育，生四子，长子达道、次子乾道、三子忠道、四子君道，其中达道中万历（1609）己酉科举人，君道为岁贡，后均仕于文职。因长子达道之故，懿得朝廷诰封文林郎、晋赠中顺大夫。陈氏入黔第九代共10人，入仕者4人，载道、王道、达道、君道。其中载道为世袭卫所百户军职，这也是陈氏世袭军职的最后一次，自此不再有世袭。[①] 以下是陈氏入黔仕宦科名表。

明代黔南陈氏仕宦科名表[②]

	名　字	世　次	仕　宦	科　名
1	旺	一世（入黔始祖）	平坝卫左所百户	
2	亮	二世　望子	原任湖广都司安陆卫后所副千户，洪武二十二年降除平坝卫左所百户，洪武三十一年升本所正千户	

① 《黔南陈氏族谱·历代事要一览表》云：左所百户世袭至第九代载道止。《黔南陈氏族谱》为民国二十一年（1932）陈氏族人所修，由贵阳文通书局刊印，藏贵州师范大学图书馆线装书库。

② 此表据《黔南陈氏族谱》制作。

	名　字	世　次	仕　宦	科　名
3	善	三世　亮长子	袭平坝卫左所百户，调征广西，正统二年在营次寿终	
4	景	四世　学子	袭平坝卫左所百户，正统十三年调征云南麓川等处，正统十四年征老倒寨，景泰三年征大小乖西等处，以战功著	
5	鉴	五世　景子	天顺五年袭平坝卫左所百户，天顺七年调征黎平、赤溪、南洞等处，成化元年征永宁都、掌等处，复调征都、掌哨攻狭寇，特邀上赏	
6	琼	六世　鉴长子	弘治三年袭平坝卫左所百户，弘治七年调清平丹溪堡守御，弘治十八年调广西后路守御	
7	相	七世　琼子	正德十二年袭平坝卫左所百户	
8	恩	八世　相子	袭平坝卫左所百户，嘉靖二十二、二十六年等调征铜仁等处	
9	载道	九世　恩长子	袭平坝卫左所百户	
10	王道	九世　志子	河南延津县知县，诰授文林郎	岁贡
11	达道	九世　懿长子	四川泸州江安令，遵义军民府推官，重庆府推官，合州知州，叙州府同知，升夔州府知府，诰封中顺大夫	万历己酉科举人
12	君道	九世　懿四子	福建南安县训导，山东武定州学正	岁贡
13	一贯	十世　王道子	直隶任邱县知县	岁贡
14	一爵	十世　达道三子	广西平乐府通判，运盐三次有功，调梧州府通判，升云南蒙化府同知，丁父艰，服阙补湖广武岗州知州，迁宝庆府同知，升宝庆府知府，因兵乱未任，后本省巡抚杨公题奏，补云南寻甸府知府	岁贡
15	一鹏	十世　达道四子	四川遵义府经历	岁贡
16	位	十一世　一贯长子	广西宜山县知县，诰授文林郎	岁贡
17	杰	十一世　一贯次子	四川江安县知县，改选清平县教谕，诰授文林郎	拔贡
18	三王	十一世　一贞子		岁贡
19	祥士	十二世　位次子	四川庆符县知县，工部营缮司主事，兵部武库司员外郎，诰赠文林郎，晋赠中宪大夫	拔贡

从上表可知，明代陈氏仕宦，共 12 代，19 人。其中世袭武职 9 人，文职 10 人。在第九代至第十二代仕宦为文职的 10 人中，其科名为举人者

1人，拔贡2人，岁贡7人。由此可见，陈氏一族至第九代始完成了由低级军官向读书向举入仕之家的转型，其时约在万历前后。这也是入黔下层军官发展演变的一个典型例子。

（二）移民间的联动及其对家庭伦理变迁之影响

汉族移民到贵州，因为语言和文化的差异，所以交流和沟通就存在很大的困难，从而与当地少数民族之间存在隔膜，相互间戒备心理很重。但是在汉族移民之间，则存在很多可以沟通和交流的基础。比如共同的文化和价值体系背景；相同的遭遇（都背井离乡，远离亲人）；同属一个利益共同体（比如仕宦之间的交往）等。较之于当地原住民来说，移民之间更容易交往，在移民内部较之于不同阶层来说，同阶层同利益群体的人又更容易沟通。移民之间多层次多角度的这种联动，自然就形成了一个移民社会群体的生态圈，移民的联动构建了这个生态圈并可以从这个生态圈中获得物质需求和精神满足。因此儒家家庭伦理文化及习俗更容易在这种圈层中传播。但移民本身又属于贵州人员构成的一部分，所以对于贵州家庭伦理的变迁也是一个直接的推动因素。

本书主要以出土墓志为背景资料来阐明此问题。根据贵州省博物馆编《贵州省墓志选集》所录第八、九、十、十一、十三、十四号詹氏家族等墓志文来厘清明初至明中期贵州各类型移民之间的相互联系，寻绎家庭伦理发展演变的内在动力。其中詹英墓志刻于成化二十一年（1485），詹木墓志刻于弘治十六年（1503），詹恩墓志刻于正德二年（1507），詹木妻墓志刻于正德十一年（1516），詹候墓志刻于嘉靖三十四年（1555），詹惠墓志刻于嘉靖三十六年（1557）。墓志文的撰写和镌刻在古代是一件十分重要的大事。一方面它是朝廷史馆等机构据以编纂国史实录的材料；另一方面它也反映了墓主家族在当时社会上的地位和影响力。墓志撰写者与墓主家族之关系一般都是比较亲近且彼此了解的，或亲友或同僚，换句话说，是经常进行情感交流和文化沟通的志同道合之人。因此，从墓志的内容和墓志的撰作者为切入视角来考察移民之间的关系，应当说是比较可靠的。

据墓志记载，詹氏家族入黔第一代为詹珍宝，原籍江西玉山，永乐年间知定襄县，因事谪戍贵州，是为贬官。珍宝生子源，未仕，是为入黔二世。源生子英，乡贡进士，先后任职四川会川（今四川会理）卫学司训、云南河西县学教谕，是为入黔三世。英生二子，长子木，次子墓志阙名，木从武，授贵州卫中千户所百户，是为入黔四世。木生二子恩、惠。恩进士及第，任职大理寺寺副；惠为程番府学弟子员，是为入黔五世。恩生三子云表、云章、云行。云章袭职百户，是为入黔六世。云章子春阳，娶贵州前卫守备指挥谢钦之女，是为入黔七世。①

　　在上述六方墓志中，从撰作者和篆刻者来看，有这几个人物较为重要，反映出移民之间的联动，他们分别是王训、王守仁、汪大章、汪汉。

　　王训是詹英墓志的撰作者，墓盖题为"诰封武略将军前贵州宣慰使司儒学教授"。王训，《（弘治）贵州图经新志》有传，字继善，昌黎人（今北京通县），明初迁徙贵阳，18 岁向宣德朝上《保边政要》八策，得到朝廷的赞许，宣德十年（1435）中云南乡试。明王朝建立后，经过半个多世纪的治理，政权业已巩固，遂逐步开始兴办边远地区的教育。宣德八年（1433），佥事李睿奉命到贵州组建府学、卫学，次年王训被任命为贵州宣慰使司儒学训导。正统六年（1441），升任儒学教授。他在儒学馆舍后建起一座藏经阁，收藏朝廷赐书和其他书籍。这座藏经阁是贵州的第一座官方图书馆。《（弘治）贵州图经新志》称赞王训说："教法严整，文化以兴，足以绵蕤后来，蓍龟多士。"② 王训和詹英的关系，据墓志所云"训以龆龀交于先生，殆将七十年矣"来看，詹、王二人交情久远且深厚。正统十三年（1448），兵部尚书王骥奉命率 15 万大军征讨麓川（今云南陇川），王训被调至王骥军中。麓川战役结束后，时任会川卫学训导的詹英，向朝廷参劾王骥和总兵官宫聚，列举了军中种种邪恶风气及卑污行为，一时影响甚巨，"士论高之"③，英宗甚至要詹英入伍佐战。会川距麓川千余里，詹英是如何得知这些情况的？今据墓文推断，当年詹英得到麓川战役的信息当来自王训，可见二人交情之深厚。

　　王守仁，是詹木妻越氏墓文撰作者，墓盖题为"赐进士出身余姚王守仁"。阳明先生字伯安，浙江余姚人，正德元年（1506）触犯宦官刘瑾，谪贬为贵州龙场驿（今修文县治）丞。之所以撰作墓志，是因为与墓主越氏之子詹恩同年。詹恩为詹木与越氏之子，字莅臣，弘治己未

　　① 参见贵州省博物馆编《贵州省墓志选集》，贵州省内部书刊，1986 年印刷，第 19—41 页。

　　② （明）沈庠修，赵瓒纂：《（弘治）贵州图经新志》卷三，巴蜀书社 2006 年版，第 39 页。

　　③ 同上书，第 43 页。

（1499），与王守仁同榜进士，正德元年（1506）去世，年仅 33 岁。墓志云："予年友詹莔臣既卒之明年，予以言事谪贵阳，哭莔臣之墓有宿草矣。登其堂，母孺人之殡在，重以为莔臣伤。见莔臣之弟惠及其子云章，则如见莔臣焉。惠将举葬事，因以乞铭于予。予不及为莔臣铭，铭其母之墓又何辞乎。"①

汪大章，是詹恩墓志的书写者，墓盖题为"进士出身文林郎直隶广平府曲周县知县乡人汪大章"。《（弘治）贵州图经新志》卷十四《普定卫·科甲》：汪大章"弘治八年举人，十二年进士"②。由此观之，汪大章为詹恩书写墓志文不为无因，盖二人均为弘治己未科进士，为同乡加同年之关系，相当密切。汪大章属普定卫，即今安顺人，詹恩属贵州卫，即今贵阳人。汪大章也是移民后代，属于徽州汪氏入黔第五世。据汪希鹏主编《汪氏宗谱》（颍川—黔腹），黔腹汪氏之入黔始祖汪灿，系汪华公第八相公支派后裔，后因洪武十四年调北征南留守普定卫，钦封世袭千户所百户指挥之职。入黔一世汪灿本系武职，但利用当地汪公信仰立汪公祠，扩大家族影响，在入黔的第二代即完成由武职向文职的转型。入黔二世汪祚为汪灿第五子，正统十二年（1447）举人。此后代有科名。三世汪钟，系汪灿长子汪福之子，成化元年（1465）举人；四世汪汉、汪润分别为成化十年（1474）举人和弘治十七年（1504）举人；五世汪大章，汪汉之子，弘治八年（1495）举人，弘治十二年（1499）进士。③

汪汉，是詹木妻越氏墓志书写者，墓盖题为"乡进士奉直大夫云南北胜州知州嘉禾汪汉"。此汪汉是否为安顺汪大章之父，尚不能确定。汪大章之父汪汉，据《汪氏宗谱》载，字景照，汪钟之子，成化十年举人，历官学政，诰赠文林郎。④ 与墓盖所题不合。但这个问题不影响这里的论述。

从以上所列出的与詹氏家族墓志密切相关的这些人物来分析，不难得出这样的结论：詹氏本身应当说是贬谪一类移民，他们因贬谪入黔，但家

---

① 贵州省博物馆编：《贵州省墓志选集》，贵州省内部书刊，1986 年印刷，第 30 页。

② （明）沈庠修，赵瓒纂：《（弘治）贵州图经新志》卷十四，巴蜀书社 2006 年版，第 155 页。

③ 参见汪希鹏主编《汪氏宗谱》（颍川—黔腹）所附录《灿公后裔明清两朝科举考试题名表》，2001 年印刷，第 581 页。

④ 参见汪希鹏主编《汪氏宗谱》（颍川—黔腹）所附录《入黔始祖汪灿公之后人物表》，2001 年印刷，第 583 页。

道并未因此中落，而是在动荡中积极利用各种有利条件发展家族事业，特别是詹英，因敢于参劾兵部尚书王骥而一举成名，詹氏家族在有明一代以一举人、一进士的科名成功立足于首府贵阳，当得益于此。因之，詹氏家族可作为贬官一类在贵州发展的代表，此其一。其二，王训也是明初迁移贵州的，亦属于移民一类。他直接参与贵州开发，被莫有芝誉为贵州"开草昧之功"的第一人。他与詹英共同维护朝廷利益，敢于向损害王朝利益的势力作斗争，是儒家忠君思想价值观趋同的体现。其三，王守仁是贬官一类的典型，他在贵州的社会交往和人际关系，是其时生存状态和思想变化的具体反映。虽然他是以科举同年的身份为詹恩之母越氏撰墓文，但此一举动亦可以看出他愿意并希望与汉族移民及其后代沟通交流的心态，因为按理来说，他是罪谪之人，仕宦阶层对他唯恐避之而不及，但是詹恩作为汉族移民的后代，则与之交往甚笃。所以，这件事情典型地反映了汉族移民之间的联动，以及在儒家文化背景下的认同与皈依。其四，汪大章为同年詹恩书写墓志，本无可议之处，但因他是军事移民之后代，代表基层军官入黔后发展演变的一种样式，因此他与詹恩之间的关系，可视为贬官与军事移民相互联系的缩影。军事迁移与官员贬谪本是两种性质不同的移民类型，但因同为汉族的关系，在"夷"多汉少的边远之地，容易在信仰、习俗、利益等方面相同的情况下形成共同体。其五，如果说一世、二世是入黔家族事业的开创者，那么，五世、六世则可视为深受移入地文化社会影响并因此而改变的移民后裔，而且历经五六世这么久远的岁月侵蚀，地域文化应该取代了其入黔始祖的文化体系。但是他们却力邀王守仁为其母亲写墓志铭，这表明移民后裔对贵州文化和地域的不认同以及强烈的寻根情结。可见儒家文化历经五六世而不衰。因为王守仁尽管是贬谪官员，但是他却实实在在是代表儒家文化的典范。

这种汉族移民之间基于风习、信仰和利益基础上的联盟，对家庭伦理观念发展演变的影响是十分明显的。具体的体现是：一方面，巩固和加深了汉族家庭所长期秉持的儒家伦理观念。在与少数民族交流融合的对弈过程中，由于势力的增强和地域范围的扩大，使其更有信心、耐心和力量来培育并繁殖儒家家庭伦理文化，并使之践履于意识观念和日常行为之中。承载儒家文化背景的汉族移民以自我确认的无以复加的文化优势居于原住民之上，他们认为原住民的生活行为习惯及其所承载的文化代表落后与蒙昧，而儒家文化则代表进步与文明。并因此抗拒在他们看来粗鄙而野蛮的当地原住民的家庭伦理观念，他们注重的是在汉族移民之间的沟通与联络。汉族移民及其后裔之间自成的系统非常牢固和封闭，这对于儒家文化在汉族移民之中的世代传承，汉族家庭伦理较为原生态地被保存下来，是有积极作用的。另一方面，这种自发形成的"优越"的自闭团体和社会组织超越于周围的人群之上，与当地的原住民鲜有往来。这种状态阻碍了民族融合进程，对于儒家家庭伦理与少数民族伦理文化的融合产生了一种阻抑作用。尽管士绅或者官员也积极地通过兴办书院、社学等教育机构用儒家文化去同化当地居民。其目的也是为了加速当地民族对以儒家文化为意识形态的中央王朝的认同，接受并归顺明王朝的统治与管理，但是由于交往与沟通上的疏离与歧视，使之无法感受儒家文化的魅力与优越感，很难从情感上接受儒家家庭伦理并身体力行。因此儒家伦理文化在各民族之间的传承与发展就很缓慢。但是，汉族移民及其后裔民间的、内部的密切联络与沟通，对于维护儒家传统在他们家族内部的长久性和纯粹性却是具有建设性意义和价值的。

儒家家庭伦理观念在汉族移民及其后裔中的传承与发展，除了具有理论和逻辑上的可能性外，还有家族谱牒之类的资料可以佐证这种观点。比如安顺屯堡《鲍氏家谱》记其原籍徽州歙县，于洪武二年(1369)迁徙贵州普定卫，卜居永安屯。成书于道光十年（1830），民国十九年续修之族谱，继前贤之传统而为规则数条，其关乎家庭伦理者有：(1)谱系图由一世至五世为一行，所以明五服之亲。转行由五世至九世为一行，所以明九族之义。(2)凡历代碑铭传记著有忠孝节义者，敬于本支之内节录之，可以表实德而励后人。(3)凡不幸无子立继者，必书"入继"二字以明之，其出继者，必书"出继"二字以明之。(4)族内有娶同姓为妻及渎伦者，不准入谱。(5)妇人以节为重，一与之齐，终身不改。倘不能守节，改适他氏者，明书改适他氏以黜之。 (6)族中节妇有无子者，以亲支承继。(7)族中有不幸无子者，以亲支承继。如亲支碍难择者，以择远支承。夫继承继宗祧之理，原为血统关系。故我前辈先祖正名定分，饬纪敦伦，早已垂为禁戒。近以族大支繁，兼之人心不古，妄以女接异性作螟蛉子，而乱同宗条规。如有违背，凭众族长处理，并将接义子之家房屋田地归祠，饬伊转归，原姓革除，不准拜扫坟茔，以昭儆戒。[①]《黔南陈氏族谱》之

---

① 参见吴羽《安顺屯堡史料类编》，未刊稿第187页，藏安顺学院屯堡文化研究中心。

《训约篇》有三大条，分别为：（1）对先代，要认姓氏、识郡贯、知祖宗、修祠堂、葺祖墓、举祀典、辑族谱、绳祖武、继家声、保手泽、重宗祧、讳名号；（2）居家庭，要敦伦理、慎婚嫁、正名字、勤工作、普教育、端信仰、讲卫生、编预算、尚储蓄、图自卫、择邻里；（3）待族众，要亲家族、密组织、行互助、谋合作、息讼争、设族会、订族规、惩败类等。①并在每册的底页，印刷这样的祷祝文字："今天发第一次印刷的族谱了，我们拿回家去包好，莫污损了它——族务会中不止这般嘱咐吧。还叫我们仔细去读，并且谱里训约提示的，还要促其实现。这是应当遵守的，不过若就谱底本身论，并非什么高不可攀的作品。有为者，亦若是。我以后定要另编一种最进步的出来。"② 由此可见，他们借着族谱来宣扬本族家庭伦理观念的一般情形。如果比较一下移民家谱关涉家庭伦理方面的族约，则不难发现它们大同小异，基本上是一致的。这说明汉族移民价值观的趋同和家庭伦理文化上的相通。

第二节　不同族群家庭伦理合流的方式与途径之考辨

不同族群共居在同一时空，不管是否出于自觉意识，总会有一些信息沟通和物质交换。这种有形的、物质层面的交往必然会打破意识和精神层面的固有界限，使之向相互借鉴或者趋同方向发展。但是，如果各自的文明程度和强弱对比差距过于悬殊，体现家庭伦理观念的风俗习惯之间的融合过程就会充满强力和征服、反叛与抗拒。如代表强权的儒家文化及其正统政权就会目标明确地采取各种措施，促使少数民族文化及伦理观念实现儒家化转向。中央王朝对贵州所采取的一系列武力征伐和兴办教育"淳化夷俗"的措施，就是不同族群之家庭伦理合流的方式和途径。除此之外，比邻而居的不同族群之间以"婚姻、互市、民俗活动"等方式所进行的民间交往，也是不同族群伦理合流的方式和途径。

一　国家权力的介入

明清之前，中央王朝在贵州设置的郡县极为有限，大部分版图与中央

---

① 参见《黔南陈氏族谱》（第一册），贵阳文通书局民国二十一年（1932）版，第15页。
② 同上。

的关系仅限于羁縻。不隶中央版籍的一般为地方势力（土司）所掌控，且与中央王朝处于相对对立的状态。任何国家权力的介入，都意味着土司利益的受损。因此，迫使地方势力放弃利益的唯一途径就是武力镇压和征服。兵锋只能针对权力执掌者，要让一般民众接受并认同征服者的价值观念和行为体系，从而心悦诚服地接受这种被征服状态，推行教育是不二选择。简而言之，国家权力介入地方发展的方式有两种：武力征伐和推行教育。此二者是互相配合、相互借力的两个方面。

（一）武力征伐

如前所述，明清两朝中央政府对贵州的经营开发，总体上以军事控制为主，武力征伐成为处理汉"夷"关系的主要手段之一。作为国家权力介入的象征，武力征伐对民族融合及其家庭伦理互动产生了较大影响，其主要作用表现为以下几方面。

其一，客观上，打破了少数民族相对封闭的生活状态。

明代对贵州的征伐，肇始于进攻云南开通驿道的需要。云南旋即平定，征伐的目的也从最初的"开一线以通云南"转变为如果贵州土司梗阻，"云南便成异域"，"虽有云南，亦不能守也"的判断和策略。即达到保住征服成果、长期隶籍中央版图的目的。也就是说，打下天下以后还要守天下。所以平定从中作梗支持云南梁王的乌撒等土司后，如何长期使之顺服，从而保障云南驿道畅通，就成了屯兵贵州和开发贵州的目的和理由。朝廷近30万大军入黔，势必给贵州本土族群带来恐慌，恐慌就会引起"叛乱"。《贵阳府志》引兰鼎元《贵州全省总论》说："盖自建省以来，终明之世，蛮夷土贼叛者十有二。中间围省城、陷府州县卫者十有四，杀巡抚藩臬道府州县总兵、参将、都司先后有百余员。""叛乱"事件及叛乱行为远不止这些，其类型亦有本质区别。如田琛、田宗鼎、米鲁、杨应龙、安邦彦的起兵，以及清朝初期安坤和安重圣的叛乱，是作为地方上层的土司与中央王朝之间为争夺贵州居民话语权而进行的统治权力的斗争。而阿傍、吴面儿、阿闲及咸同年间张秀眉等领导的苗族武装斗争，则是当地原住民中的下层人民反抗中央政权压迫剥削的结果。卫所官军从当地居民手中抢夺大量肥沃田土作为屯田，使得广大民众无田可耕，无地可居。官府强迫土官土目认纳定额甚至超额赋役，在缴纳官府捐税的同时，还要接受土官土目的盘剥，这给当地百姓带来沉重的经济负担。凡此种种，严重地冲击了他们传统的生产、生活秩序，使其固有状态不得不随着大军的入黔而发生变化。从当地居民的立场来看，中央王朝的入侵带给他们的是原有宁静生活秩序的打破和灾难；但从文化传播和民族融合的角度来说，汉族势力的进入，以及他们相应的反抗斗争等所导致的动荡不安无疑为各种异质文化的交流碰撞直至融合提供了契机。因为原先一大片、一大片的少数民族聚居地，现在被各种交通驿道——卫所与卫所之间，卫所与屯、堡、哨、旗之间，卫所与贵州都司之间，贵州与邻省之间——割成碎细的小块，在这些驿站和卫所中，住满了来自五湖四海的汉族兵士。因而夷汉错居的程度加深，为夷汉民族之间的文化与风俗习惯的交流与模仿提供了有利的条件。

明廷数万大军所经之处，在文化隔膜和武力威慑之下，绝大多数当地居民因为恐惧而逃亡，他们逃入深山箐林之中并因为屯田政策的推行使其原有土地被占而迫使他们在逃亡地定居下来。沉重的赋役和其他因汉族进入而引起的矛盾和纠纷，更是使侥幸留下来的百姓也逸居深山。如正统十年（1445）尚宝司司丞夏瑄总结贵州少数民族叛乱逃亡的原因：

> 贵州苗贼寇扰，率纠各溪洞之人共来为乱，其祸始于频发征伐云南，供米、供役不胜其苦。又因生、熟苗互争田土，有司受其贿赂，叛与不公。亦因边将及有司剥削侵凌，激其为变，中间又有逃亡军民并客商等漏我虚实，助其为害，以致猖獗如此。[①]

不仅当地居民亡逸，在异常艰难的生存环境中，军中的兵士也有逃亡。洪武十五年（1382）八月二十九日，朱元璋敕谕总兵官征南将军颍川侯、西平侯：

> 云南地方粮食生受各处安放，军卫务要活落调遣，庶使军官、军人不致艰辛。若安顿不如法，大军一回，诸夷作乱，人少难以制伏。若差去舍人至军中，须要把逃军的缘故说与各处守御军士知道。这蛮人地面里，凡在逃军人，但下路的，不曾有一个出得来，都被蛮人深山里杀了。不杀的将木墩子墩了，教与他种田。[②]

① 贵州民族研究所：《明实录贵州资料辑录》，贵州人民出版社 1983 年版，第 323 页。
② （明）张纮：《云南机务抄黄》，丛书集成初编本，商务印书馆 1936 年版；另参见贵州民族研究所《明实录贵州资料辑录》，贵州人民出版社 1983 年版，第 34 页。

　　面对几乎无法控制的逃军，朝廷似乎无计可施，只得采用恐吓的方法来阻止，可见其时此种情形的严重程度及中央政权对此现状深深的无力感。另外，当地的少数民族居民，反抗失败被俘或者犯徒流军遣等罪后，往往被充军谪戍。如洪武二十九年（1396），清水江苗族"聚众为乱"，被捕的500人械送三万卫谪戍。宣德十年（1435），在大兴左卫谪戍的就有"贵州土民"①。清代也曾经对"土酋猺獠"犯罪实行"宽恤"政策，如犯徒流军遣等罪，援照古例免于发遣，改为枷责完结。原因是"苗猺与内地民人语言不通，服食各殊，实徒实流恐断其谋生之路"。但到了乾隆二十七年（1762），贵州按察使赵英认为应该改变这一政策。② 这种现象说明，战争不仅使外来移民进入贵州，也使贵州的原住民离开贵州进入其他区域。以前那种族群聚族而居且人员很少对流的封闭状态被打破，人员及民族成分的改变对于一个村寨或者族群的文化发展来说，更容易改变其原有文化的面貌和向前发展的速度。而且在人员有进有出的情况下，民族融合的方式不是单向度的，而是双向互动的。

　　其二，战争使各少数民族形成利益联盟，民族矛盾轻化为汉"夷"对立。

　　中央政府武力征伐并强势介入黔地，这对于贵州当地的居民来说，不仅是某一个族群或者村落所独自面对的情况。整个贵州都处于明王朝的控制之下，即被波及的族群和部落很多，所涉及的范围亦广。因此在与汉文化碰撞融合过程中处于弱势地位的非汉族类之间势必联合反抗。这种联合直接促成了族群之间的交流和融合。比如彝族女首领奢香夫人联合水东宋氏首领刘淑贞，迫使朝廷处斩封疆大吏马晔的事件，就是两个土司及其所统领的族群之间合作与交流的明证。

　　　　时霭翠亦死，妻奢香代袭。都督马晔欲尽灭诸罗，代以流官，故以事挞香，激为兵端。诸罗果怒，欲反。刘淑贞闻止之，为走愬京师。帝既召问，命淑贞归，招香，赐以绮钞。十七年，奢香率所属来朝，并诉晔激变状，且愿效力开西鄙，世世保境。帝悦，赐香锦绮、

---

　　① 侯绍庄、史继忠、翁家烈：《贵州古代民族关系史》，贵州民族出版社1991年版，第271页。

　　② 参见温春来《从"异域"到"旧疆"》，生活·读书·新知三联书店2008年版，第213页。

珠翠、如竟冠、金环、袭衣，而召晔还，罪之。①

马晔拟借机改土归流，触犯了彝族的权益，迫使水西安氏与水东宋氏联合抵抗。

前后长达九年之久震惊朝野的奢安事件，也是少数民族联合的典型事例。天启、崇祯间水西、乌撒、永宁三土司联手起事，云南与中原立即"声息断绝"②，亦是族类之间联合的体现。尽管最终在晚明大将朱燮元的剿抚并施政策之下得到了化解，可是"贵阳甫定，而明亦旋亡矣"③。甚至是少数民族内部的矛盾争斗，一旦朝廷插手干预，其矛盾也立即转化为汉"夷"二元对立。比如发生在弘治十二年（1499）的米鲁事件，原本只是普安州少数民族内部婚姻矛盾，但后来米鲁坐大，朝廷无法坐视不管，"发十卫及诸土兵万三千人分道进"，直到弘治十四年（1501），"帝命南京户部尚书王轼、巡抚陈金、都指挥使李政进剿，破二十余寨。十五年，鲁窜马尾笼，官兵围之，就擒，伏诛"④。在水东宋氏和水西安氏土司的领地范围内，就有不止两个族源不同的族群。且四川永宁的奢崇明和贵州的安邦彦在这么遥远的距离下都可以联合起来共同反抗大明王朝，在大敌当前的时候，各民族部落间能够如此团结，表明他们之间在家庭伦理、风俗习惯、岁时节日等方面有很强的相似性并因此有亲缘意识和认同感。这种认同感驱使他们产生了结成牢固利益联盟的愿望，且结成这种利益联盟的过程本身又在客观上能够促使其内部交流融合进程的加速。

其三，强力推行合乎统治需要的儒家家庭伦理文化。

儒家思想的家庭伦理文化强调忠君与孝亲并驾齐驱，亲亲与尊尊同体并用，其中含有绝对服从的不可置疑性。这种家庭伦理观念，是大一统中央集权必要的理论基础和意识形态。为了实现对贵州统治和治理的目的，武力的征伐是必要的，但却不是唯一手段。因为武力的短暂征服只是策略性、暂时性的辅助手段，不能使一个族群归顺向化，只有文化和价值体系的认同与皈依才是最终征服一个族群的标志。军事上的控制与文化上的征服是表里关系，彼此相辅相成。洪武十五年（1382）朱元璋遣使谕征南

---

① 张廷玉等：《明史》卷三一六《贵州土司列传》，中华书局 2007 年版，第 8169 页。
② 《（天启）滇志》卷二三《艺文志十一》，云南教育出版社 1991 年版，第 768 页。
③ 张廷玉等：《明史》卷三一六《贵州土司列传》，中华书局 2007 年版，第 8176 页。
④ 同上。

将军颍川侯傅友德等，曰：

> 治夷之道，必威德兼施，使其畏感（威），不如此不可也。①

伴随着军事上的节节胜利，明清时期任职黔地的各仕宦阶层，在文化推行上相应地也采取了"用夏变夷"的策略。由于儒家文化在创立之初就已经形成的固有思维定式和"夷夏之辨"的观念和价值尺度，使汉族知识分子和官员们视各非汉族类为蛮夷异类，认为边鄙之民乃蒙昧鄙俗之辈，因此以是否接受儒家文化为这个族群是否开化与进步的唯一标准。以此"用夏变夷""使遵声教"，推行儒家文化是他们孜孜以求的改造边民之目标。但是由于以和平渗透和颠覆的方式让坚守自己族群文化体系的少数民族接受儒家文化注定是无法达到预定目标的，因此通过强行干预、插手少数民族同胞内部事务等方式来强力推行儒家文化和价值体系就成了必然选择。当然，在强制推行的过程中，一些开明的"苗""夷"头领，在"给榜招谕"下就自愿接受儒家优势文化。比如永乐三年（1405）正月乙丑（二十八）：湖广都指挥使谢凤等奏招谕答意等五寨生苗皆向化。先是，诸寨生苗出没劫掠居民，有司请于要害之地，筑堡屯兵以御之，命前军都督府给榜招谕。于是，诸苗顺服，刻箭为誓，不复叛乱。凤等以闻。上谓掌前府事隆平侯张信等曰："蛮夷虽顽犷，然亦有信义。今既向化，当以信抚之。"② 清雍正年间，贵州镇远府知府方显在给总督鄂尔泰上《平苗事宜十六则》中，认为苗多兽性，苗亦人类。故力主以威德招抚的办法解决问题，并曾亲率通事及效用人，逾山越梁，由梁上进。一路宣布皇仁，谓"圣天子恩普德洋，视苗民犹赤子，不忍弃之度外，特遣官慰谕尔。诸应仰体圣德，永作良民"。③

可见，在武力征服苗蛮的过程中，身体力行、推行信义，从而彰显儒家文化自身的魅力也是一种同化手段。

（二）推行教育

武力征伐在财力、物力及善后事宜处理等方面都需要付出高昂的代价，借助武力实现儒家文化及家庭伦理观念的传播是不得已的选择。教育

---

① 贵州民族研究所编：《明实录贵州资料辑录》，贵州人民出版社1983年版，第35页。
② 同上书，第123页。
③ 马国君编：《平苗纪略研究》，贵州人民出版社2008年版，第1—5页。

才是代价最小、实效性最大的传播文化的有效途径和主要方式。随着军伍的入黔、驿道的开通，以及对土司的改土归流等，贵州原住民与儒家截然不同的社会文化及伦理习惯完全呈现在统治者及身为仕宦的汉族知识分子面前。在这些人看来，这种非儒家正统的伦理习俗是另类、鄙俗的，而且是不能容忍其继续存在的。为了让边鄙之民"遵声教"，使之"懂君臣父子之道，明礼仪教化之别"，文化教育事务也一同展开。早在大明王朝立国之初，朱元璋就提出："治天下者当先重其急而后及其轻且缓者。今天下初定，所急者衣食，所重者教化。衣食给而民生遂，教化行而习俗美。足衣食者在于劝农，明教化者在于兴学校。"① 洪武二年（1369），上又谕中书省曰："育人才，正风俗，莫先于学校"，"朕为治国之要，教化为先，教化之道，学校为本"②。以兴办儒学教育为实现方式的教化、教育对于改变原住民的家庭伦理观念，移风易俗，重置家庭伦理规范等方面来说，其作用之巨大是不言而喻的。中央政府在对待贵州的教育事务上，主要是建置官学，并通过科举制度来激发当地士人的办学和读书应举热情，从而推动贵州民族地区的文化传播。在教育对象上，包括州、府、县、卫所在地以汉族为主体的居民，以及土司领地上的以少数民族为主体的居民。因而在办学形式上，相应地采取了建置府、州、县、卫、司学，以及具有基础教育性质的社学。官学之外，贵州私学也较发达，其主要形式是书院和私塾。这些民间教育力量的加入，提高了贵州教育的整体水平，它主要得益于开明的士绅及从外地做官回乡的乡贤，也包括部分流寓于贵州的知识分子。以下从三个方面展开论述，一是儒学教育的总体发展情况；二是对土司子弟的教育；三是阳明学传播的地域性价值。

1. 明代贵州儒学教育

在武力征伐稳定局势以后，中央王朝特别注重教育对开发贵州的重要作用。

　　　　国家之尽力为黔也，重科举以进其良士，肆翦伐以除其顽苗，置

---

① 《明实录·太祖洪武实录》卷二六，（中国台湾）"中研院"历史语言研究所校勘本，第383 页。

② 《明实录·太祖洪武实录》卷四六，（中国台湾）"中研院"历史语言研究所校勘本，第907 页。

守令以扶教化，宿重兵而弥其觊觎。①

官学的开办，正是这种策略实施的具体体现。贵州儒学教育自元代始。较之于前朝，明代贵州的教育大为兴盛。其大体情况，在贵州巡抚郭子章万历年间撰成的《黔记》卷十六《学校志序》中有较为详细的载录：

> 元以前黔故夷区，人无文字，俗本椎鲁，未有学也。黔之学自元始。元有顺元路儒学，有蔺州儒学。我明洪武二十六年，设贵州、思州二宣慰司学。永乐间废田氏，思州宣慰司学亦废。已而思南、思州、镇、铜、黎平五府学以次建焉。比各卫、州学亦以次建。万历二十八年播平，又益以印江县学。又议改平越卫学、普定卫学俱为府学，又设黄平州学、新贵县学，而学益备。通一省论，有卫而无学者，贵州、贵州前卫、永宁、普安、清浪是也。有州而无学者，镇宁、永宁是也。有县而无学者，镇远、施秉、铜仁、余庆、瓮安、湄潭是也。有卫学改府学者，都匀、平越、普定是也。有先有学而后革者，永从是也。②

官办儒学的设立，在《（万历）贵州通志》卷二十一《艺文志·簧序类》选录的各种学记中也有所反映。依据明清以来贵州各地方志、各地州市县新志、各地州市县教育志，将明代贵州府、州、县、卫学的建置情况列表如下。③

（1）府学 13 所。

明代贵州府学 13 所建置情况表

学校名称	设置时间	地　点
安顺府学	洪武初建	今安顺市
镇远府学	永乐十年（1412）	今镇远县
乌撒军民府学	永乐十年（1412）	今威宁县

---

① （民国）任可澄等：《贵州通志·风土志·序》，巴蜀书社 2006 年版，中国地方志集成：贵州府县志辑，第 9 册，第 103 页。

② 郭子章：《黔记》卷十六《学校志上》，巴蜀书社 2006 年版，第 344 页。

③ 参见张羽琼《贵州古代教育史》，贵州教育出版社 2003 年版，第 94—96 页；参见周春元、王燕玉、张祥光、胡克敏编著《贵州古代史》，贵州人民出版社 1981 年版，第 262—265 页。

学校名称	设置时间	地　点
思州府学	永乐十一年（1413）	今岑巩县
黎平府学	永乐十二年（1414）	今黎平县
石阡府学	永乐十二年（1414）	今石阡县
铜仁府学	永乐十二年（1414）	今铜仁市
思南府学	永乐十三年（1415）	今思南县
乌蒙军民府学	宣德八年（1433）	今威宁境内
都匀府学	弘治八年（1495）	今都匀市（都匀卫学改）
贵阳府学	隆庆二年（1568）	今贵阳市（程番府学改）
遵义府学	万历二十八年（1600）	今遵义市
平越府学	万历二十九年（1601）	今福泉市（平越卫学改）

（2）州学4所。

明代贵州州学4所建置情况表

学校名称	设置时间	地　点
普安州学	洪武十三年（1380）	今盘县
镇宁州学	正统八年（1443）	今镇宁县
定番州学	成化十一年（1475）	今惠水县
真安州学	万历三十年（1602）	今正安县

（3）县学11所。

明代贵州县学11所建置情况表

学校名称	设置时间	地　点
荔波县学	洪武二十六年（1393）	今荔波
清平县学	正统八年（1443）	今凯里炉山镇
务川县学	嘉靖十九年（1540）	今务川县
桐梓县学	万历二十九年（1601）	今桐梓县
绥阳县学	万历二十九年（1601）	今绥阳县
新贵县学	万历三十一年（1603）	县治设贵阳市
贵定县学	万历四十年（1612）	今贵定县
湄潭县学	万历四十八年（1620）	今湄潭县
天柱县学	万历年间	今天柱县
印江县学	万历年间	今印江县
永从县学	隆庆年间	寄学黎平府学

（4）卫学 24 所。

明代贵州卫学 24 所建置情况表

学校名称	设置时间	地点
贵州卫学	洪武四年（1371）	今贵阳市
普定卫学	洪武二十七年（1394）	今安顺市
贵州前卫学	洪武二十八年（1395）	今贵阳市
安庄卫学	洪熙元年（1425）	今镇宁县
清平卫学	宣德七年（1432）	今凯里炉山镇
平越卫学	宣德八年（1433）	今福泉市
平坝卫学	宣德八年（1433）	今平坝县
都匀卫学	宣德八年（1433）	今都匀市
安南卫学	宣德八年（1433）	今晴隆县
普安卫学	宣德八年（1433）	今盘县
龙里卫学	宣德八年（1433）	今龙里县
威清卫学	宣德八年（1433）	今清镇市
兴隆卫学	宣德九年（1434）	今黄平县
新添卫学	正统元年（1436）	今贵定县
毕节卫学	正统三年（1438）	今毕节市
赤水卫学	正统五年（1440）	今毕节东北，川黔交界处
乌撒卫学	正统八年（1443）	今威宁县
铜鼓卫学	天顺元年（1457）	今锦屏县
偏桥卫学	成化十八年（1482）	今施秉，寄学镇远府，寻设卫学
平溪卫学	正德年间（1506—1521）	今玉屏县
五开卫学	嘉靖十四年（1535）	今黎平县，始寄学黎平府，寻设卫学
镇远卫学	嘉靖二十四年（1545）	今镇远县
清浪卫学	嘉靖四十年（1561）	今镇远青溪，寄学思州府，寻设卫学
敷勇卫学	崇祯二年（1629）	今修文县

据明政府规定，府、州、县学等均设有学官："府设教授，州设学政，县设教谕，各一。俱设训导，府四，州三，县二。教授、学政、教谕，掌教诲所属生员，训导佐之。"①

---

① （清）张廷玉等：《明史》卷七十五，中华书局 2007 年版，第 1851 页。

除府、州、县、卫儒学外，官办学校还有一种属于基础教育性质的社学。万历年间，贵州提学沈思充根据自己的见闻和思考，上奏《申饬学校事略》，认为贵州教育资源十分匮乏，以致出现两种为争夺教育机会的假冒现象，一是后来者冒充世居黔籍者，一是"苗夷"冒充汉人。他认为，要彻底解决这种混乱的现象，必须加大教育投入，因此提出广设社学的建议：

　　　　为今日计，学宫固难顿增，宜令各有司悉心经理社学，无者议建，有者增廓之，州若县无学者，权设孔圣牌位于社，朔望则率其属耆老子弟谒焉。社设两师，一师蒙，一师讲。凡子弟年六七岁以上，即令就蒙师为之句读，稍长则就讲师，教之文义典故。父母官以时督诱而省试之。社置一册，于蒙童入社之始稽其里贯、世次录之。非土民则核其流住岁月，取里邻结而载之册。俟本道巡校提调官试其可进者，取结类送，一体考校，取入附近儒学。有以冒籍改者，即按社籍为左券。查照先年题准事例，凡三十年以上，不为冒籍，未及年者姑俟之。其游手游食，时去时来，赋役不办于官，声音特异于俗者，乃为冒籍。不容入社，宁容入学。此法立而真冒籍自无所容，非冒籍者自有所辨。然后地方寄籍之民，皆知子弟之不终以冒籍锢也。而知教，教则益聚而不散，聚者明于礼义而不为非，数十年后，黔之为黔，未可量也。其土司、武职、应袭者，并令自幼在社习学，年长学进，方请衣巾，乃便稽查，不致冒滥。其苗寨向风者，即或彼置社，遣师为教，或听赴城社就学。其学宫未备，如清浪等处，或以渐议增。俟后士子渐兴，人文渐盛，解额更可请增。总之，为黔中振声施，图宁定，有忌而阻之者，祇见其识之不广也。此潜移默夺、用夏变夷之亟务也。①

社学的广设使更多人有接受教育的机会，这有利于基础教育的推行。明末母扬祖曾任绥阳县令，积极推行社学教育。从他制定的《社学条规》中，大致可以了解社学教育的对象和基本内容，以及对社学老师的有关要求：

---

① （明）沈思充：《申饬学校事略》，（明）王耒贤、许一德纂修：《（万历）贵州通志》卷十九，书目文献出版社 1990 年版，第 447 页。

一、各社成童师一人，蒙师一人，俱要文行兼优者。蒙童读四书、五经《孝经》《小学》《性理》毕。应对进退，礼貌可观，方向成童师受业，不可躐等。社师均给有官田，务实心教导，毋负作育之意。二、父子有亲，君臣有义，夫妇有别，长幼有序，朋友有信。要在身体力行，博学之，审问之，慎思之，明辨之，笃行之。三、读书之法，先读《四书集注》《孝经》《小学》，次读《五经传注》《周礼》《仪礼》《三传》《国语》《国策》《性理》《文选》《八家文集》《文章正宗》，及应读史传文集等书。依朱子读书法，用书程册子，人各一本。因人资性，逐日登记，晨书课程若干，饭后若干，午若干，夜若干，注明所读之书起止，务要讲解通彻。社师按月稽查，有不如教者，以夏楚从事。四、作文以举业规条……五、相题作文，不要落套……六、写字全在握笔，握欲紧，掌要虚，运腕、肘均有法度……七、读书须烛理，为后来经济根本，不只是要取科名。然未有理晰而不得科名者也，纵时有定，而学问断不可苟简。①

这些府、州、县、卫儒学及社学的设立，为贵州儒家文化教育的普及和提升作出了巨大贡献。在贵州夷汉之中掀起了读书应举的热潮并且经久不衰。这种熟读儒家经典并身体力行的情形，对于民族交融和家庭伦理的加速变迁产生巨大影响，主要在于三个方面的原因并由此得到了相应的结果。

其一，开设儒学教育的目的是为了使蛮夷能够懂礼乐，遵教化，把"化外之地"变成"礼仪之邦"。如永乐十二年（1414）正月戊戌（二十三），乌撒军民府经历钟存礼言："府故蛮夷地，久沾圣化，语言渐通，请设学校、置教官，教民子弟，变其夷俗。"② 洪熙元年（1425）十一月辛酉（二十六），贵州镇远府知府颜泽奏："本府儒学，自永乐十三年开设于偏桥等处四长官司，夷中之人选取生员入学读书，较有成效，宜给廪膳以养之。"上曰："府官之言是。边郡开学教夷人，若使自营口腹，彼岂乐于为学？凡贵州各府新设学校，未与廪膳者皆与之。"③ 洪熙元年

---

① （明）母扬祖：《社学条规》，绥阳县志编委会：《绥阳县志》，贵州人民出版社1996年版。

② 贵州民族研究所：《明实录贵州资料辑录》，贵州人民出版社1983年版，第144页。

③ 同上书，第171页。

（1425）十二月，贵州铜仁府知府周季言："本府新设儒学庙堂斋舍未备，生徒讲肄无所，欲发民创构，未敢自擅。"上曰："远方初开学校，若无庙宇斋舍，何以饬祀事，变夷俗。"① 命工部从其所奏。成化十七年（1481）十一月己卯（初九），贵州程番府知府邓廷瓒奏："本府新立学校，土官土人子弟在学者乞岁贡一人，如选贡例。"上曰："朕以蛮夷率化，既建学置徒之内地，但科举之业未可猝成，宜岁贡生员一人，俾观我国光，相劝于学，以称立贤无方之意。"② 从这些例子中可以看出，"教夷民""化夷俗"正是开设儒学的厥初目的。

其二，儒学的广设与生员的入学，动力来自科举考试。因之其教授内容就是科举考试的内容，即主要是传统"四书""五经"等经典。贵州巡抚邓廷瓒指出科考对"用夏变夷"的重要作用："倘蒙矜悯，得于该省开科，不惟出谷民黎获睹，国家宾兴盛制。其于用夏变夷之意，未必无少补矣。"③ 自隋唐以来，科举制度就是国家选拔官吏的主要手段。中国传统文化的"官本位"思想使人们孜孜不倦追求跻身于仕宦阶层。因此贵州儒学的广设和生员的增加，表明当地人们已经认同了中央王朝的那一套评价机制。而且儒家文化中"官本位"的思想已经深入贵州夷汉人民的心中，所以极力读书应举。而且读书应举反过来又促成了儒家家庭伦理文化在贵州的发展与传播。

其三，儒学的广设还为管理和经营贵州提供了大量的人才。如宣德八年（1433）三月戊午（初五），设四川乌蒙军民府儒学……通判黄甫钺奏："选取士民俊秀子弟入学读书，庶使远人通知礼义，亦得贤才备用。"④ 如果用外来官员治理贵州，他首先面对的就是语言障碍。而且贵州在江南及中原人士看来，是穷山恶水。他们大多不愿意来贵州为官，即使因为各种原因被迫到了贵州，也是"身在曹营心在汉"，无心认真经营贵州事务。只有通过儒学教育培养贵州本土人才，才能够真正解决这些问题。所以中央在贵州广设儒学为贵州的经营和管理培养了大量的人才。

2. 对土司子弟的教育

对贵州土司子弟的教育，几乎与明廷大军的入黔同步。洪武十五年

① 贵州民族研究所：《明实录贵州资料辑录》，贵州人民出版社 1983 年版，第 172 页。
② 同上书，第 508 页。
③ （明）邓廷瓒：《开科取士》，（明）王耒贤、许一德纂修：《（万历）贵州通志》卷十九，书目文献出版社 1990 年版，第 443 页。
④ 贵州民族研究所：《明实录贵州资料辑录》，贵州人民出版社 1983 年版，第 232 页。

（1382）十一月甲戌（二十九），普定军民府知府者额辞归。上谕之曰："王者以天下为家，声教所暨无间远迩，况普定诸郡密迩中国，慕义来朝，深可嘉也！今尔既还，当谕诸酋长，凡有子弟皆领入国学受业，使知君臣、父子之道，礼乐教化之事，他日学成而归，可以变其土俗同于中国，岂不美哉！"① 洪武十七年（1384）六月乙亥（初九），者额遣其子吉隆及其营长之子阿黑子等 16 人入太学。命赐袭衣、靴、袜。② 洪武二十三年（1390）六月庚辰（十九）：诏赐国子监读书贵州土官子弟程延等夏布衣、靴、袜。③ 洪武二十三年（1390）五月己酉（十七），播州、贵州宣慰使司并所属宣抚司各遣其子来朝，请入太学。上敕国子监官曰："移风善俗，礼为之本，敷训导民，教之为先，故礼教民于朝廷而后风化达于四海。今西南夷土官各遣弟子来朝，因其慕羡，时允其请。尔等善为训教，俾有成就，庶不负远人慕远之心。"④

不过，直到洪武二十五年（1392），明王朝还没有在贵州地区设立官学。土司子弟接受教育，都还是遣送至京师国子监。洪武二十五年（1392）十一月癸寅（二十五），贵州宣慰使安的来朝，贡马 66 匹。赐以绮、帛、钞锭。置贵州宣慰司儒学，设教授一员，训导四员。⑤ 尚书王直《宣慰司儒学记》云："太祖高皇帝不鄙其民，既设贵州宣慰司府治，又欲使皆复于善，诏立学校以教焉。由是贵州始有学，盖洪武二十六年（1393）也。学在贵州城之东北隅。"⑥ 这是贵州在土司地区设立儒学的开始，也是贵州真正有自己独立学校的开始。自此对土官及其子弟族众的文化教育正式拉开帷幕，先后共设司儒学 8 所⑦，大体情况如下表所示。

明代贵州司儒学 8 所设置情况表

学校名称	设置时间	地　　点
永宁宣抚司儒学	洪武四年（1371）	今四川叙永

① 贵州民族研究所：《明实录贵州资料辑录》，贵州人民出版社 1983 年版，第 36 页。

② 同上书，第 44 页。

③ 同上书，第 72 页。

④ 同上书，第 70 页。

⑤ 同上书，第 85 页。

⑥ （明）王直：《宣慰司儒学记》，（明）王耒贤、许一德纂修：《（万历）贵州通志》卷二十一，书目文献出版社 1990 年版，第 494 页。

⑦ 参见张羽琼《贵州古代教育史》，贵州教育出版社 2003 年版，第 94 页；参见周春元、王燕玉、张祥光、胡克敏编著《贵州古代史》，贵州人民出版社 1981 年版，第 262—265 页。

学校名称	设置时间	地　点
播州宣慰司儒学	洪武十三年（1380）	今遵义市
普安安抚司儒学	洪武十三年（1380）	今盘县
永宁宣抚司九姓长官司儒学	洪武十三年（1380）	今毕节、赫章一带
贵州宣慰司儒学	洪武二十六年（1393）	今贵阳市
思南宣慰司儒学	永乐五年（1407）	今思南县
思州宣慰司儒学	永乐五年（1407）	今岑巩县
烂土长官司儒学	成化二十三年（1487）	今三都县境内

　　明朝廷对贵州土司子弟的教育，对贵州家庭伦理变迁的影响主要表现于以下三方面：

　　其一，在土司及其子弟中强制推行儒学教育，使儒学在民族地区得以广泛传播。土司的权力不是来自中央，而是来自其领地上民众在认同或接受基础上的拱卫，但是其权力的合法性却需要得到朝廷的承认。如果不是在朝廷授权下合法世袭罔替，那么就是谋逆从而遭到王朝的讨伐。因此强制推行儒学教育最重要的措施之一，就是在土司官职的继承条件上加上必须接受儒学教育，否则不能袭位的规定。如弘治十二年（1499）六月壬子（二十四）巡抚贵州都御使钱钺奏："贵州土官渐被圣化百三十余年，污俗已变，但应袭子孙未知向学，请令宣慰、安抚等官应袭子孙年十六以上者，俱送宣慰司学充增广生员，使之读书习礼，有愿习举业者，比军职子孙补廪充贡出身。至袭职之时，免委官保勘，止取亲管并学官结状，其不由儒学读书习礼者，不听保袭，庶可以变夷俗之陋，杜争夺之源。"复奏谓："至明年而止，土官应袭子孙宜视近例，十岁以上者俱送附近宣慰司或州府县学。至袭授时，则如钺所拟，其补廪充贡，请下礼部更议。"① 上从之。为解决土官袭替争执问题，嘉靖元年（1522）十一月己未（十七），贵州巡抚都御使汤沐上议："欲令土官应袭年三十以下者得入学习礼，不由儒学者不得起送承袭，其族属子弟愿入学者听补廪科贡，与军民武生一体，则可以大变其俗。"② 上从之。关于袭替职位必须入儒学学习的规定，对于儒家文化在土司子弟及其属民中的传播和发展起着重要作

---

　　① 贵州民族研究所：《明实录贵州资料辑录》，贵州人民出版社 1983 年版，第 576—577 页。

　　② 同上书，第 697 页。

用。因为土司从被迫接受儒学教育到渐次转为有读书应举的意愿。土司作为酋长，是尊者的象征，因此其行为具有示范效应和带头作用。

其二，通过对土司的教育来加强对民族地区的管理。在鲜有汉化或者汉化程度不深的区域，中央政府及其官员很难直接管理少数民族地区具体事务，因为语言不通是最大的障碍。除了经由当地土司首领头目为中介来完成管理事宜外，别无他途。对于土司来说，中央王朝插手土司领地的事务本身就意味着对土司利益的侵犯和权力析分，所以当王朝相关措施明显有损土司权益的时候，土司头目阳奉阴违或者迁延抵制就在所难免，这就为经营和开发贵州造成了极大的障碍。只有教育才能解决包括语言不通和文化隔膜等难题。比如永乐二年（1404）十月辛未（初三）："上以云南各处土官不识中国文字，遇有奏报，不谙礼体。命吏部各置首领官，择能书而练于字者往任之。"① 和中原汉族受教育者一样，少数民族接受汉族文化教育的内容也是儒家经典。且土司头目因为受儒家文化的影响，也愿意并且渴望接受儒家经典的教育。嘉靖元年（1522）四月乙未（十九），朝廷"赐播州宣慰司儒学《四书集注》一部，从宣慰使杨相奏也"②。在学习经典的过程中，一方面接受各种伦理文化熏陶；另一方面也习得基本的文字能力，通晓汉语，能与汉人进行无障碍沟通。除了汉族以外，自己创造了文字的民族很少，一旦通过学习掌握了汉字及其文化，这对于一个族群的发展来说就是一个质的改变和飞跃。因为他们获得了记载自己族群历史的媒介，即以他者创立的语言来表达自我的存在样态，使其祖宗之训得以世代传承。比如流传至今的布依族丧葬祭祀歌词《古谢经》《超荐经》《开路词》，就是明清时期布依族人用汉字记载下来的。③ 借用汉字来记录本民族经典，是"夷"汉交流取得成效的最好例证。语言是文化的载体，汉语在民族地区的传播和使用，为朝廷经营和治理消除了语言交流障碍的同时，也为儒家家庭伦理文化的传播奠定了基础。

其三，在原住民蒙昧程度还比较深的情况下，要使儒学在非汉族类中能够得到普遍推行还存在很大难度，因此只能在文化涵养相对较高的土司及其子弟中推行。从人类学和社会学的角度讲，当地族群在特定历史时空

---

① 贵州民族研究所：《明实录贵州资料辑录》，贵州人民出版社1983年版，第123页。

② 同上书，第694页。

③ 参见侯绍庄《布依族丧葬祭祀歌词社会历史价值刍议》，《黔史论丛》，贵州民族出版社2005年版，第357—375页。

的发展进程中，由于没有外在压力和动力的挤压和促进，社会变迁的速度就比较缓慢，并因此凝聚了很强的惯性，这种惯性发展具有自我调适和修正的能力，亦会随着漫长历史时空的演进而改变方向和发展形态，但这种改变在速度上异常缓慢，在形态上不易察觉。文化的这种渐进性的发展一旦碰到外在强力的阻挠，对外在强力就表现出尖锐的对抗性和排斥性。任何文化和势力想要长驱直入一个顽强抵抗的他者的企图都不可能取得成功。王朝统治者所代表的儒家文化遭到尖锐抵抗的时候，儒家文化只能适时示弱。这正是力量不对等的两种异质性文化在交流碰撞时的一种典型呈现。如洪武二十六年（1393）正月戊辰（二十二），罢广西荔波县儒学。时，本县言："自洪武十七年诏置县治，其地界于云南，因蛮寇作乱焚毁学舍，其后大军克服，虽已重建，然生员皆苗蛮、瑶、僮，鸠舌之徒，教养无成，不堪选贡，徒费民供，无益国家，乞罢其学。"① 从之。又如宣德二年（1427）十月庚午（十六），贵州新化府新化蛮夷等六长官司奏："贵州各府学校新立诸生，皆自童蒙入学，蛮性未除，学业难就，若比内地府学每岁选贡，实无其人，请比县学三年一贡。"上曰："边郡立学，欲其从化耳，岂可遽责成才，宜令所司随宜选贡。"

3. 王学之于贵州家庭伦理变迁的价值

明正德元年（1506），时任兵部主事的王阳明，因上疏营救南京科道员戴铣等，被宦官刘瑾陷害，廷杖四十下狱，同年十二月谪为贵州龙场（今修文县）驿丞。正德三年（1508）三月，王阳明到达贵州，正德五年（1510）初复升任庐陵（今江西吉安）知县，前后谪居贵州两年左右。但他对于贵州儒家家庭伦理观念的传播与发展，却功不可没。王阳明在贵州于龙场悟道，顿悟了朱子"格物穷理"之流弊，创建了"心即理—致良知—知行合一"之说的基本框架，构建了心学体系的形而上学基础，集陆王心学于大成；并创办龙冈书院，主讲于贵阳文明书院，大力传播儒家文化，培育大批黔中"夷汉"弟子，开创了一代学风。其弟子和再传弟子对于在贵州弘扬儒家文化立下了汗马功劳。

其一，王阳明对少数民族同胞的教化，是为汉"夷"沟通之著例。王阳明谪居龙场驿，属贵州水西彝族土司安贵荣宣慰使的辖区。王阳明与安贵荣私交甚笃，并成功劝阻安贵荣放弃减驿之议和奏功之举，且劝其出

---

① 贵州民族研究所：《明实录贵州资料辑录》，贵州人民出版社1983年版，第86页。

兵平定苗民酋长阿贾、阿札、阿麻在乖西（今开阳县）的叛乱（史称
"尺牍之乱"），保护了首府贵阳及周边地区的安宁。王阳明与土司首领的
交往一方面有助于中央王朝对贵州的控制；另一方面有助于儒家文化为土
司所接受和认同。因为王阳明深受儒家文化所熏染的谦谦君子之人格魅力
也昭示了儒家文化的进步。

　　阳明先生对少数民族普通民众的教化，主要反映在《居夷诗》中。
在"居夷处困"中，他对当地夷民却是平等而非居高自傲的态度。在诗
歌中，他高度肯定了当地民众的醇厚朴实。如"群獠环聚讯，语庞意颇
质"①。"夷居虽异俗，野朴意所眷。"② 对于他们的风俗，先生不是鄙夷
不屑，而是抱着同情之理解，并很快就融入其中。他说："夷俗多火耕，
仿习亦颇便。"③ "即是参赞功，毋为轻稼穑！"④ 几个月后，当地苗夷民
众为了表达对先生的崇敬，共同为其构筑木屋数间，先生命之曰何陋轩，
此处成为他在龙场讲学宣教的龙冈书院之馆舍。《龙冈新构》云："诸夷
以予穴居颇阴湿，请构小庐，欣然趋事，不月而成，诸生闻之，亦皆来
集，请名龙冈书院，其轩曰何陋。"⑤ 自此先生开始对周边少数民族青少
年进行教育，"诸生无远近皆裹粮从之游"⑥。正德四年（1509），贵州提
学副使席书又请王阳明主讲文明书院，诸生中相当一部分是少数民族学
生。席书"暇则就书院以论学，或至夜分，自是贵州士人知从事心性之
学者，皆二先生之力也"⑦。王阳明在龙冈、文明二书院讲学，弘扬了孔
子"有教无类"的教育主张，他说："吾于是盖有以信人性之善，天下无
不可化之人也。"⑧ 吸收了很多苗、彝、布依、仡佬等少数民族子弟进入
书院攻读，对他们一视同仁，耳提面命，谆谆教诲，使他们得以接受儒家
文化之心学思想的教化，从而大大提高了他们的文化素质和思想素质。并
因此而接受了儒家文化中"尊尊、亲亲"及"夫妇有别，长幼有序"等

　　① 王阳明：《初至龙场无所止结草庵居之》，《王阳明全集》卷十九，上海古籍出版社 1992
年版，第 694 页。
　　② 王阳明：《诸生来》，《王阳明全集》卷十九，上海古籍出版社 1992 年版，第 697 页。
　　③ 王阳明：《谪居绝粮请学于农将田南山永言寄怀》，《王阳明全集》卷十九，上海古籍出
版社 1992 年版，第 695 页。
　　④ 王阳明：《观稼》，《王阳明全集》卷十九，上海古籍出版社 1992 年版，第 694 页。
　　⑤ 王阳明：《龙冈新构》，《王阳明全集》卷十九，上海古籍出版社 1992 年版，第 697 页。
　　⑥ （明）谢东山：《（嘉靖）贵州通志》卷九，巴蜀书社 2006 年版，第 416 页。
　　⑦ 同上。
　　⑧ 王阳明：《象祠记》，《王阳明全集》卷二十三，上海古籍出版社 1992 年版，第 893 页。

家庭伦理观念。

　　其二，王阳明在贵州讲学使贵州文教渐兴。其培养的众多王学弟子成为贵州儒学推广传播的中坚力量。这些弟子的最大特点就是重视教育并身体力行之。王阳明在黔中所做的主要是普及文化教育，而不是为了王学的传播和门户的扩张。但是"名师出高徒"，所以在文化普及的过程中产生了一些对王学的传播作出重大贡献的王学精英。这些弟子和再传弟子对贵州文化事业的发展起过非常重要的作用。其弟子徐爱尝吟诗道："吾师谪贵阳，君始来从学。异域乐群英，空谷振孤铎。文章自余事，道义领深约。"① 比较公允地评价了阳明在黔中讲学的成果，当时在黔中确实出现过一阵群贤毕至、空谷振孤的讲学盛况。《（嘉靖）贵州通志》曾以"士类感慕者云集听讲，居民环聚而观如堵"来形容当时阳明讲学之盛况。贵州学者便据此推测："估计在贵州亲聆过王阳明讲课的学生有数百人之多。"② 在王阳明去世以后，贵州曾刊刻过《居夷集》《传习录》《文录》《文录续编》等阳明的各类著作③，这是黔中王门对阳明学所作出的重要贡献之一。其中黔中王门包括先生教育过的贵州籍弟子，以及外省王门弟子来黔为官者。先生在贵州的时间实际不足两年，但对于贵州文教事业的发展却至关重要。其中有些优秀弟子继承了先生的衣钵，努力讲学授徒，使儒家文化在贵州发扬光大，从而对于改变贵州家庭伦理历史状况发挥了很大的作用。

　　清代袭明旧制，在贵州大力恢拓。不仅通过军事力量平定了以孙可望和李定国为首的反清农民力量，铲除了南明政权，而且平定了叛清的安坤、安重圣土司势力，在其地设立了黔西府、平远府、大定府和威宁府，统属贵州布政使司。雍正年间，开辟了黔东南的苗疆生界，设置了新疆六厅。自此，原有的土司生界等未隶王朝的地方悉数纳入了王朝版图。兵锋过后，实施教育"以化夷俗"成了当务之急。清廷首任云贵总督赵廷臣、巡抚卞三元都比较重视"文治"。赵廷臣在上《抚苗疏》中提出，为了巩固清王朝的大一统事业，应乘此遐荒初辟之机，"首明教化，以端本始"。

---

　　① （明）徐爱：《赠临清掌教友人李良臣》，《横山遗集》卷上，明嘉靖十三年（1534）刻本。
　　② 参见李迎喜《黔中王门系统考》，王晓昕、李学友主编《王学之魂》，贵州民族出版社2005年版，第256页。
　　③ 参见钱明《黔中王门论考》，《贵州文史丛刊》2007年第2期。

康熙二十七年（1688），田雯任贵州巡抚，他也同样意识到必须大兴教育，才能有效开发贵州。史载他：

> 在任四年，励官方，严武备，抚戢苗蛮，威惠并行，捐俸积谷备荒，尤加意学校，爱民养士，惟恐不及，时人比之郭子章。[①]

而且明确指出，推崇文治对于化民风民俗及人心归顺具有非常重要的地位和价值。为此，田雯向清廷上了《请建学疏》：

> 窃惟全黔边徼遐陬，民苗杂居，礼让未兴，剽悍成习。我皇上道隆德盛，典学崇儒，文明光被，而芹藻之子均沾教化，秀顽之民咸沐恩泽，固已彬彬称盛矣。臣忝任抚黔，以敦崇学校为先。盖学校之关系，乃风俗人心之根本，礼明乐备者，犹将踵事增华，简略因循者，曷可不乘时兴举？按：永宁、独山、麻哈三州，贵筑、普定、平越、都匀、镇远、安化、龙泉、铜仁、永从九县，向俱未设学校，据该士子纷纷呈廪，荒寒之士，励志芸窗，登进无自。臣偕司、道诸臣等议建学育才，似不可缓。[②]

二 民间的自发交融

儒家家庭伦理文化与贵州原住民之家庭伦理观的交流与融合，除了明清王朝通过开设学校等自觉的文化扩张以外，还有民间自发的交流形式所形成的文化和伦理合流。比如夷汉联姻、商业贸易、岁时节日等民俗活动的互动与沟通，都是文化合流的方式和途径。

（一）联姻

流传至今的镇宁扁担山地区的葬丧祭祀经书《超荐经》卷三《棺椁经》："看到一个健美的女子，去为儿子找她；遇着一位漂亮的女子，为儿子去找这位漂亮的姑娘；猜是上方人，不是上方人；可能是荒山野地人，不是荒山野地人，什么地方都不是，怎么会到这里来？是从彝族或汉

---

① 《（乾隆）贵州通志》卷十九《名宦》，文渊阁四库全书本，第34页。
② （清）田雯：《黔书》（上卷），贵州人民出版社1992年版，第13页。

族那里来的吗?"又说:"望女孩子长好讨好嫁,望女儿长好嫁个好婆家,嫁去 pu min 寨(布依族中一个分支的互称),嫁到汉族地方。"① 反映了布依族与包括汉族在内的其他兄弟民族之间的联姻这一社会历史现实。

在贵州环山皆"苗","夷"多汉少的情况下,民族之间互通婚姻的主要形态是汉父"夷"母。由于汉尊夷卑观念的文化歧视,导致汉族女子一般不会外嫁异族。但是由于汉族移民内部男女比例失调等原因,汉族男子则不得不娶异族女子为妻妾。因此在少数民族看来,如果能娶到汉族女性为妻,那是莫大的荣耀,合族都要因此而庆贺。但是在汉族看来,如果谁家的女儿下嫁给了"夷"民,则肯定要受到众人的鄙夷,即违背了"高姓不下嫁"的原则,从而降低了家族的身份。清代学者徐家干在总结这种现象时指出:

> 其地有汉民变苗者,大约多江楚之人。懋迁熟习,渐结亲串,日久相沿,浸成异俗,清江南北两岸皆有之。所称"熟苗",半多此类。②

即夷汉之间的联姻导致一些家族民族身份的改变,这种改变也就意味着夷汉家庭伦理文化的合流。

兹举两例以证汉父"夷"母的汉"夷"通婚现象。

其一,前述《香炉山顾氏宗谱》中入黔五世顾良相娶苗族文氏为妾,分衍汉苗五支系,即顾良相先娶汉族王氏生三子骒、骐、骦,其后裔在香炉山形成一支汉族顾氏。顾良相后因事逸入苗疆,再娶苗族女子文氏,育有四子:雄邦、松邦、优邦、佼邦,并衍为四支苗裔顾氏。这件事,后来学者概括其性质为"汉民变苗"③。据凯里凯棠顾氏后人近年所立碑之碑记,顾良相入苗变苗的经过大致如下:"我祖良相公,原籍江南华亭县,乃入黔始祖镇远侯夏国公顾成公之六世孙也,即入黔一世祖平蛮大将军顾公之五世孙,驻镇香炉山封千户指挥广威将军,娶王氏太生六世祖顾骒。明孝宗七年,公因军事失误,畏上究罪,避居开怀,改用苗名邦迪,另安

---

① 侯绍庄:《布依族丧葬祭祀歌词社会历史价值刍议》,《黔史论丛》,贵州民族出版社 2005 年版,第 373 页。

② (清)徐家干:《苗疆闻见录》,贵州人民出版社 1997 年版,第 163 页。

③ 秋阳:《汉民变苗——读史札记》,《贵州社会科学》2003 年第 3 期。

家立业，娶文氏太生六世祖雄邦、松邦、优邦、佼邦，遂传凯索、开怀、排阳、八寨四支顾氏苗族。"顾良相入苗疆后改名为"邦迪"，父子连名，他的四个苗族儿子的苗名中也都有一个"邦"音。苗族父子连名是逆连，即从下而上数，从自己开始，上溯至最早的一代止。据名叫燕宝的顾氏苗族后裔追述，从他数至顾良相，共传了14代。分别是：燕宝—宝熊—熊养—养略—略绍—绍荣—荣卡—卡金—金留—留香—香鼎—鼎熊—熊邦—邦迪（顾良相）。14代均为双名，代代相传，下一代名的尾音，成为上一代名的首音，从燕宝始依次上连，直至明孝宗时的邦迪（顾良相），一以贯之，无一例外。①

顾良相逸入苗疆的原因，碑记云因军事失误，畏上究罪。至于具体情形则语焉不详。据《香炉山顾氏宗谱》卷二顾良相传：明孝宗七年（1494），顾良相等平定都匀叛乱，回原镇后，麻哈吴司与蒙司兴兵构怨，良相劝和蒙司不允，遂私自出兵帮助吴司打败蒙司，蒙司怀恨，伏兵苦李井，良相兵死甚多，"因私自出兵，惧上峰究罪，故隐姓埋名，逃潜开怀，装为土人，另安家立业"。顾良相能够在苗疆立足，得益于他善待苗民，此前他救活数万苗民性命。在平定都匀叛乱过程中，良相曾为先锋官做向导，至枧腰寨，良相禀告此地均系熟苗，先锋官云既是熟苗，赐尔黄旗一面，凡是熟苗插旗识之，良相得旗，遍插由枧腰寨老虎苗干塘白午舟溪青枫林前郎構碉坝構一带，以故数处之苗民均免剿戮，救活命万数。②

其二，前述《汪氏宗谱》（颖川—黔腹）中载，明末清初汪灿公第十四代孙汪方卓入赘安顺苗族为婿，后来还宗，立下"还姓不还俗，还宗不还教"的信誓。汪希鹏在《黔腹汪氏民族变异说》一书中解释民族身份由汉变夷的有关历史原因时，指出："自大明洪武十四年汪灿公入黔，迄今灿公第六世汪汝含公，族中中举者九人，中进士榜一人，故为明朝安顺一代名族。后因安位之乱，黔腹汪氏因受战事之累，于人口，于经济，于文化等方面均遭到严重损失，族势一度落于低谷。本为仕宦名族之家的一些汪氏子孙沦为贫民，生活因此随方就俗，婚姻不究门第。故明末清初，有灿公第十四代方卓公入赘于安顺当地苗族彭氏为婿，因而承继了苗族彭氏的烟火，若干代后还宗于汪氏。为了让后世子孙永远铭记汪彭两

① 参见韩蕾蕾《顾氏移民宗族与明代贵州开发和民族融合》，《贵州教育学院学报》（社会科学版）2006年第6期。
② 参见《香炉山顾氏宗谱》卷二，民国二十八年（1939）刊印本。

家，苗汉两族联姻这一历史事实，铭记苗族彭氏家族之恩德，还宗时立下了'还姓不还俗（风俗），还宗不还教（宗教信仰）'的信誓。因此，直到今天，这一支汪氏苗族后裔，仍一直沿守着苗家的一切风俗习惯，恪守着苗家的宗教信仰，这就是黔腹汪氏民族身份变异之主要原因。"① 这是明清时期汉族移民与地方少数民族融合的一个绝好事例。在 2001 年 10 月刊印的由汪希鹏主编的《汪氏宗谱》（颍川—黔腹）中，记录这支汪氏长房苗族后裔上千人。他们至今还延续着苗族的风俗习惯。

（二）商业活动

贵州巡抚林乔相《议处苗蛮疏》，为缓解苗汉之间的紧张关系，建议绝其交通，并指出汉人进入苗疆从事贸易、欺骗苗民的事实，云："苗虽犬羊，其好生恶死，保妻子之心，与汉人同。汉人迁入贸易，骗其财物，负其资本，不敢控诉于有司，则放横以泄其忿。"因此"但有汉人潜入夷寨，不论有无引惹边衅，俱要擒拿送官究问"②。明清时期镇宁扁担山布依族经书《超荐经》卷二《请摩经》："上方汉人去贩马，儿也随去行商，下方汉人去贩牛，儿也随着去贩牛，相才去贩卖奴婢，儿也跟去贩。贩到上方去，遇上方人做瓦，贩到下方去，遇下方人造房……别人把瓦样藏在裙子里，儿也把它藏在裙子里，别人藏在衣服里，儿也揣在衣服里。"卷七《买牛经》："阿 Yen 急忙过河去，去城里做仆人，遇着汉人去做买卖，买卖到大路冲，牵得黄牛来……别人挑纸卖，儿也挑纸去卖，到城衙去卖，去到店里卖。"又《古谢经》卷一《穆考》："世人做生意，你儿做生意，世人做买卖，你儿做买卖，人家儿卖盐，你儿去卖盐，人家女卖棉，你儿去卖棉……人家儿赶场，你儿不来赶。"③ 这些历史资料可以表明，汉族移民及其后裔与原住民之间，在物质上能够互通有无，夷人还从汉民处学到了经商的本领。

《（弘治）贵州图经新志》对明时贵州各民族之间的商贸往来记述颇详。如卷一记贵州宣慰司（治今贵阳市）："郡内夷汉杂处，其贸易以十二支生肖为坟市名，如子日则曰鼠场，丑日则曰牛场之类。及期各负货集场贸易。俗立场主以禁争夺。其负郭者，旧有卯、申二场。弘治乙未，今

---

① 汪希鹏主编：《汪氏宗谱》（颍川—黔腹），2001 年 10 月刊印本，第 47 页。
② （明）林乔相：《议处苗蛮疏》，《（万历）贵州通志》卷二十，第 472 页。
③ 侯绍庄：《布依族丧葬祭祀歌词社会历史价值刍议》，《黔史论丛》，贵州民族出版社 2005 年版，第 372—373 页。

巡禁大臣以军民生理疏阔,增子、寅、午、戌四场,并前为六场。人甚便之。"① 同书卷七记铜仁府长官司"与辰沅同风","郡居辰沅上游,舟楫往来,商贾互集。故其风俗、言语、居处、服食大抵相同焉"②。又卷十三记威清卫指挥使司风俗:"居田野者,以耕织为业,居城市者,以商贩为生,务本逐末者相半。"③ 又卷十四记普定卫军民指挥使司风俗:"卫俗本淳朴,迩颇失其故态……惟贸易,日趋于利,风俗日降,势不可为。"④ 又卷十六记乌撒卫指挥使司风俗:"土宜羊,土人皆牧以为生,岁两取其毛以为毡,而资贸易焉。"⑤ 这种民间的自发交融,对于儒家文化在贵州的传播,以及在加速贵州家庭伦理变迁的进程方面,起到了促进作用。

(三) 民俗活动

民俗起源于人类社会群体生活的需要。劳动时有生产劳动的民俗,日常生活中有日常生活的民俗,传统节日中有传统节日的民俗,社会组织中有社会组织的民俗,人生成长的各个阶段也需要民俗进行规范。比如结婚,人们需要有结婚典礼或仪式来求得社会认同,在人的精神意识领域也有民俗,如许多生活中的禁忌就是如此。一个地域或者一个族群的民俗样式体现了这个族群在历史发展过程中所凝聚的生活智慧及家庭伦理等价值观。

夷汉杂处在明代的贵州是普遍现象。流行于镇宁扁担山地区的布依族经书《古谢经》卷一《穆考》:"顺那街那槽,朝大路上去,走大路上去。不要走上街,上街是汉族;不要走下边,下边是彝族。" "你若到河桥,河桥听头声;你若到响屯,响屯听到音。若到上彝寨,彝寨三百人;若到下汉寨,汉寨三千人。"⑥ 反映了多民族毗邻而居的现实状况。

---

① (明) 沈庠修,赵瓒纂:《(弘治) 贵州图经新志》卷一,巴蜀书社 2006 年版,第 10—11 页。

② (明) 沈庠修,赵瓒纂:《(弘治) 贵州图经新志》卷七,巴蜀书社 2006 年版,第 82 页。

③ (明) 沈庠修,赵瓒纂:《(弘治) 贵州图经新志》卷十三,巴蜀书社 2006 年版,第 143 页。

④ (明) 沈庠修,赵瓒纂:《(弘治) 贵州图经新志》卷十四,巴蜀书社 2006 年版,第 151 页。

⑤ (明) 沈庠修,赵瓒纂:《(弘治) 贵州图经新志》卷十六,巴蜀书社 2006 年版,第 173 页。

⑥ 侯绍庄:《布依族丧葬祭祀歌词社会历史价值刍议》,《黔史论丛》,贵州民族出版社 2005 年版,第 371 页。

一方面，两个以上的族群杂居，不同文化之间的碰撞与交流会导致各自的民俗样式出现不自觉的调整和改变。如现在的黔中腹地，一些明代屯兵后裔——屯堡人在收割水稻时，就不同于一般的收割方法。他们收割水稻从不用拌斗脱粒，而习惯于把稻穗割下，捆成小捆，挑回家中挂房梁上晾晒后再脱粒。脱粒也不用专门工具，而是用任意拾来的石板，置于桌上，将担回的稻穗在石板上甩打脱粒。当地老农曾列举其三条好处：(1)此地山高路陡，搬运拌斗困难；(2)将稻穗担回家，可节省劳力，加快收割速度；(3)当地稻田湿，不好将水稻整株割下。而事实上这些所谓的优点其实都经不起推敲。实际上这一特异收割法的成因是，明初为移民征用屯戍地时，由于受汉文化的规约，必然征用较宜种水稻的坝子——彝族之冬牧场。而耕种屯戍地的军事移民，必须在彝族大批羊群下山之前收割完毕，因而为了抢时间，只好将未全熟的稻穗割走，及时运回家中，让稻谷后熟，而将稻草留在田中任羊群觅食，又达到自然上肥之功效，保证地力不下降。稻草经过冬牧已食干净，且不碍春耕。这样的收割既无碍羊群冬牧，又能提供优质饲料，为彝族乐意接受。可见，这是一种农牧兼利的异族生产互补结构的重要环节，因而由明一代长期延续，并成为一种生产组合定式，直到今天。① 除了单方面的调整以适应别的族群的生活习惯外，甚至会出现合流，形成新形态的为彼此都接受和采纳的民俗。各自民族在举行相关民俗活动的时候，这种不同民族的风俗习惯、岁时节日方面的互动为文化观念、价值取向的相互借鉴与模仿提供了契机和平台。

另一方面，各民族的民俗活动含有较为强烈的人伦教育。比如黔中腹地的屯堡人直到如今还坚守的地戏表演就是儒家伦理文化教育的典型例子。屯堡人是经历了明、清数百年逐渐形成的汉族支系。它的形成是以明代的屯军及其后裔为核心，以江南汉族文化为主要身份认同标志，以原明军屯军区域为主要生存空间的族群。从明朝时期的居高临下到清朝被新的汉族移民所边缘化，急转直下的命运导致他们离群索居，从而形成了在行为习惯、生活方式等方面都独具特色的屯堡人。在艰苦环境中为了寻求理想、消除恐惧、抚平创伤、重鼓勇气、恢复信心，只能通过地戏这种民俗活动来满足这些需求。而地戏的教育功能也正是在"传承文化价值观念、

---

① 参见潘盛之《一种多民族经济互补结构的残留——试析黔西北水稻特异收割法成因》，《贵州社会科学》1995 年第 4 期。

唤起族群情感、实施道德教化的仪式过程中不断发展起来的"①。屯堡地戏是明代贵州汉族移民维持并传承儒家伦理文化的表现。而且地戏所颂扬的就是"忠""义""勇"的儒家主导价值观。

第三节　清代传教士的传教活动与贵州地方文化变迁之关系

鸦片战争之后，西方列强凭借坚船利炮对中国不断入侵，输入中国的不仅有毒害身体的鸦片，还包括关涉人类灵魂皈依的各种宗教文化。就贵州而言，主要有天主教和基督教。

一　清代贵州的传教活动概览

道光二十六年（1846），天主教教皇格列高利十六世将贵州升为独立的教区，不再由四川教区代管。白斯德望被任命为贵州教区首任主教。咸丰十年（1860），胡缚理成为贵州教区第二任主教。他们在贵州各地建立教堂，广泛吸收教徒，派遣传教士传教。但是，天主教的传教活动在一段时间内并没有得到贵州官方的支持。由此发生多起血腥教案。其中有名的是青岩教案、开州教案、遵义教案等。同治九年（1870），在遵义教案的结案清单中，载有九起教案："一、遵义府城，于八年五月有毁堂租教，戕害教民一案；二、兴义府城团首刘官得有杀害教民一案；三、署永宁州严树堂、罗二生控告杀害教民一案；四、弹压中已经阵亡之副将田兴贵、因施司铎在途失事一案；五、安顺府城团首文际昌，有杀害教民一案；六、桐梓县团首王大衍，有杀害教民一案；七、代理都匀府钱壎，有阻拦文司铎不许进独山城一案；八、绥阳县城经堂，被川省营员刘子贵有毁坏堂中什物一案；九、守备潘应升因文、易两司铎行路滋事一案。"② 有学者将其称为贵州人民反对教会传教士侵略的斗争，并分为三个阶段：第一阶段是 19 世纪 60 年代，以青岩教案和开州教案为代表；第二阶段是 19 世纪 60 年代末至 70 年代末，以遵义教案为代表；第三阶段是 19 世纪 80

---

① 阳贤、张诗亚：《贵州省安顺地区屯堡人地戏仪式的道德教化功能研究》，《民族教育研究》2007 年第 2 期。

② 李书源等整理：《筹办夷务始末（同治朝）》卷七四，中华书局 2008 年版，第 3002 页。

年代初至 90 年代末，多以武装起义的形式进行。① 清代贵州教案频发，其中的原因，曾国藩有比较清晰的分析："惟天主一教，屡滋事端，非偏有爱憎也，良由法人之天主教但求从教之众多，不问教民之善否；其收入也太滥，故从教者良民甚少，莠民居多。词讼之无理者，教民则抗旨不遵断；赋役之应出者，教民每伉不奉公。……凡教中犯案，教士不问是非，曲庇教民；领事亦不问是非，曲庇教士。遇有民教争斗，平民恒曲，教恒胜。教民气焰愈横，平民愤郁愈甚。郁极心发，则聚众而思一逞。以臣所闻，西阳、贵州教案，皆百姓积不能平所致。"② 但实际上曾国藩是站在统治阶层的角度带着偏见来看待这个问题的。所谓"莠民居多"问题，天主教会在广收教徒时确实存在此类问题，但总体来说，天主教徒多为弱势群体，他们之所以加入天主教会，最重要的是教会可以为他们提供较多的帮助，而这些是在清政府及其官员那里得不到的。贵州教案的发生，多由于教民与平民之间的冲突，这只是问题的表象。其本质是清廷与教会在意识形态上的对立。因为天主教之教义，"无君父之尊亲，惟耶稣之是奉，是无纲纪也。无骨肉之亲爱，惟主教之是崇，是无伦常也。……只敬天主而不祀神祇祖考，则礼仪亡"③。很明显，天主教主张平等博爱，与封建伦理的君臣父子等级秩序相悖。也就是说，天主教的教义在一定程度上动摇了清廷赖以统治的理论基础。这才是教案频发的根本原因。

基督教传入贵州相对较晚。但基督教对近代贵州，特别是少数民族地区的影响，却是所有宗教中最大的。其中最著名的是柏格理等人建立的石门坎教区。石门坎在贵州威宁县境内，距离县城有 60 千米，是苗族聚居之地。威宁苗民信奉基督教，发端于英国牧师党居仁。1903 年，党居仁在安顺传教，期间为苗民做了两件好事：一是有一苗民在附近捕得一头野猪，可是被当地豪强霸占，党居仁出面调解，苗民重新得到自己的猎物；二是有一位苗民拿麝香去安顺卖，买主不付钱。党居仁出面逼着商人付了钱。然后说："你们回去好好信教读书，将来有文化，别人再不敢欺负了。"这样的好事一传十，十传百，威宁的苗民都到安顺去做礼拜。④ 在党居仁的帮助下，苗民找到当时在云南昭通的英国传教士柏格理。柏格理

①　参见何仲仁主编《贵州通史》第三卷，中国当代出版社 2003 年版，第 490 页。
②　李书源等整理：《筹办夷务始末（同治朝）》卷七六，中华书局 2008 年版，第 3058 页。
③　王明伦选编：《反洋教书文揭帖选》，黄山出版社 1984 年版，第 17—18 页。
④　参见《威宁苗族百年实录》，贵州民族出版社 2006 年版，第 8—9 页。

1905 年开始进入石门坎，1915 年因护理生病的学生不幸染上伤寒病去世，10 年的辛勤工作，使石门坎成为当时蜚声中外的基督教苗族教区。从 1905 年至 1949 年，先后在石门坎传教的英籍牧师及其人员有：柏格理、韩孝贞（柏格理之妻）、王树德、张道惠、顾德维、穆博礼、石崇德、邵泰卿、赵月林（女）、张绍乔、张继乔等。柏格理及其继任者，以石门坎为中心建立了 14 所教堂和学校，分布在石门坎（1905）、长海子（1906）、龙井（1907）、天生桥（1907）、陆家营（1907）、检角（1908）、罗卜甲（1910）、上海枯（1914）、切冲（1914）、论河（1014）、爱华山（1927）、木槽（1027）、牛街子（1938）、大寨（1945）。他们还创制苗文，创办麻风病医院，推广农业技术，创设石门坎药房，创置石门坎邮政代办所等。

二　传教活动与推进贵州地方文化的发展

一方面，传教活动一般都是在贵州腹地贫穷落后的少数民族地区进行的。比如黔西北的威宁，气候高寒，当地的居民生活困难，社会和文化发展落后。柏格理在威宁石门坎的传教活动解决了当地苗民生存困境中的各种问题，其广建学校、为苗民创立文字等行为改变了威宁地区文化程度低、行为习惯粗俗鄙陋的状态，并培养了一大批苗族知识分子。《苗族信教史碑文》记载："苗族信教以前，没有开化，愚昧无知，没有土地耕种，向彝族地主统治者佃地耕种。年年为彝族地主扛重额租子。害怕受到其他民族凌辱。生活十分困苦。胆小怕事。有男女青年'宿叶室''踩月'，打老牛祭祖，祭山祭树神；生活浪漫，酗酒成性。别族歧视、嘲笑，自己还不知道。幸有上帝差遣柏格理牧师到苗族地区传耶稣福音，指教我们走出一条生路。苗族自古生于中国，是中国人。祖辈有古诗详细记述，由于没有文化不识字便成落后，到处流浪，生活无着，谁也不问津。1903 年听说安顺有党居仁传基督教福音，苗族人亲自去安顺领教求道。党牧师说来此信教路程遥远，你们应到昭通找柏格理牧师。当找上柏格理牧师，他高兴地说，回去向四处苗族同胞说，可以到昭通来信教。他们回来向苗族村寨宣传后，从此去昭通信教的人日益增多，人山人海，礼拜堂容不下。柏格理只得带领汉族教师李司提反和苗族传道者王道元、杨雅各到苗族地区向彝族地主交涉，索要兴建教堂地基，以满足信教者需要。地基选中石门坎。建堂办校，开始学文化，读汉语相当费力，因为苗族没有文化已四千余年。读汉语书比什么都困难，幸有柏格理、李五先生（李司提反）、杨雅各等创制苗文，有苗文为读汉字减轻了负担。从此苗族总算有了自己的文字。信教的人越来越多，石门坎教堂容不下，又向四面八方苗族地区发展教堂。读书的人一年比一年多。没有大的学校，苗族无力建校，柏格理见此情景，于1908年回英国，向各方面宣传讲述苗族极端贫困的现状和情形，要求各方面捐资兴办一所较大的学校。后来一位阿司多老人听了很受感动，乐意捐助英镑两千元。为此，苗族赞曰：黑暗时代谁可怜我们，苦难环境谁同情我们。感谢上帝遣使柏格理牧师宣传基督福音。我们有书读，当赞美解囊资助的老人家。战胜黑暗，重见光明。"[①]这个石碑是全体苗族信徒和石门坎全体学生于1916年所立，从碑文的字里行间，可以看出苗族人民对柏格理等英国传教士的感激之情。柏格理感染风寒去世之后，苗民为其建墓立碑。《柏格理墓志铭文》说："先生本英籍……更汉文为柏格理，字明星，能操各种文言，服习起居随处与人从同，登堂演讲，善于现身说法，听者每觉兴致勃勃，感无不深省，足令堕者起而懦者兴，恶者胆寒而悲者慰。至其热心毅力，不避艰险，金沙江外举凡障雨蛮烟訾会荒冷之区，靡费足迹殆遍。……先生诚能动物，士大夫争相识之，其待教士，忧乐与共，恳挚之敫，甚于家人父子，自辟石门，博精擎劄，苗人呼之曰'堪德'。先生为之创文字译经籍，建堂设校，一遍荒地，极端经营，竟至崇牖栉比，差别有天地。"[②]从这里可以看出苗民对柏格理的深情，以及当地人对柏格理在石门坎传教意义的认识。

从理性和逻辑方面来看，柏格理等在贵州苗区传教之所以能够成功，并且产生巨大影响，是与以下几种因素相关的：一是柏格理真心帮助苗民，苗族群众心悦诚服；二是柏格理个人能力极强，比如创制苗文，发动英国爱心人士捐助等；三是柏格理的善举得到基督教会的大力支持，既有人力上的也有经济上的，柏格理能够在苗区创办教堂和学校，没有经济力量是很难办到的；四是所选以石门坎为中心的区域，属于苗区，较少受到政府的干扰。虽然柏格理在传教过程中也曾遭受围困，但相较天主教的著名教案来说，石门坎基督教传播较少有暴力冲突。

另一方面，传教士身体力行，为当地苗民树立起了道德榜样。前后有十几位笃信宗教（天主教）的传教士长期在威宁传教，为苗民的行为方

① 《威宁苗族百年实录》，贵州民族出版社2006年版，第94—95页。

② 同上书，第98页。

式构建了合理的准则。那些接受教堂文化和其举办的学校教育熏陶的苗族学生和信徒，更是彻底重构了行为原则和价值取向。推进了黔西北的社会进步和文化发展。

　　纵观贵州历史，移民运动是一种持续发生的常态，可以说，贵州是一个移民省份。来自不同地域和文化背景的族群通过自发迁徙共居在一个时空环境中，彼此会在物质和信息方面产生互动和沟通。长此以往，在行为方式和风俗习惯等方面就会趋同发展，这就是原住民内部各族群交汇与融合的结果。汉族移民来到贵州，居夷处困，为了适应环境获得生存机会，也会调适其固有的价值观念和行为准则。但较之于当地少数民族来说，汉族移民的文化和文明自觉程度处于优势地位，因此他们（尤其是知识分子）会自觉地向当地族群灌注儒家伦理观念和行为准则。王学对贵州文化的影响乃一著例。明清时期，贵州因各种原因陆续迁入了各派宗教移民。尽管关注彼岸生活是所有宗教的共性，但是宗教移民对贵州文化的变迁亦产生了重要的意义和价值。广泛修建的寺庙、道观，以及传教士的传教活动推动了贵州的文明进程。

第五章 民族融合后呈现的新型家庭伦理文化

在研究不同族群的民族融合及文化交流时，必须厘清如下两对概念：先进文化、落后文化；强势文化、弱势文化。对文化作出"先进"与"落后"的判断，不是笔者的价值偏见，而是从儒家文化及传统观念的视角去考察不同族群之间的文化差异，因此有关"先进"与"落后"的概念算是借用。其实在本人看来，文化是环境的产物，而非进化的结果，故文化无分优劣。关于"强势"与"弱势"的比对，则是就其持有者在数量和规模上的一个量化的比较。强势与弱势相对，而先进则与野蛮和落后相对。将这两对概念进行排列组合，一定要打破如下思维定式：先进则强，落后就弱。强势未必先进，弱势也并不就代表野蛮与落后。强势文化是指当两个或两个以上文化载体沟通与交流的时候，占主动并对另一方呈包围与吞噬之势，而且主导着文化发展态势和方向的那一方。先进文化则是文明、进步的代名词，是与野蛮、蒙昧与落后相对立的。有时候，先进的并不一定就是强势的，因此有可能为蒙昧与野蛮所征服。比如明以前汉族移民的夷化现象。因为越是原生态的东西，其惯性延续的动能就越大，越不容易被改变其方向和扭转其局势。只有当强势与先进结合在一起的时候，在文化的沟通与交融中才会处于优势地位，从而主导文化发展的方向。当然，民族融合的结果并不是一种文化为另一种文化所取代，一种文化可以毫无增删地被全盘移植，而另一种文化则完全被消灭且再无痕迹。相反，文化融合会因为作为文化载体的人群的规模和力量等不同而导致如下结果：

第一，弱势文化与强势文化融合的时候，由于文化博弈的双方在力量上过于悬殊，因此力量强的一方所代表的文化就占优势，从而主导融合后新文化的方向和趋势。当然，由于文化本身具有自然的惯性、延续性，因此弱势一方所代表的文化也不会完全消失，而是以禁忌或者风俗的方式执拗地存在着。尽管到了这个时候，估计人们已经无法完整了解一个族群曾经的家庭伦理理念和行为规则，但是可以从风俗习惯和禁忌中看到伦理文化的表达与叙述。

第二，先进文化与落后文化融合的时候，如果代表先进文化的族群处于弱势地位，那么，落后文化就有可能暂时阻滞或者改变先进文化发展的方向和速度，甚至腰斩先进文化。比如明以前携带儒家家庭伦理文化的贵州汉族移民在历史的长河中，逐渐夷化并彻底丧失儒家家庭伦理特征就是明证。曾经的辉煌与礼范只能到文物般的家谱、祖训之类的戒规中去寻找、提炼和总结了。比如在市场经济的浪潮中，一些个人、家庭成员、族群甚至整个社会的基本道德都在经济利益中沦陷了。传统道德中的"仁、义、理、智、信"等合理内核连同封建残余的外壳一起被扔掉了。只有在古人留下的残篇断简中才能寻找到其中之真意。但是正如马克思所说的那样：落后的东西必然被先进的东西所代替。而且任何运动变化的东西（包括生物和文化），都必然是逐渐进化到优秀和进步。所以最终，可能落后文化经过进化与演变，获得了先进性的品质，从而与曾经被抛弃的先进文化殊途同归。

第三，强势的优秀文化与弱势的落后文化之间的融合。这种融合其趋势和结果就简单得多。因为人们对优秀的东西本身就缺乏免疫力，再加上先进文化以强势载体及强制力做保障等，先进文化的推行和落后文化的土崩瓦解一样是摧枯拉朽的。比如明代强势的汉族移民群体和国家"移风善俗，礼为之本；敷训导民，教为之先"的教育主张和措施，对于儒家家庭伦理文化在贵州的延续和发展起着非常重要的作用。少数民族"渐被华风"。对"礼乐教化之制""君臣父子之礼"的习得和遵守的程度渐渐"比同中州"。

第四，当两种文化及其载体在各方面都势均力敌的时候，文化博弈与融合的结果可能就是：对于融合后的文化趋势及其价值取向，彼此都贡献了自己应有的份额。融合后的新文化打上了各自原有文化的烙印，但又不是原有文化模式的继续发展，而是一种全新的复合文化。

具体到贵州来说，夷汉民族融合之后，其产生的新家庭伦理具有自己的独特性。尽管规模性和集团性的汉族移民携带着优秀和先进的文化来到贵州，并且有国家强制力保障儒家家庭伦理文化的异地移植和推广，但是由于贵州原住民中族类繁多，种类复杂，而且长期处于自我封闭的状态，所以对异质性文化具有很强的排斥性及对抗性，而且具有顽强抵抗的能力，其惯性延续的动力无法在顷刻之间就得到有效控扼。很多族群在明朝大力开发并大规模移民的背景下仍然保持自身在家庭伦理方面鲜明的民族特性就是一个明证。

第一节　融合后典型的呈现

自明迄清，不少非汉家族纂修了家谱并且将儒家家庭伦理规范及准则明文写进族谱或者家谱之中。这表明他们已经部分或者完全接受了儒家伦理文化。因为民间纂修私人谱牒这一行为本身就是汉民族自汉代以来的一种文化现象。因为在某些历史阶段上，家谱兼有政治功能、社会功能和教化功能。魏晋南北朝时期，谱牒可以是个人的护身符，因为门阀士族的社会风气导致人们必须要为自己寻找到有效的依靠力量。成为仕家大族谱牒之瓜藤图上的一个纽结是确保个人及其家族安全和顺利发展的重要保障。此时家谱所肩负的是政治和社会的双重功能。到了门阀氏族已经成为历史记忆的宋代，家谱的意义更多的只是"敬宗守族""尊尊亲亲"的教化功能。宗族不仅仅是一种血缘、亲属制度，更是一种用礼与法的语言来表达的社会秩序和规范。彝族土司水西安氏在成化年间也仿汉制修家谱，这一举动表明其对汉族儒家礼制中的家庭伦理文化已经从容忍、理解到认同和接受了。而且在国子监祭酒周洪谟所作的《安氏家传序》中，也记录这个土司头目在文化上已经汉化的事实：

> （安）陇富晓字义，事母孝，持家以简，爱民如子，尝思其土鄙陋，欲变之。又纂司志，修家谱。遭时多故，不克如志。陇富卒，子观嗣，善继父志，述父事。凡居室器物、衣服、婚姻丧葬、禳灾捍患之事，颇依华夏之礼，不好酒色，不缺贡献……观卒，子贵荣嗣，好读书史，通大义，设庠序以明礼义，旧染陋俗，寝变华风。用夏变夷之功日见其盛。①

---

① （明）王耒贤、许一德纂修：《（万历）贵州通志》卷二十三，日本藏中国罕见地方志丛刊本，书目文献出版社1991年版，第579页。

由此可见，宋元史籍所描述的自杞、毗那、罗甸、乌撒等彝族部落那种父子不睦则刀刃相向的伦理秩序和状态已经不复存在。文明代替了野蛮，长幼之间那种缺乏温情的冷漠关系已经为脉脉温情的儒家伦理准则所取代。到了清代，一些地方的彝族在习俗方面更是与汉人类同。《（道光）寻甸州志》卷二十四说："白罗罗，男女两截衣……今渐移俗，衣冠多效汉人。"但是在明代中央王朝的权力所及之处，儒家家庭伦理文化推行的力度和范围，仅限于安氏等这样的土司头目和部落酋长首领。因为作为明代有名的雄踞黔省的大土司，贵州宣慰司正宣慰水西安氏拥有自己的文字（彝文）、文献、意识形态，以及一套有着深远历史根据的制度化的政治权力构架，即集军事与行政、血缘与地缘为一体的十三则溪制度。在其制约下，明王朝的制度、礼仪与以儒家家庭伦理文化为核心的意识形态仅仅影响到水西社会的上层，并不能深入水西地区各阶层。同样，在水东宋氏、播州杨氏及思州和思南田氏土司的领地内，儒家文化也不可能完全渗透到社会各阶层和每一个个体。毕竟下层民众对于中央王朝政令的理解与文化的认同受阻于语言沟通的障碍，且他们的叛服与否都需要土司的牵头和领导。所以儒家家庭伦理文化在贵州原住民中的传播及其推广不具有普适性。因此，夷汉融合所呈现的新型家庭伦理范式和模型只能以典型个案作为研究的切入点。

一　"夷""移"交流及夷俗改变

明王朝在贵州驿道沿线设置了 20 多个卫所，正军加上舍丁和军余，30 多万汉族士兵长期耕耘和征战在贵州这片土地上，形成了事实上的移民。一般而言，当地居民很难与兵士有沟通和接触。因为军队驻扎的场所本身就是高墙大院，戒备森严，再加上语言的障碍和族类的差异，更是无法具备两个主体平等对话的条件。而且卫所沿驿道陈列，呈线状分布，无法渗透和深入黔中腹地并广泛根植于土著居民当中。

由于明朝实行卫所屯田制度，屯垦的军余和舍丁在农耕的过程中打破了军营固有的神秘和森严。因为田间劳作较之于组织严密、操练不断的军营来说，具有农耕生活所固有的分散性和开放性。再加上卫所是沿驿道呈一线分布，这一地带之前都是原住民曾经居住和生活过的地方，只不过明军以武力或者以武力相威慑而迫使他们挪移罢了。为了"开边"，明王朝在黔东和贵阳、安顺等驿道沿线大量安屯设堡，强使许多苗族人民迁居。① 但这种挪移并不是长距离的迁徙，因此卫所左右都是夷人，军屯的田地必然与当地族群的生活空间接壤。即"军屯之外尽夷方，夷妇同争鼠马场"②。黔抚郭子章亦称："贵州一线路外即苗穴矣。"③ 即卫所与土司领地及少数民族村寨犬牙交错。这种近距离的相处不可避免在物质等方面会互通有无，这些军事移民甚至在粮食等物质供给上形成了对少数民族的依赖。明人万士和称：

> 尽贵之地，山陵林麓居十之七，而可田者居十之三；尽贵之田，罗鬼诸夷居十之七，而军居其三。军户自屯田，官赋外所余无几，其阖城老幼俱俟苗民负粟入城郭，计升合贸易，有不足者出重息以称贷于人，故苗粟一日不至则饥，称贷不得则嗷嗷然待哺而已。④

在贸易等方面的往来中，当地族类得以窥见与之截然不同的汉族社会的运行模式和行为规则，并感受到其文明所散发出来的魅力与诱惑，原住民由此产生了对移民所代表的儒家家庭伦理文化的认同并仿效之。且以夏变夷是饱经儒家文化濡染的汉族各阶层人士不变的追求，汉族移民对于当地非汉族类行为习惯和规则的儒家化转向，除了无意识的示范，还有有意识的引导和传递。再者，卫所的意义并不止于武力后盾与军事控制，它还意味着一场大规模的移民运动与文化移植。移民的进入同时意味着一种新的文化与礼仪的传播，移民的儒家家庭伦理价值取向及移民本身也是贵州这片化外之地渐染华风的一个表现。因为移民已经属于贵州这片土地上的居民。况且士大夫们希望这种从"中州"移植的儒家思想及价值观念能够在汉族移民内部实现世代传承和繁荣发展，并以此改造蛮风夷俗。从洪武朝到弘治年间，贵州当地的世风民俗发生了很大的变化。《（弘治）贵州图经新志》这样描述宣慰司城（即省城）、贵州卫、贵州前卫、毕节卫、乌撒卫的风俗：

---

① 参见《贵州省志·民族志》（上册），贵州民族出版社 2002 年版，第 17 页。
② （明）万士和：《乌撒即事》，《万文恭公摘集》卷一，《四库全书存目丛书·集部·别集类》第 109 册，齐鲁书社 1997 年版，第 229 页。
③ （明）郭子章：《黔记》卷四《舆图志》，巴蜀书社 2006 年版，第 49 页。
④ （明）万士和：《贵州文明书院义仓记》，《万文恭公摘集》卷六，《四库全书存目丛书·集部·别集类》第 109 册，齐鲁书社 1997 年版，第 316 页。

　　（贵州宣慰司与贵、前二卫）俗尚如实（原注，《旧志》：郡人多中州之迁谪，故服食器用咸尚朴实，间有奢靡者，群訾笑之）。士君子秀而文，其氓勤而务本，人多气节（原注，《旧志》：崇儒术，尚礼义，以气节相高而耻为污下之事，其仕于外者往往有廉介忠鲠之称）。不异中州。文教丕振，风气和平，不喜争讼，乐于恬退，集场贸易（原注，《新志》：郡内夷汉杂处，其贸易以十二支所肖为该市名）。①

　　这段引文描述的是宣慰司城一带的风俗，而且"贵州卫、贵州前卫（风俗）俱同宣慰司"②。除此之外，在设置卫所的地方，经过几十年的发展变化之后，居民习俗也都有所改变。

　　（毕节卫）中州礼俗（原注，《一统志》：戍此者皆中州人，其冠婚丧礼能不混于流俗）。用夏变夷（原注，《庙学记》：卫居乌蛮巢穴，然能读书循礼，用夏变夷）。人多勤俭。③
　　（乌撒卫）人性强悍（原注，《旧志》：卫之士卒皆谪自中州，既久处边幅，皆强悍桀骜，岂风土之所致耶？）。衣冠礼乐，不输中土，风气刚劲。④

　　在交通线附近，生产力、文化及风俗都有不少变化，各少数民族由于"与卫人错居，近亦颇有汉俗"。普安州的"罗罗"等原住民"近年渐染华俗，而近于礼"⑤。《明一统志》称："（贵州宣慰司）冠婚丧祭颇效中华。"⑥ 贵州彝族土司水西安氏在权力继承方面，随着儒家文化的推行，

---

　　① （明）沈庠修，赵瓒纂：《（弘治）贵州图经新志》卷二，巴蜀书社2006年版，第10页。
　　② （明）谢东山：《（嘉靖）贵州通志》卷三，1982年贵州省图书馆据云南大学借云南省图书馆传抄天一阁藏嘉靖刻本重抄本复印本，巴蜀书社2006年版，第271页。
　　③ （明）沈庠修，赵瓒纂：《（弘治）贵州图经新志》卷十六，巴蜀书社2006年版，第167页。
　　④ 同上书，第173页。
　　⑤ （明）谢东山：《（嘉靖）贵州通志》卷三，1982年贵州省图书馆据云南大学借云南省图书馆传抄天一阁藏嘉靖刻本重抄本复印本，巴蜀书社2006年版，第271页。
　　⑥ 《明一统志》卷八八《贵州宣慰司》，文渊阁四库全书本，第473册，上海古籍出版社1987年版，第853页。

也发生了根本的改变。对于《水西土官制度略》中所说的"夷俗以嫡长为贵，宣慰之子，惟嫡室长子得袭职"，方国瑜先生认为这是后来的事，在早期恰好相反。① 即在早期不是嫡长子继承制，而是"更迭而为"的传承方式，即权力传承并未遵循父死子继的原则。

如上所述，有明一代，由于移民的大量进驻，移民本身的伦理观念及其对原住民在家庭伦理方面的改变产生了实质性的影响和效果。到了清代，这种情况进一步加强。清廷对贵州的经略既包括政治、经济、军事、文化教育等国家职能的全部，亦包括不限于驿路沿线而是整个贵州版图这一全方位的开发与建设。平定黔地土司叛乱，农民起义的兵士，经商的商贾，湖广填四川的耕垦之农民等类型的汉文化移民，他们的足迹不限于驿路沿线或者卫所周边，因此儒家文化对贵州居民家庭伦理观念的影响就是全方位且深远的。除了代表汉文化的客民，还有西方天主教、基督教的传教士来黔，对贵州的文化意义也非常深远。不过他们身体力行所传递的不是儒家家庭伦理观念，而是宗教信仰和圣徒情结。如前所述的英国传教士柏格理，在非常偏僻的黔西北威宁苗族社区，建立了教堂，修建了学校和医院，彻底改变了苗民原有的价值理念和行为习惯，这充分体现了基督教传递文明的作用和功能。

二　原住民中举人的贡献及夷人婚俗的改变

贵州在明代因中央王朝的开发而导致大量汉族移民进入。少数民族在与汉族移民杂处的过程中，受儒家思想及价值观念的影响逐渐养成了读书应举的风气。已经接受儒家文化教育并且进士出身的当地士子为进一步推动贵州少数民族家庭伦理文化的变迁作出了积极的贡献。贵州地区少数民族"渐被华风"，"冠婚丧葬渐循汉礼"，即伦理习俗在整体上得到了改变和提升。

（一）少数民族士子对伦理文化变迁的贡献

自隋唐以来，以儒家经典为考试内容的科举制度成了国家选拔官吏的主要方式。读书应举、入仕为官是所有中国古代知识分子的宿命和基本存在样态。中国文人长期研习居于正统地位的儒家思想，很自然形成了对理想社会制度模式的相同认知。凭借政治权力等方面的优势，文人的社会模

---

① 　参见方国瑜《彝族史稿》，四川人民出版社 1984 年版，第 543 页。

型和行为方式对其他阶层在相同领域的行为和规则上有着榜样作用，它提供了评判功过是非的标准和原则。许多原住民受到汉族移民的影响或者被籍为编户缴纳赋税后，逐渐意识到儒家文化所具有的功利价值和本身的魅力，和汉族文人一样，积极读书应举亦成了他们的终极追求。饱读诗书的理论铺垫必然会导致其在行为方面的相应改变，这种现象势必使原住民在礼俗方面产生明显而重大的儒家化转向。因此，儒家家庭伦理文化在贵州土著民族中的传播与当地人接受儒学教育后参加科举考试有非常密切的关系。

兴办教育"以化夷俗"。使之"明君臣父子之礼，懂礼乐教化之制"。洪武时期明太祖就明确规定，土司应袭子弟必须要接受儒学教育才能袭职。对于选派到中央教育机构学习的土司土目子弟，朱元璋吩咐要善加教化。目的是要等他们学成而归后，可以变土俗同于中国。

　　　　洪武二十三年五月己酉（十七）（1390 年 6 月 30 日）播州、贵州宣慰使司并所属宣抚司官各遣其子来朝，请入太学。上敕国子监官曰：移风善俗，礼为之本，敷训导民，教为之先，故礼教民于朝廷而后风化达于四海。今西南夷土官各遣子弟来朝，求入太学，因其慕羡，时（疑：特）允其请。尔等善为训教，俾有成就，庶不负远人慕远之心。①

兴教育以"化夷俗"的举措从洪武年间就开始了。如前所述，自洪武时期开始，陆续设置了卫学、府学、州学、县学及宣慰司学。但是在很长的一段时间里，儒家文化教育在原住民中所取得的进步都是非常缓慢并且相当有限的。能够或者愿意接受儒学教育的主要是卫所子弟，包括一部分土司土官等民族部落头领的子弟。对于卫所官兵及子弟来说，他们深受儒家文化影响，读书—应举—入仕为官是他们人生必然之追求。对于土官来说，由于最先和汉族官僚打交道，并且迫于朝廷明确制定不入儒学接受教育的土司子弟不能袭职之规定的外在压力，入国学接受儒家文化教育乃无奈之举。但是作为一般民众的那些原住民，即非汉民族中的普罗大众则很少甚至没有接受儒家文化教育。原因是多方面的，如语言不通、费用不

---

① 贵州省民族研究所：《明实录贵州资料辑录》，贵州人民出版社 1983 年版，第 71 页。

菲，以及愚昧落后导致没有读书之内在诉求和动力等诸如此类，所以儒学生员中鲜有此类学童。

但是随着汉族移民的增多，中央王朝对贵州腹地渗透之广度和深度的加强，以及后期屯政日渐废弛等原因，自嘉靖以降，卫所生员一枝独秀的情况开始改观，非卫所士子开始在科场中崛起，卫所子弟则相对式微。这也可反映出明代贵州社会变迁的几个趋势：首先，军屯制度日趋衰落，卫所兵丁减少。自明代中叶开始，由于土地兼并严重，屯田士卒不堪赋役沉重及卫所管理不善等原因，致使卫所军户大量逃逸。其次，非军籍的编户增加。随着改土设流的逐渐推行，编户齐民的里甲制度得以普遍建立起来。最后，表明王朝的文教观念和措施在贵州的渗透与扩张取得了很大的成功。在当地少数民族中出现了一批接受儒家文化之濡染，饱读诗书，并通过科举考试进入仕途的士大夫阶层。他们自身对儒家家庭伦理的接受以及为促进儒家伦理文化在贵州的传播与推广所作的努力是贵州家庭伦理变迁的根本动力。从嘉靖年间开始，逐渐有关于当地原住民中举的记载：

> 嘉靖二十年（1543）有思南苗族文人罗国贤考中举人。[1]

明代思南府玄天观在新址另建时的碑文《玄天观记》为明代嘉靖时期苗族举人罗国圣所作。[2] 可见苗族人罗国圣也是嘉靖年间考中举人的士子之一。据德江县民族志编纂办公室《德江县民族志·大事记》载：

> 明代（1368—1644）：正德九年（1514），土家族田秋考中进士；嘉靖二十九年（1550），土家族张守宗考中进士；隆庆二年（1568），大堡（今德江县城）开设市场进行商品贸易。万历四十一年（1613），土家族田仰考中进士。[3]

据统计，在明代，思南府辖境内有进士申佑、田秋、张守忠、肖重

---

① 贵州省地方志编纂委员会：《贵州省志·民族志》（上册），贵州民族出版社 2002 年版，第 78 页。
② 同上书，第 111 页。
③ 德江县民族志编纂办公室：《德江县民族志·大事记》，贵州民族出版社 1991 年版，第 4—5 页。

望、田仰、田景新、杨廷昭、田景猷等 11 人，举人 108 人，副榜 1 人，武举邹得良 1 人。①

一方面，少数民族学子读书应举这件事本身就表明这一部分少数民族认同并接受了中央王朝这种选拔人才的方式和标准体系。"学而优则仕"又是以儒家文化为核心的汉民族之核心价值观。并且由于知识分子刻苦攻读了儒家典籍，故深刻领悟了以家庭伦理道德为核心的儒家文化之精髓。思想是行为的先导，价值观决定了一个人行为的方向，所以掌握儒家伦理精神并身体力行之，儒家家庭伦理原则和规范在他们自己及家人身上得到有效贯彻和执行。从而根本上改变自己及家人在家庭伦理方面固有的观念和行为处事的原则和方法。

另一方面，他们因为读书应举中榜以后步入仕途，进入王朝的仕宦阶层。"官本位"观念是中国传统文化中的一个重要部分，读书做官是所有儒生学子倾其一生而不懈追求的。因此这些通过读书而获得功名的人必然有明显的示范效应，由此带动周围其他适龄学子加入读书应举的行列。这对于儒家家庭伦理原则和规范在贵州原住民中的传播和推行起着直接的推动作用。更重要的是，因为他们作为仕宦或者乡绅，在共同文化体系的话语背景之下拥有了与王朝相关决策者对话的资格。他们提出的对于促进当地教育文化发展的建议和措施容易得到权力部门的认同并采纳。况且武力征伐和文化渗透并重本身就是明王朝经略贵州的基本思路和方略。思南人田秋上疏请求在贵州开科取士，并得到朝廷应允就是一著例：

　　田秋，思南人。明正德九年（1514）进士，为推动贵州教育的发展，推出人才，改变贵州儒生赴湖南、云南乡试的依附局面，向明王朝上《请开科以宏文教并增解额》疏，请求贵州独立开科取士，得到明王朝应允，于嘉靖十四年（1535）在贵州开科取士，定解额 25 名。对贵州科举的发展起到促进作用，参加者日众。田秋还上疏请求在安顺州，务川、印江两县建立学校，发展西南边陲地区教育。②

　　① 参见贵州省地方志编纂委员会《贵州省志·民族志》（上册），贵州民族出版社 2002 年版，第 394 页。
　　② 同上。

　　(二) 少数民族婚姻家庭观念的改变

　　长期夷汉杂处，为了用儒家文化同化少数民族，中央王朝采取的一系列措施、当地士子的推动、儒家文化本身固有的先进性和优越性，以及汉族移民身体力行的影响和儒学教育广泛推行等因素的推动，少数民族在婚姻缔结、长幼关系及文明礼节等家庭伦理方面都发生了显著的改变。

　　比如缔结婚姻的有关习俗有所改变。婚姻是两个独立的个体通过一定的仪式或者程序结合为一个共同体的过程。在婚姻问题上的伦理观念涉及这样一些问题：一方面，缔结婚姻的方式发生了渐进式改变。翻检有关贵州的地方志书等历史资料，都不乏描述很多族群的"跳月""游方"等自由择偶的方式，并且被汉族知识分子斥之为"淫乱如狗彘"。《大明一统志》记载他们的婚姻是"婚姻，男女自主"。在唐宋时期，布依族缔结婚姻的方式是"婚法，女先以货求男"（《通典·南平蛮典》）。到了明代万历年间，郭子章观察到，他们在缔结婚姻的时候，女子容貌直接关系到聘礼数目的多少。"以姿色定聘资，多至牛三五十头。"① 这迥异于汉族儒家文化中女性在缔结婚姻过程中的矜持和被动局面。在儒家传统中，媒聘都只能由男方家发出，否则有损女方的尊严和地位。但是到了明中后期及清代的文献资料中，逐渐多了"渐习汉制""仲苗婚丧已渐习汉仪"的描述，即开始遵循"父母之命，媒妁之言"并以这种方式缔结婚姻。根据摩尔根在《古代社会》中的观念，具有一定仪式和程序的婚姻及家庭才是人类社会进入文明时代的标志性事件。没有规范和限制的群婚制是人类野蛮和蒙昧的典型表现。但是在早期贵州少数民族的一些族群中，在婚姻家庭中充满了血腥的蒙昧和野蛮。比如明正德至嘉靖年间田汝成的《炎徼纪闻》这样描述僮人的婚姻家庭生活：

　　　　僮人五岭以南皆有之，与瑶杂处，风俗略同，而生理一切陋简。……尚官之家，婚姻以豪汰相高，婿未就亲，女家于五里外结草屋以居，谓之入寮，两家如以鼓乐迎男女至寮，盛兵为备。小有言则兵刃相接。成婚后妻子媵婢忤意思，婿即手杀之。自入寮，能多杀媵婢则妻党畏之。否则谓之懦。半年后归夫家。②

　　① 田雯：《黔书》（上卷），贵州人民出版社 1992 年版，第 25 页。
　　② （明）田汝成撰，欧薇薇校注：《炎徼纪闻校注》，广西人民出版社 2007 年版，第 123—124 页。

僮人乃包括布依族、侗族、水族在内的粤族之一支，居住在黎平、铜仁一带。但是到了清代，靖道谟这样描述黎平府的情况：

> 五方杂处……尚义重信，不乐纷嚣。此邦之人有三不恶，时和年丰，惟以礼乐诗书为事。……俗少嚣凌。①

在性格上少了野蛮和愚昧，处理婚姻的问题上自然会多一些文明与礼让。另一方面，夫妻各自在家庭中的地位及对彼此应尽的义务等方面发生了一些显著的变化。在明之前或者明初，原住民对于女性的生理情况不了解，因此出现了女性生孩子而丈夫卧床休息的情况：

> 南方有獠妇，生子便起，其父卧床褥，饮食皆如乳妇，稍不卫护其孕妇疾皆生焉，其妻亦无所苦，皆炊爨樵苏自若。又云，越俗其妻或诞子，经三日便澡身于溪河，返其糜以饷婿，婿拥衾抱雏坐于寝榻，称为户翁，其颠倒有如此。②

除了这种完全不同于儒家文化中的角色颠倒以外，在婚姻中对女性的道德标准及地位之规定也不同于儒家文化的取向。如"黑倮罗……女子以善淫名者，人争娶之，以为美"（《峒溪纤志》）。《都匀府志》记载："水家苗，都匀有之……婚姻论财，不亲迎，不拘同姓，择配离异，多任自由。"由此看来，贵州都匀的少数民族在择偶婚配方面是自由的，且不受宋明理学所倡导的从一而终贞洁观的约束和限制。如紫姜苗："夫死未葬，妇即适人，谓其有主。"[《（嘉靖）贵州通志》]"紫姜苗……夫死妻嫁而后葬，曰：丧有主矣。"（《乾隆通志》）

由此可以看出，少数民族在其族群的历史延续过程中，在缔结婚姻等伦理方面有着自己独特的个性。他们所倡导和认同的行为规范和价值理念与儒家思想伦理观念是截然不同的。但是随着与汉民族的混杂居住及交往的深入，以及中央王朝有意而为之的一些措施和行为，对于他们原生态的

---

① （清）鄂尔泰等：《贵州通志》卷七《黎平府》，文渊阁四库全书本，第 571 册，上海古籍出版社 1987 年版，第 170 页。

② 贵州省文史研究馆编：《贵州通志·土司·土民志》，贵州人民出版社 2008 年版，第 183 页。

婚姻习俗产生了极强的冲击。使这种纯粹的，具有鲜明族群个性的婚姻观念发生了改变。尽管任何一个族群的历史演变都遵循这样一个规律，即都是从低级到高级、从简单到复杂、从蒙昧落后到文明进步的。但是如果没有汉族移民的进入和明王朝的大力开发，贵州当地原住民社会发展的自然进程显然要慢很多，还需要经历更漫长、更坎坷的发展过程，婚姻家庭等伦理习俗的样态才会发生缓慢的变迁。比如在贵州一些少数民族中，婚配的对象是特定的。如《黔记》记载：

> 爷头苗……姑之女必适舅之子，聘礼不能措则取偿于子孙。倘外氏无相当子孙，抑或无子，姑有女必重赂舅，谓之外甥钱，其女方许别配。若无钱贿赂于舅者，终身不敢嫁也。①

如关于"姑表亲"，即舅家的儿子有优先择聘姑妈之女为妻的权利。但是这种婚配观念受到王朝及其官员的强力阻止。清康熙六十一年（1722），护理思州府篆蒋深下令禁革：

> 详请禁革苗俗，以维风化，以杜争端……都坪司辖后山洞苗酬婚恶俗诚不可严禁也。查律载，娶己之姑舅姊妹者，杖八十，离异，而更厉抢亲之禁。②

因此，这种习俗由于不被相关政令措施所允许而日渐衰落下去。到民国时期，除了个别侗族和苗族聚居区还存在这类现象外，在贵州其他地区和族群中基本绝迹。

随着汉族移民及其后裔世代繁衍生息与少数民族杂居共处并在无意识中共同创造新型文化体的时候，除了在婚姻上的变化外，少数民族的其他风俗习惯也逐渐变得与儒家文化接近或者直接合二为一了。如清初靖道谟所修的《贵州通志》中就屡次描述各府的土民，如贵阳府"俗尚朴实，敦礼教。士秀而文，民之务本。崇尚儒术重气节"。镇远府"风气渐开，人文丕振"。石阡府"服食婚丧悉效华风。……涵濡日久可儗中州"。可见土民渐染华风程度之深，家庭伦理观念变化之著。

---

① （清）李宗昉：《黔记》卷三，中华书局1985年版，第25—26页。
② 《岑巩县民族志》，贵州人民出版社1991年版，第38页。

第二节　汉族移民及后裔家庭伦理习俗的改变

自明至清，汉族移民大量涌入贵州。对于贵州历史来说，明朝是一个至关重要的转折阶段。在明初，无论是从政治、经济还是文化方面来看，贵州都不具备成为一个行省的条件，但是因为"开一线以通云南"这一战略地位的凸显，使得中央王朝加大了对贵州的开发，从以前分属湖广、云南、四川的版图上析分出来，相继成立了都指挥使司、承宣布政使司、提刑按察使司，贵州由此而成为十三行省之一。为了保证通往云南驿道的畅通，防止交通要道上的贵州境内少数民族土司作梗致使云南成为朝夕不保的殊方他域，从洪武初年朝廷就开始屯兵贵州。因贵州乃滇之锁匙。正如朱元璋在洪武十五年（1382）正月攻克云南后给征南将军傅友德的上谕中所说："彼得报，知云南已克。……至如霭翠辈不尽服之，虽有云南，亦难守也。"[1] 太祖的担忧不无前瞻性。如明朝后期的天启、崇祯年间，水西、乌撒、永宁三土司联手起事，云南与中原立即"声息断绝"[2]。洪武十四年（1381）征云南的 30 万大军随后也留驻湘黔、滇黔、川黔滇驿道沿线，开始了"三分戍守，七分屯垦"的军屯生活。除了军屯以外，还有商屯和民屯。首先，由于贵州土地贫瘠，难于耕种，因此 30 万大军及家属即便屯垦也难于自赡。为了解决兵士及家属的粮饷问题，在贵州实行了"开中纳盐"制度。但是贵州路途遥远，长途运输殊属不易，商人很难实现以长途贩运粮食的方式来换取盐引，也不可能从当地原住民手中购买粮食转卖给卫所，因为如果当地粮食丰足，就不需要实行"开中"制度，而改为由官方卫所直接购买或者以租赋的方式收取就可以了。"开中"制度得以推行就是因为商人雇用掌握先进生产技术的汉族农民来黔耕种，就地换取盐引，商屯由此产生。其次，由于云南和贵州在明初属于地旷人稀之地，而当时江南等汉族文化区大部分地域都已经地狭民稠。故"移民就宽乡"的措施是解决这种矛盾的根本途径之一。据记载，如沐

---

① 贵州省民族研究所：《明实录贵州资料辑录》，贵州人民出版社 1983 年版，第 24 页。

② 参见《（天启）滇志》卷二三《艺文志》十一，《请开粤路疏》，云南教育出版社 1991 年版，第 768 页。

英、沐春父子这样迁入滇黔的"就宽乡"之民就达 400 万之多。① 因军屯、商屯和民屯而来的移民，和当地少数民族共同生活在贵州这片土地上。不同族群超越安全度近距离相处与交往，必然会产生文化上的碰撞、冲突、交流与融合。从社会发展的规律和逻辑上讲，先进文化一方占有绝对的优势，会成为融合后新型合流文化的风向标。但是先进文化本身还需要强势的政权力量和文化载体作为依托，否则，为了安全和生存，先进文化屈从于野蛮族群，随波逐流、日渐退化也是有可能发生的。明之前贵州"汉民变苗现象"就是典型的例子。明时期所产生的移民，与明之前的移民有如下区别：

第一，明廷大规模开发贵州，上述三种形式的移民都具有官方的性质或者直接是由官方组织的。明代之前则是自发、零散的民间移民，他们的生活没有保障，在穷山恶水、蛮荒之地生存下来是当务之急。所以除了随遇而安、入乡随俗外他们别无选择。明朝由官方组织的移民，必然具有相应的国家权力保障他们在贵州的身份和地位。为他们在贵州的安居乐业提供制度性保障和优先条件。比如卫所士兵及家属，物质上国家以"开中"和为屯垦提供耕牛、种子及农具的方式为他们提供了足够的粮食供应；应"移民就宽乡"之号召而来的移民，国家也为之提供生活和生产上的资助，发放耕牛、农具和种子；商屯的农民有商人在经济和生产资料及工具等方面提供帮助。因此较之于当地生活艰难的民众来说，移民因为有良好的生存状态而使之具有较强的优越感，从而形成对自己所赖以存在之文化体系的深刻眷念和皈依感。这对于儒家文化在异域他乡的繁荣发展提供了必要的条件。

第二，明时期的贵州移民都是以卫所等为单位的大规模移民，这种移民来到贵州，以整体性、集团性态势为居住特点。而明代之前的移民则是零散且不成规模的。终明一代，在贵州设置的卫所达 22 个之多。商屯、民屯则选择低洼之地、河谷坝子等土壤、灌溉都良好的地方聚族而居。移民的聚居态势使之能够形成一个自我封闭、自我完善的系统，物质、精神的需要都不假外求就可以得到满足。这种情形一方面有助于移民本身所携带文化因惯性不受外界打扰而中断，因此儒家家庭伦理文化在移民中得到较好保存和延续。明之前的移民不成规模，且散居在当地少数民族之中，

---

① 参见陆韧《变迁与交融：明代云南汉族移民研究》，云南教育出版社 2001 年版，第 72—73 页。

如果不与夷人沟通和交流，其物质需求和精神需求都无法得到满足。而且夷人数量上的优势决定了汉族移民文化的惯性延续性必然要被打断。为了得到认同从而满足自己的物质需求和精神需求，文化上的"改宗"就势所难免。

第三，明以前的移民散落于贵州各个地方。分散的移民无法建立与汉文化区的有效联系，再加上贵州地势崎岖、道路险阻，明以前的贵州本身就是一个远离中原华夏文明的蛮荒之地。这种道路的阻隔和文化的隔膜致使移民后裔很快就遗忘了自己及祖宗的文化之根，从而"变服从俗"。明代则由于贵州战略地位的凸显而使明廷从洪武朝起就大力经略贵州，开通了湘黔、滇黔、川黔滇和黔桂等几条交通干线，并派兵驻守，确保驿路的畅通无阻，使物资运输、人员往来、政令物情的上传下达等畅通无阻。明朝移民，尤其是卫所的军卫移民，则分布在驿道干线上，民屯和商屯的移民又与卫所毗邻而居。这有利于移民与汉文化区保持信息的畅通无阻，消除了文化遗忘的前提和基础。

综上所述，明之前的移民与明朝的移民有三点本质的区别。这对于合理解释明之前的汉族移民"夷化"现象和明时期贵州汉族移民对于儒家家庭伦理文化的保持和少数民族"汉化"现象是一个根本的落脚点。

清朝是中国历史上最后一个君主制的中央政权，肇始于秦汉时期的大一统封建制度历经若干个世纪的运行、发展和繁荣，终于奠定了中国最终版图。自此以后，边疆少数民族政权再也没有危及中央政权的统治，但是王朝模式也终于随着清朝的灭亡而缓缓落下帷幕。对于贵州来说，从明朝开始的大力经略，到清朝时期则更为完善和全面，贵州全境终于被悉数纳入王朝版图。与明朝相比，清代贵州移民又具有了新的特点和属性，具体表现在：首先，清代开发贵州的目的已经不再限于保障通滇驿路畅通。南明王朝、吴三桂叛乱等反清势力都集聚在西南地区，为了解除对王朝构成威胁的势力以及有强盛的国力做后盾，清朝需要全面实现和整治贵州社会的版图统一和文治教化问题。其次，通过对苗疆生界的平定以及对土司势力的全面剿灭，来自中原的移民居所已经不再像明代那样局限于通滇沿线的卫所附近，而是随着王朝势力的全面深入而分布在贵州全境内。最后，随着国际大环境的改变，不再只是汉族移民来到贵州，移民类型中还包括对家庭伦理观念有重大影响的宗教移民（这里主要是指西方的传教士）。

　　汉族移民在同化当地少数民族的时候，自身在价值取向、伦理观念等方面都在发生一些变化。换句话说，由于周围环境的变化和时间的流逝，他们及其后裔所携带的儒家文化特质也在悄然发生改变。因为任何一种文化体都是在特定的时空环境下形成的。此二者是文化形成和得以延续与保存的两个不可偏废的要素。其中任何一个因素的改变都必然导致该文化体系的变异和转向。文化的影响是双向的，两个文化主体之间是互动的关系，是作用力和反作用力的关系。即使是一方主动施予或强加给另一方，这种被强加和施与的受动者也会有一定的反作用力施予施动者。所以汉族移民在改变少数民族风俗习惯的同时，自己尤其是后裔也会受到少数民族风俗习惯的影响，从而改变在汉文化区时的那种价值取向和伦理观念。

　　汉族移民及后裔价值伦理观念的逐渐"夷化"现象在明代之前最为常见。如前所述，其产生的原因是多方面的。这与汉族移民不成规模、长期同中原文化区隔绝，他们处在少数民族的包围圈中，先进文化没有强势力量和规模作保障等因素有关。但到了明代，导致移民文化变异的大部分成因不复存在。因此移民的"夷化"现象就不明显，但是不明显不代表就完全与中原之儒家文化的历史发展完全合拍。比如目前还存在于黔中腹地安顺的以明军移民后裔为载体的屯堡文化现象，以及汉民入赘苗疆所繁衍的苗族后裔等，都是汉族移民婚姻等家庭伦理习俗与儒家文化发展产生歧异的表现。

一　"屯堡人"及屯堡文化现象

　　关于屯堡人的研究成果已经非常丰富和完备，对其作为明军后裔之身份的判断基本已成定论，概念界定因此也大同小异。总体说来，所谓"屯堡人"，就是对明代屯戍于贵州平坝卫、普定卫、安庄卫卫所屯军后裔特有的称谓。《明史·兵志》云："明以武功定天下，革元旧制。自京师达于郡县皆立卫所。"卫所制是在"革元旧制"后实行的军事制度。屯堡文化是明代"屯军后裔"所保持的自我意识，屯堡人属于汉族的地方支系。以（贵州）安顺市为中心及其附近地区，主要集中居住在早先的驿道沿线。其人口约有 25 万人，居住在安顺市的约占现今居住当地的汉族总人口（54 万人）的 32%。①

―――――――――

① ［日］琢田诚之：《贵州省西部民族关系的动态——关于"屯军后裔"的调查研究》，黄才贵译，《贵州民族研究》1999 年第 3 期。

以口述史为据，屯堡人的入黔始祖是由军事移民的"征南"军而来。明代屯军在明季二三百年的时间里，都具有至尊的身份和地位。而且当地少数民族对他们的这种评价和他们对自己身份的定位是高度一致的。尽管明中期屯政废弛，屯军士卒的原有利益受到损害，这导致一些军户因为逃避罪责而逃逸或者隐藏于当地少数民族村寨之中，但是对自己是汉族人的事实以及对儒家文化的正统性是从不怀疑并高度认同的。长期以来，他们固守并延续儒家文化家庭伦理之血脉，以此确认自己的汉族身份和血统。但是异地移植再加上长期与苗民共处，这使他们所秉持的文化传统已经与中原之儒家伦理产生了歧异。而且相对固定和封闭的社会生活和自我优越感的心理感受使他们很难与当地少数民族文化进行全方位的融合。

到了明后期屯政废弛及明朝覆亡后，新汉人的移入使他们从原来的尊者变成被冷落甚至被忽略的人，社会地位发生了改变，于是他们处在既与当地土著保持隔绝，亦与新迁入汉人格格不入的双重疏离状态。因此，这个固定且封闭的文化群体和人类族群就产生了既不同于儒家文化发展到清朝时期的模样，也与当地少数民族的文化风俗有差异，从而形成了与当地民族毗邻而居的特有的"屯堡人"和"屯堡文化"现象。早在清朝，罗绕典就这样描述这个群体：

> 民之种类，于苗民之外，有屯田子、里民子，又有凤头鸡，凡此诸种，实皆汉民，然男子汉装，妇人服饰似苗非苗：询之土人云，洪武间自凤阳拨来安插之户，历年久远，户口日盈，与苗民彼此无猜。①

在历史发展过程中，这个群体在行为及服饰等方面坚守自己文化之根，殊不知他们的风俗习惯、伦理习俗已经与发展中的明清儒家文化的伦理观念格格不入了。而且因为长期与苗民共居一方水土，所以在耳濡目染苗疆习俗，以及儒家文化更新源泉的补给断绝之后，除了在服饰方面保持自己的独特性外，在无意识中逐渐认同并习染了当地少数民族的风俗，所以才能够"与苗民彼此无猜"。

屯堡人因为独特的地理环境和社会环境，在漫长的历史演进中，形成

---

① 罗绕典撰，杜文铎点校：《黔南职方纪略》卷一，贵州人民出版社 1992 年版，第282 页。

了独特的屯堡文化及族群，在黔中腹地的安顺至今还顽强地存在着。屯堡人及屯堡文化与中原儒家正统文化发展的节律不同，与中原及江南等汉文化区的汉族居民亦有区别。主要表现在以下几个方面：

第一，屯堡人在头饰、着装和居处等方面固执着自己的传统。服饰是一个人社会身份的象征。因此在不同时代不同人群中，服饰的变化和区别是非常显著的。智慧的现代人用"潮流"和"时尚"来形容服饰变化迅速的特点。在历史上，服饰是识别一个朝代或者族群的根本标志，但是屯堡人中女性服饰却可以历经几个朝代而不变。笔者在安顺九溪等屯堡村寨作走访式田野调查时，随处可见在路上行走或者田间劳作的屯堡妇女。她们身着蓝、绿或紫色的右衽大襟长衫，长至小腿。腰束宽5寸、长4米多，两端有缨、穗的丝带一条。丝带交叉于腰后吊垂向下至膝弯。罩长方形青布围腰于前，长过膝。下装为青布长裤。头之前发平梳于后，两侧之发下梳遮住双耳，呈U字形，发尾捻为绺从耳后向上并入，连同其他头发一梳至脑后绾为髻，套于马尾编成的发罩内，横插簪、直插玉簪各一支交于发髻内呈十字形，再以叠为4指宽的白布头巾围于额上髻下。这种着装与清代及民国时期对他们衣着和头饰的描述基本相同。如《平坝县志·民生志》载："此种妇女头上束发作凤阳妆，绾一簪，故又呼之凤头……有绾作三绺式，着竹辫即所谓凤头髻。"《百苗图咏》卷五谓："男子衣服与汉人同。女子燕尾梳于额前，状若鸡冠……头披青带，腰系大带，足缠百布，善织带子。"《镇宁州志》卷四载："妇女不缠脚，助于农事。"这种头饰和着装历经清代和民国乃至新中国成立60年而不变，可见这种文化体系的封闭性和稳定性不同于儒家文化本身所具有的极强之包容性和适应性。因为儒家文化的精髓就在于它积极的入世精神。面对现实，解决问题是儒家传统的根本宗旨，而且在面对现实的过程中适当调适自己的固有模式。以卫所为单位的屯堡人则在固守儒家传统的同时抛弃了儒家文化中"穷则变，变则通"的精神。

第二，堡垒似的军事建筑风格一直延续至今。屯堡人的建筑以石头为材料，包括地基、墙面和屋顶，估计是就地取材的原因。但是建筑风格却与周围其他民族房屋截然不同。每个屯堡一般都围有以石墩砌就的高而厚的石墙。墙上有门作为内外进出的通道。大墙内有街道，又有若干由建筑构成的非常狭窄的巷道与之相通。这些建筑一般都是三合院或者四合院的民居。每幢房屋只有大门一个出口，而且窗户从里到外呈梯形逐渐变小，一如碉楼的瞭望口，采光效果很差，屋内光线暗淡。建筑呈不对称分布。巷道由此阡陌交错，初次进入的人极容易迷路。因此具有很强的军事保卫功能。尽管屯堡人的军事使命和军事功能早在明代中期屯政废弛以来已经式微，到了清代则完全丧失了。这种建筑作为民居，其风格迥异于当地少数民族的建筑模式。也不同于他们故乡同时代民居的风格。

第三，屯堡人的文化生活非常丰富，包括花灯、抬汪公、跳地戏等。花灯和地戏是屯堡社区普遍盛行的民间传统艺术。在国内外最具影响力的是地戏。地戏角色分武、文两种，演绎的主题一般都是"忠、义、勇"的题材，如《封神》《说唐》《说岳》《薛仁贵征东》《薛丁山征西》《杨家将》等历史故事。演员都是普通的屯堡人。因屯堡不同、演员不同、所唱剧本之内容不同和唱腔的差别等，导致在屯堡地区总共有很多台地戏，若干个地戏班子。举办这种活动一般是在岁时节日、大型庆典。现在因为旅游开发，只要游客足够多的话，在非节庆的日子也能欣赏到他们的表演，当然这种商业炒作少了原生态的东西，多了媚俗的成分。作为农村村社，无论是在文化发达的省份还是比较滞后的地区，能够有这么丰富文化活动的村寨实属罕见。

第四，宗族观念淡漠，团体性意识则比较强。笔者走访九溪村时，当地的村民很热情。这是一个屯堡文化开发不足、原生态则较典型的村落。笔者在一个村民家住宿几天的过程中，听他们邻里之间聊天，谈得最多的就是邻里兄弟之间的家长里短，从中体现出兄弟族内的矛盾要比与邻里和其他人的矛盾要多。而且他们当中流行这样一句谚语："兄弟望兄弟穷，妯娌望妯娌怂。"这种直观的感觉也是催生笔者确定这个选题的直接原因。因为在中国儒家文化传统中，家族观念是非常重的，一般都是家大于族，族大于村、邻、社稷。社稷国家也是从家及族推衍而来。而且笔者因夫家是深受儒家文化熏染的江南农村，每年春节回家半个月左右的直观观感也印证了儒家家庭伦理文化中兄弟抱团、家族为重的观念。在公婆所在的村子里能够感受到他们极浓的家族观念：聚族而居、同一姓氏的自然村落里，亲疏关系依血缘的远近而依次展开。兄弟之间团结和睦，即便兄弟之间有分歧，一旦其中一人遭到别人欺负的时候，内部矛盾马上转变为一致对外的协作。传统儒家文化的那种家族本位意识在江南农村得到全方位的展现。但是在屯堡地区，兄弟家族之间却极少这种一致对外的情况。这种因对比而产生的强烈反差意识促使笔者想弄明白其中的原因。通过翻检史籍，可以确证屯堡人是明代卫所屯兵的后裔，从这一点就不难得出屯堡与江南农村之间存在这种反差和不同的原因。

首先，明朝时期的屯军制度规定，屯成的士卒可以携带家属。但是由于军伍的特殊性决定了可以携带的家属仅限于妻与子，不可能举族随军，而且兵士一般都是青壮年，所以可以携带的家属大多只是妻而少有子。这种状况决定了入黔士兵远离了宗族社会的磁场，淡化了宗族和大家庭给自己生活带来的影响。自己生活受其制约并要处理的不再是亲族之间的人际关系，而是和自己处于对等地位且没有血缘关系的其他兵士。在血缘社会中的那种差序格局之非对等关系因此而无法在兵营中建立起来。尽管随着时间的推移，子嗣后裔日渐繁盛，也形成了一定规模的家族或者宗族。但是他们已经学会了如何处理地缘、业缘而非血缘的人际关系。并且基于共同地缘而非共同血缘的村社生活完全可以满足他们在物质和情感方面的需求。在这种组织中生活有足够的安全感，而不需要从家族或者宗族中获得额外的补给。这种状态经年累月积淀下来就淡化了对家族因依赖而产生的情感。所以屯堡人宗族观念日渐淡漠。

其次，明朝在贵州建立卫所，目的就是为了防止因当地少数民族重封密锁而导致与云南"声息断绝"，保障通滇驿道的畅通。卫所屯垦的田地有两个来源：一是开辟无主荒山，二是从当地少数民族居民的耕地中强行划拨。卫所士兵作为一个团体与当地族群或部落之间由此就形成了一种敌对关系。这种两个团体之间的持续对抗状态所形成的张力，在各团体内部则加强了其内部各成员之间的凝聚力和向心力。另外，卫所士兵是从文化比较发达、耕垦条件优越的江南地区到了自然条件恶劣的贵州。面对自然环境恶劣和周边非汉族群对他们充满敌意和反叛的社会环境之双重压力，他们的团体意识较之于在江南老家大大增强。因为这个共同体里的人意识到，一个人的生存可以离开家族，但是离不开共同体内部非血缘关系的人与人之间的通力合作。梁漱溟先生认为，西方文化是个人本位，当时的苏联文化是社会本位，中国文化则是伦理本位。所形成的组织也是伦理组织。他在《中国文化要义》中这样说："就伦理组织说，既由近及远，更引远而入近，故而无边界无对抗。无边界无对抗，故无中枢，亦即非团体。非团体，即无政治。政治非他，不外团体公共之事而已。但一家族却可自成范围而有其中枢，有其公共事务即政治，不过这按之前说集团生活三条件，不算真团体，中国过去之乡治与国政，大抵都是本于这种方式。"① 无边界、无对抗、无团体的形式是中国传统儒家文化之伦理共同体的本质精髓。中国人没有过集团生活，一出生就只能倚重家庭和由此推衍的家族，且一生都在与这些建立在亲缘基础上的关系打交道。但是军屯的汉族移民离开了家族生态，只身来到一个非血缘的集团里生活，这种特定的时空环境和军事目标导致他们形成了家庭之外的坚固团体。卫所是他们赖以生存和发展的社会集团，且凌驾于家庭和家族之上，集团生活才是他们生活的本质所在。

　　综上所述，屯堡人及屯堡文化是汉族移民和后裔之家庭伦理改变的典型例证。明代贵州的屯军在历史发展中作为儒家文化传统的载体和继承者，发生整体性变异是因为如下几个原因：恶劣的自然环境；与当地少数民族之间敌对的周边和邻里环境；发展到清代被国家权力和新的汉族移民边缘化和界限模糊等。因此屯堡人在固守自己儒家文化传统的同时，却因为空间的阻隔和朝代更替致使自己身份的变化而成了儒家文化发展演变之滚滚洪流中的一座"孤岛"。其在家庭伦理方面的价值取向和行为规范既不同于当地少数民族，也不同于后来的汉族移民，更有异于中原儒家家庭伦理之正统。

二　夷汉联姻对家庭伦理观念的影响

　　汉族移民在家庭伦理方面发生变化，除了卫所兵士及家属整体性发展为独特的屯堡人及屯堡文化以外，汉族移民单个个体之家庭伦理价值取向发生夷化的根本原因则是夷汉之间的联姻。因此夷汉联姻或者汉族移民入赘苗疆是汉族移民及后裔家庭伦理改变的又一著例。关于汉族移民顾良相因事逸入苗疆并娶苗裔女子繁衍苗族后代的具体情况如前所述，此处不再赘言。这里只研究这种婚嫁现象如何改变移民固有的儒家家庭伦理观念及其原因。一般来说，夷汉之间的婚嫁有两种情况：

　　一是汉族男子娶少数民族女子为妻。少数民族女子嫁入汉族家庭，耳濡目染的是汉族文化的传统和风俗，并且以儒家文化自居的优越性和高度认同感使汉人固守自己的行为习惯及文化传统，不大可能会因孤身加入这个家庭的少数民族籍的妻子而转移，夫妻之间的行为规范和价值取向更多

---

　　① 　梁漱溟：《中国文化的要义》，上海人民出版社 2011 年版，第 75 页。

的是以丈夫之观念为标准。因此这种联姻的情况不会导致汉族移民的家庭伦理观念随之发生根本性的改变。

二是汉族移民入赘苗疆（此处之苗疆乃少数民族聚居区域之泛称，读者切不可作只是苗族居住疆域之狭隘理解）。一般来说，因为文化疏离和语言障碍及自身的优越性意识和夷汉之间的对立、冲突等原因使汉族移民对进入苗疆心生畏惧。正如明太祖朱元璋于洪武十五年（1382）八月二十九日给总兵官征南将军颍川侯、西平侯的敕谕中说："这蛮人地面里，凡在逃军人，但下路的不曾有一个出得来，都被蛮人深山里杀了。不杀的将木墩子墩了，教与他种田。"（引文出处前面已注）尽管这只是一种劝阻士兵逃逸的恫吓手段。但是也表明卫所兵士与当地居民之间的不友善和敌对。基于此，汉族移民不到万不得已是不愿意单枪匹马进入少数民族腹地生活的。所以汉族移民入赘苗疆只有两种可能：第一，是因为犯事而避祸。比如前面谈到顾氏入赘苗疆就是因为触犯了明王朝的禁令担心处罚不得已而为之。第二，汉族移民群体中男女比例失调，致使那些身份地位卑下、家庭财力不足的青壮年不能在本族群内部完成婚配，而且少数民族女子不能或者不愿意嫁到汉族居住区，因此未婚配的汉族青年为了完婚不得不入赘苗疆。一般说来，汉族移民入赘苗疆，无论是因为第一种情况还是第二种情况，都会改变他们及其后裔的家庭伦理文化观念和行为规范。

如果汉族移民是因为第一种情况逸入苗疆并娶妻生子。那么为了达到安全的目的，他必然要尽力隐瞒自己原有的身份和族别，顺应自己周围的环境。从行为上开始仿效其入赘族群的行为模式和风俗习惯，并渐次达到心理上的接受和认同。其所繁衍的子嗣后裔也因为父母或祖宗的行为与环境的协调一致而理所当然接受周围环境所灌输和示范的行为模式。并且因为族别也是少数民族，所以移民及其后裔就合乎逻辑地出现了"汉民夷化"的过程。如果是第二种情况，即是为了完成婚配而入赘苗疆。其家庭伦理观念同样会发生变化。因为他在汉族生活区的底层社会生活遭遇使他对汉文化产生排斥和怀疑。没有汉文化既得利益者的那种不舍和优越意识，即使他对儒家文化和价值观念高度认同且想执着坚守，但由于身处异质文化族群的包围中，其固守的儒家文化缺乏得以传承的社会环境和土壤。所以接受新环境中所倡导和实行的行为规范和价值观念并被逐渐同化就是必然趋势了。

　　总的来说，在这两种情况中都是作为单个个体的汉族移民融入了原住民的生活圈子里。首先，从数量上讲他们都是处在少数民族的强势包围之中。这和明朝之前不成规模的汉族移民因各种原因移居贵州的情形大同小异。小规模群体或者单个个体在精神和物质上都无法形成完整的供需系统，只有与外在环境进行交流，才能满足自己在这些方面的需求。汉族移民入赘苗疆情况更甚。其次，由于汉民与少数民族彼此很少沟通，彼此关系处于整体性的敌对状态，这对于进入苗疆的个体汉族移民来说，文化传承所必备的流动性和更新基础严重缺失。其本身所携带的儒家家庭伦理观念成了枯竭的泉眼，除了日渐干涸外别无选择。最后，入赘苗疆的汉人缺乏固执儒家伦理文化和价值观念的条件和动力。第一种情况是缺乏条件，因为他们逸入苗疆就是要通过隐瞒身份达到避祸之目的，第二种情况移民则对于坚持儒家伦理观念和行为既无动力，亦无环境和土壤。因为在汉族居住区无法婚配和身份地位低下等境遇使之对儒家文化没有皈依感，且非汉族类的异质文化全面建构了他生活的全部语境。

　　综合第一、第二节所述，移民与少数民族之间通过沟通与交融，产生了家庭伦理文化上的一些改变。除了少数民族向儒家伦理观念改变和汉族移民为少数民族风俗习惯所同化这两种倾向性的变迁外，还有另外一种变迁结果，那就是各自在同居共处的过程中，在没有尖锐对立和冲突，以及彼此都有宽容接纳的胸怀之前提下，两种文化互有损益后合二为一。在这种融合后的新文化体系中，很难区分出哪种文化突出一些或者另一种文化的烙印浅淡一些或者成分少一些。因为伦理文化是以风俗的方式存在的。文化的纵向传承和横向传播，形成你中有我、我中有你的局面。如在婚姻嫁娶方面，汉族在缔结婚姻形式上的"六礼"为当地土著所接受，逐渐接受汉族对自由择偶方式赋予"淫"与"私"的评价标准。而且婚姻的目的和意义也从注重情感到注重续香火、广家族的方面转变。开始重视女子在婚姻关系中是否贞洁。汉族也开始调整自己固有的家庭伦理价值观，试着去理解甚至接受土著民族在婚姻、家庭方面的一些风俗和传统。也就是说，贵州家庭伦理从各具特色的民族家庭伦理转向以地域为特征的家庭伦理文化形态。即汉"夷"家庭伦理及风俗都打上了共同地域所具有的相同或相似的特征。

第六章　结论与余论

第一节　结论

在明代之前，贵州社会以缓慢的步伐向前推进。在漫长的历史中，百越、南蛮、氐羌和濮人四大族系在这里多次交会、冲突、融合，各自固有的鲜明民族特征和属性因为同居共处，或者因为婚姻而血脉相连。再经过多次类似的迁徙与融合、分化等，遂逐渐形成了当今贵州非汉主体民族的雏形，他们以自己的方式和速度参与人类向文明社会发展和推进的过程。由于贵州箐深山险，耕垦条件远逊于一马平川、沃野千里的中原地区。代表传统社会文明与进步标志的农耕生产方式就没有如中原那样建立起来。马克思说，经济基础决定上层建筑。落后的农耕水平决定了文化层面的滞后。较之于中原的汉民族文化体来说，明代以前贵州社会的文明程度要远远低于以儒家文化为意识形态核心的中原地区。较之于长幼尊卑秩序分明的儒家家庭伦理来说，在处理家庭及相关成员之间关系的伦理规范等方面，居住在贵州这块土地上的古代族群就充满了更多蒙昧和野蛮的成分。但是从另一个方面来讲，儒家礼仪之繁文缛节也扼杀了人们的真情流露，在为人处世中多了一些虚伪与矫饰。所以这些非汉族类的文化形态少了儒家文化所造成的那种虚伪人格，而多了纯朴与率真。

明代对于贵州人类社会的发展和文明进程来说，是一个历史性的机遇。从洪武年间开始，明太祖就非常重视贵州作为"滇之锁匙"的重要地位，意识到如果贵州境内的部落首领"霭翠辈不尽服"，那么"虽有云南亦不能守也"。即如果贵州土司从中作梗的话，云南必将成为"声息断绝"的异域殊方。在征服云南梁王的战争告捷之际，朝廷马上作出了在贵州驿道沿线遍立卫所、屯军黔地的决定。按明初制定的军卫制度规定，戍守边疆的卫所兵士要种粮自赡，军籍身份世代世袭，不得改籍。"奉旨征南"的 30 万大军就地设屯置堡，他们及其后裔就世代耕战在贵州这片土地上。但是由于卫所刚刚设置，及贵州特殊的地理条件决定了地贫人瘠，可耕之地有限，卫所屯垦所得不敷所出。为了解决 30 万兵士之粮食供给问题，对贵州实施了"开中"制度；并且由于贵州地旷人稀，江南人口则相对饱和，因此"移民就宽乡"政策为贵州输送了大量掌握着先进耕种技术的农民。明王朝对贵州的控制和开发使汉族移民以军屯、商屯和民屯的方式大规模进入贵州。这为贵州社会的加速变迁提供了契机和可能。传统农耕社会中，人口数量多寡是衡量一个地区开发程度高低的根本标志。因为人是生产力中最重要的要素，在一定范围内，人口的多少与生产力的发展及社会进步的程度是成正比的。

在西汉时期，贵州人口密度还不足 1 人/平方千米。（葛剑雄《中国移民史》第一卷）因此大部分地方都是荒无人烟的蛮荒之地。明代汉族移民大规模进入贵州，打破了这片土地上的宁静。他们携带的先进的生产方式和生产工具改变了贵州生产力缓慢进步的现状。并且大幅度增加了贵州人口的数量，这使贵州开发具备了最基础也是最重要的条件。这些汉族移民改变了贵州的生产方式，提高了生产力。在改变生产方式的同时，还有意识地改变了当地原住民惯有的行为习惯和价值取向。尤其是以家庭伦理为核心内容的儒家思想促成贵州少数民族之家庭观念和婚姻习俗的根本改变。儒家文化传入之前那种蒙昧、野蛮和原生态的婚姻家庭规范和秩序受到了儒家文化的冲击或者有意识的稀释。使贵州在帝王和汉族知识分子眼里从以前那种"惟尔贵州，远在荒服"到渐渐"冠婚丧祭，比同中州"；民族特性从"性类犬羊"到"渐染华风"；缔结婚姻的方式从自由择偶到"渐遵六礼"和"父母之命，媒妁之言"；家庭成员之间的关系从"父子不睦则刀刃相向"的野蛮状态到土司首领也请求一遵汉制"丁忧服阙"等一系列的改变。

文化是生活方式的道说，生活方式是愿望与环境相妥协的结果。生存是在所有人类中都可以通约的最基本的愿望。为了生存所作的抗争在不同的历史时空中有不同的表现，故其所表现出来的文化样态亦有不同，且随着时空的改变而改变。即特定时空是特定文化得以产生和存续的基本条件。发源于黄河流域、中原地区的儒家文化到了异地他乡的贵州，其所赖以生成和维系的既定环境发生了改变，因此出现儒家文化变体亦是不可避免的，即"橘生淮南为橘，生于淮北则为枳"（《晏子春秋·杂下之十》）。故儒家文化在对非汉族类移风化俗的过程中，其发展的样态和模式也在发生变化。这种改变体现在两个方面：一是儒家文化及学说在贵州的发展具有了特定的地域性特色，成为儒家文化发展中的一个分支和派系。如宋明时期洛学、关学和蜀学等就是地域性分别的表现。二是汉族移民本身作为儒家文化的载体，移居贵州以后，因自己及其子嗣后代长期生活在少数民族地区，当地民俗的浸润和自己的耳濡目染，导致自己在文化体系和价值观念方面发生了一定的改变。偏离甚至放弃了儒家家庭伦理观念和行为规范。如屯堡人和屯堡文化就是汉族移民在历史风雨的侵蚀中坚执儒家传统，却滋生出与儒家文化有差异的新的伦理文化体系和族群。汉族移民入赘苗疆并繁衍出非汉支系则是移民及其后裔接受和遵从少数民族生活习俗而放弃儒家家庭伦理的典型表现。

从通过史料对历史中呈现的现象进行研究所得出的结果来看，移民对黔地的家庭伦理产生了一定的影响，推进了社会变迁的进程和速度。但是由于明朝对贵州的定位只是"开一线以通云南"的"借过"的意义和价值，只是沿驿道沿线屯军，相应的民屯和商屯也只是围绕或者依傍卫所进行。一方面，明朝对贵州的开发还没有全面铺开。移民也没有渗透进入贵州腹地和每一个角落。明朝末年，贵州依然"为宣慰司者十一，为招讨司者一，为宣抚者十九，为长官司者七十有三"①。这个数据表明明廷对贵州改土归流的不彻底，土司对当地少数民族的权力大于王朝的权力。王朝默认土司制度在一定范围内存在是明王朝与地方势力相互妥协的结果。对于土司领地也一直是"户口不入黄册、田地向未丈量"的放任状态。并且直到清朝时期，还有大片完全不隶王朝版籍的苗疆生界存在。生界之内不会有汉族移民进入，叛服无常的土司领地内也不可能有汉族移民的立足之地。所以文化的渗透就不可能包括这两类地方。这些区域内的族群还只能是按自己的方式和步伐推动着社会文明的进程缓慢向前。权力让渡的妥协意味着汉族文化并没有彻底改变夷风蛮俗。文化的隔膜与疏离仍然存在。况且土司制度这一状况长期存在本身就是造成贵州社会经济发展缓慢的历史根源之一。也是原住民很难接受儒家家庭伦理文化的原因所在。另一方面，即使是在驿道沿线开发程度较深的地区，文化的渗透也不是一蹴

---

① （清）张廷玉等：《明史》卷六十九，中华书局 2007 年版，第 1686 页。

而就的。尽管马克思说，经济基础决定上层建筑。但是生产力和上层建筑之间并不是相跟相随，亦步亦趋。各自都有自己的独立性和内在生长机制。经济基础对文化等上层建筑的决定，以及文化等意识形态对经济的反作用这一双向的运动都是隐而不显且缓慢的过程。生产力的提高和生产方式的改变并不必然引起作为上层建筑的家庭伦理文化也马上发生改变。文化之类的上层建筑对于经济基础改变所作出的反应，总是延迟和滞后的。况且对于当地少数民族来说，生产方式的改变也不是自然积累、从量变到质变的内在动力促成的改变，而是外在强力的压力和推力所致。人们对这种突如其来的变革还缺少思想上的准备，还存在抗拒的心理。所以由生产方式的变革所产生的思想观念、伦理思想的改变就比内在生发出来的改变进程还要滞后。清代在贵州强制推行的改土设流遇到苗疆生界少数民族人民的强烈反抗表明，文化的冲突一直真实存在着。终明一世，儒家文化对于黔地家庭伦理观念的影响和改变还只是局部的和有限的。

到了清代，中央王朝对贵州的开发在明朝的基础上向纵深发展，通过平定苗乱等一系列改土归流措施，将贵州悉数纳入王朝版图。清代客民不再是点线区域的分布，而是全方位进入贵州境内，散布在四面八方。与原住民之间的接触不再仅仅以土司或者土目作为中介，在集市进行的频繁的商品交换和生活中互通有无的沟通和往来，以及直接以当地族类为对象的传教行为，都全面而深入地改变了当地族类在伦理文化、风俗习惯等方面固有的体系。

综上所述，从前面所述田野调查、史料陈述与逻辑推衍相结合的研究中，可以得出如下结论：首先，在逐水草而居的游牧和农耕文明社会的演进历史中，贵州发生过多次有史可考的既有移入也有移出的移民活动和行为，不同族源的移民和贵州世居种群在贵州交会、融合，产生出从血缘到文化都既沿袭旧部亦借鉴他族的独特的新生族群。其次，随着历史时空的变换，从文化而非血缘的意义上讲，共同生活在贵州这片地域的各族群之间越来越向趋同发展。无论是移民所携带的儒家伦理规范还是当地少数民族的伦常风俗，在共处之中逐渐修整并调适各自的观念和行为，无论这种调适是自觉的还是无意识的，其目的都是为了在新的生存境遇中更好生活。最后，贵州作为一个远离中原文明的西南边陲之地，文化粗疏和文明滞后的状态随着历朝历代汉族移民的陆续迁入得到改变。当然，从另一个角度讲，不同于儒家的原生态文化的内在发展逻辑，因移民迁入和中央行政行为的干预而遭到改变和儒家化转向。

移民有自发和强制两种状况：自发移民活动的发生主要是因为生存和发展的需要，寻找更适合的生存空间和宜居环境是这一行为发生的内在动力，这种移民目标明确，行为主动，更容易融入当地族群的生活。政府行为所产生的则是缺乏内在动力的强制移民，他们对政府行为的目的理解模糊，缺乏对移民活动的认同或接受，因此他们是被动迁徙，缺乏内在的动力和积极的态度，对迁入地的一切环境抱一种抵触并拒绝融入的情绪。由此，不同形式的移民，对于贵州家庭伦理文化的变迁所作出的历史贡献也是有差异的。

第二节　余论

关于移民形式与文化变迁族群迁徙或人员流动的情形，在任何时代任何国度都真实存在着。传统社会如此，现代社会更是如此。现代与传统的区别仅仅在于：现代社会的人员流动一般都是单个个体或者核心家庭成员的流动。迁往何处、为何而迁非常明确。传统社会的人员流动和迁徙则是举族移动，目的地也不那么明确。游牧民族是逐水草而居，农耕民族则是为了寻找更合适的耕种环境。因此，和其他有人类居住的地方一样，自有人类以来，在贵州这片土地上，族群及人员的流动与迁徙就没有停止。族群之间的文化融合与碰撞也一直存在。因为族群概念的核心内涵就是"文化"。不同的行为模式和价值观念是区分不同族群的主要标志。族群的融合就是各自所代表和所含有的文化体系之间的融合。

贵州明代之前的移民运动漫长而辽远，各个族系的交会与融合也拉了一条较长的历史战线。贵州因为远离华夏民族的居住地并且山险箐深，从人口规模和比例上说，汉民族较少参与这一漫长的历史过程。汉民族也因此而没有成为贵州的主体民族，儒家思想及华夏传统的文明与文化也没有成为黔地的主流文化。南蛮、百越、氐羌和濮人经过交会与融合，成为贵州的主体民族。形成了独具特色的文化体系，在处理家庭成员关系等问题上有着与儒家家庭伦理规范和观念完全不同的模式与准则。贵州对于明之前的中央王朝来说，乃一化外之地和异域殊方。

到了明代，贵州因为战略地位重要而引起了明廷的重视。洪武时期大规模屯兵，拉开了开发贵州的序幕。移民以军屯、民屯、商屯的形式进入黔地；永乐年间设置了承宣布政使司，贵州正式成为明朝十三布政使司之一，与其他布政使司地位相同。为了管理地方事务，任职官员陆续进入；再加上地势险远，条件艰苦，因此贵州又是发配贬谪之人的地方和罪徒之人避祸的最佳去处。所以明代到贵州的移民有士兵、商人、农民、官员、迁谪之人、罪犯、避祸的逃犯等。不同社会角色和身份地位的移民到来，对于贵州家庭伦理文化及习俗的变迁有着不同的作用和影响。

但是，文化作为上层建筑，对于生产力和生产方式等经济基础改变所作出的反应，不是迅速和立竿见影的，而是有相对的延迟性和滞后性。明代将近三百年的历史，如果是相对于个体的生命而言，是漫长而无法企及的，但是作为一个历史阶段来讲，只是一瞬间的事情。对于一个社会和族群文化习俗的改变来说，这是一个非常短暂且远远不够的时间区间。俗话说：江山易改，本性难移。由传统习俗、文化积淀而形成的本性比江山还坚固，可见家庭伦理文化及习俗的变迁是一个多么久远和漫长的过程。明代贵州的历史移民在中央政权各种政策和措施的支持下，逐渐改变了贵州部分地区的生产方式，使生产力水平得到提高，生产关系也被迫从封建领主经济、农奴制甚至原始公社公有制等所有制形式一跃到了封建地主所有制经济。这种因外在压力而作的改变使他们缺乏思想上的准备。因此这种变革伴随着尖锐反抗与抵制以及随之而来的镇压和征伐。对于生产力和生产关系的改变都缺乏思想准备的社会，就更不可能在此基础上还准备着让思想观念、伦理原则等也作出调适。而且因为移民在改变生产力的同时，也强力推行儒家文化思想和体系。这就加剧了原住民对文化改变的逆反心理。

本书作为一个研究课题和研究领域，以明清及之前历史阶段作为研究的一个时间节点，在学理上则有欠周全和系统性。一方面，对于贵州来说，移民运动毕竟既不是从明清开始，亦不是至此就结束。清代对贵州进行彻底的改土归流，以及朝代更迭所产生的人事变动和"移民就宽乡"措施的继续施行等原因，会产生大量的汉族移民；民国时期军阀对立以及抗战阶段为避战祸来黔的人也很多，而且，社会主义"三线"建设时期，很多大型工厂西迁入黔，随之而来并扎根下来的人也不在少数，但本项目限于篇幅和时间的限制，只能止于清朝末年。另一方面，如前所述，文化的改变需要一个过程。家庭伦理及风俗习惯的变迁与移民进入的时代无法完全同步。滞后一个世纪或者一个朝代都在情理之中。明代移民所作的努力，只能在清代甚至更近的民国才有收获也并非不可能。所以必须要把研究的时间范围至少推进到民国结束才能够得出比较客观的结论，移民对家庭伦理变迁影响的力度及结果要放在一定历史阶段中才能够作出合理的评价。基于以上理由，笔者选题时在时间划界上作了如下限定：清末民初是进入本课题研究视域的截止时间。

参考文献

一 古籍

1. （汉）司马迁：《史记》，中华书局1975年版。
2. （汉）班固：《汉书》，中华书局2000年版。
3. （汉）桓谭著，王利器校注：《盐铁论校注》，中华书局1992年版。
4. （汉）郑玄笺，（唐）孔颖达疏：《毛诗正义》，北京大学出版社2000年版。
5. （汉）郑玄注，（唐）贾公彦疏：《仪礼注疏》，北京大学出版社2000年版。
6. （汉）桓宽撰，王利器校注：《盐铁论校注》，古典文学出版社1958年版。
7. （晋）常璩：《华阳国志》，丛书集成初编本，中华书局1985年版。
8. （南朝宋）范晔：《后汉书》，中华书局1974年版。
9. （唐）孔颖达等：《春秋左传注疏》，北京大学出版社2000年版。
10. （唐）孔颖达等：《礼记正义》，北京大学出版社2000年版。
11. （唐）孔颖达等：《毛诗正义》，北京大学出版社2000年版。
12. （唐）徐彦：《春秋公羊传注疏》，北京大学出版社2000年版。
13. （五代）刘昫等：《旧唐书》，中华书局1975年版。
14. （南宋）范成大：《桂海虞衡志》，文渊阁四库全书本。
15. （宋）欧阳修：《新五代史》，中华书局1974年版。
16. （宋）司马光：《温公家范》，王宗志注释，天津古籍出版社1995年版。
17. （宋）邢昺：《孝经注疏》，北京大学出版社2000年版。
18. （元）李京撰，王叔武辑校：《云南志略辑校》，云南民族出版社1986年版。

19. （明）陈子龙、徐孚远、宋徵璧等选编：《明经世文编》，中华书局 1962 年版。

20. （明）郭子章：《黔记》，巴蜀书社 2006 年版。

21. （明）李贤等：《明一统志》，文渊阁四库全书本。

22. （明）沈庠修，赵瓒纂：《（弘治）贵州图经新志》，贵州省图书馆影写晒印明弘治刻本，巴蜀书社 2006 年版。

23. （明）宋濂：《宋学士文集》，四部丛刊本。

24. （明）田汝成：《炎徼纪闻》，文渊阁四库全书本。

25. （明）万士和：《万文恭公摘集》，《四库全书存目丛书·集部·别集类》（第 109 册），齐鲁书社 1997 年版。

26. （明）王耒贤、许一德纂修：《（万历）贵州通志》，日本藏中国罕见地方志丛刊本，据日本尊经阁文库藏明万历二十五年刻本影印，书目文献出版社 1990 年出版。

27. （明）王士性：《广绎志》，中华书局 1981 年版。

28. （明）王守仁：《王阳明全集》，上海古籍出版社 1992 年版。

29. （明）谢东山：《（嘉靖）贵州通志》，一九八二年贵州省图书馆据云南大学借云南省图书馆传抄天一阁藏嘉靖刻本重抄本复印本，巴蜀书社 2006 年版。

30. （明）徐爱：《横山遗集》，嘉靖十三年刻本。

31. （明）张紞：《云南机务抄黄》，丛书集成初编本，商务印书馆 1936 年版。

32. （清）陈鼎：《滇黔土司婚礼记》，丛书集成初编本，中华书局 1985 年版。

33. （清）陈立：《白虎通疏证》，中华书局 1994 年版。

34. （清）鄂尔泰等：《贵州通志》四十六卷，文渊阁四库全书本。

35. （清）顾祖禹：《读史方舆纪要》，中华书局 2005 年版。

36. （清）罗绕典：《黔南职方纪略》，成文出版社有限公司 1974 年版。

37. （清）清高宗敕选：《明臣奏议》，丛书集成初编本，中华书局 1985 年版。

38. （清）田雯：《黔书》，罗书勤点校，贵州人民出版社 1992 年版。

39. （清）徐家干：《苗疆闻见录》，吴一文校注，贵州人民出版社 1997 年版。

40. （清）徐松：《宋会要辑稿》，中华书局 1957 年版。

41. （清）张廷玉等：《明史》，中华书局 2007 年版。

42. （清）魏源：《圣武记》，中华书局 1974 年版。

43. （民国）任可澄等：《（民国）贵州通志》，贵州人民出版社 1985 年版。

44. （民国）赵尔巽等：《清史稿》，中华书局 2003 年版。

45. 《炉山顾氏宗谱》，民国二十八年（1939）刊印本。

46. 《黔南陈氏族谱》，民国二十一年（1932）贵阳文通书局刊印，藏贵州师范大学图书馆线装书库。

47. 杨伯峻：《孟子译注》，中华书局 2006 年版。

二　近人论著

1. 蔡方鹿：《陈颢陈颐与中国文化》，贵州人民出版社 2006 年版。

2. 岑巩县民族志编委会：《岑巩县民族志》，贵州人民出版社 1991 年版。

3. 陈来：《有无之境——王阳明哲学的精神》，北京大学出版社 2006 年版。

4. 德江县民族志编纂办公室：《德江县民族志》，贵州民族出版社 1991 年版。

5. 邓安庆：《家庭伦理在中西伦理学中的不同地位》，《湖北经济学院学报》第四卷第 6 期。

6. 丁水木、张绪山：《社会角色论》，上海社会科学出版社 1992 年版。

7. 董广文：《〈滇程记〉的民俗学价值》，《云南民族学院学报》2002 年第 2 期。

8. 范建华等：《爨文化史》，云南大学出版社 2001 年版。

9. 方国瑜：《彝族史稿》，四川民族出版社 1984 年版。

10. 费孝通：《费孝通民族研究文集》，民族出版社 1988 年版。

11. 费孝通：《乡土中国　生育制度》，北京大学出版社 1998 年版。

12. 高伦：《贵州傩戏》，贵州人民出版社 1987 年版。

13. 葛剑雄等：《中国移民史》，福建人民出版社 1997 年版。

14. 贵阳市民族事务局、贵阳市布依学会：《布依族酒歌》，黔新出［图书］2005 年内资准字第 443 号。

15. 贵州民族研究所：《明实录贵州资料辑录》，贵州人民出版社 1983

年版。

16. 中国科学院民族研究所贵州少数民族社会历史调查组、中国科学院贵州分院民族研究所编：《清实录贵州资料辑要》，贵州人民出版社1964年版。

17. 贵州省布依学会、黔西南布依族苗族自治州布依学会：《布依学研究》（之八），贵州民族出版社2005年版。

18. 贵州省地方志编纂委员会：《贵州省志·民族志》，贵州民族出版社2002年版。

19. 贵州省民族研究所、毕节地区彝文翻译组：《西南彝志选》，贵州人民出版社1982年版。

20. 贵州省民族研究所编：《民族研究参考资料》第五集，1980年8月，藏贵州师范大学图书馆。

21. 贵州省土家学研究会：《土家族研究》第四集，贵州民族出版社2005年版。

22. 贵州省彝学研究会：《贵州彝学》，贵州民族出版社2004年版。

23. 贵州通史委员会：《贵州通史》，当代中国出版社2003年版。

24. 贵州省彝学研究会：《贵州彝学》，民族出版社2000年版。

25. 韩蕾蕾：《顾氏移民宗族与明代贵州开发和民族融合》，《贵州教育学院学报》2006年第6期。

26. 何仁仲主编：《贵州通史》（五卷本），当代中国出版社2003年版。

27. 侯绍庄、史继忠、翁家烈：《贵州古代民族关系史》，贵州人民出版社1991年版。

28. 侯绍庄：《黔史论丛》，贵州民族出版社2005年版。

29. 胡晓真：《旅行、猎奇与考古——〈滇黔土司婚礼记〉中的礼学世界》，《中国文哲研究集刊》第29期。

30. 简美玲：《贵州东部高地苗族的情感与婚姻》，贵州大学出版社2009年版。

31. 蓝东兴：《我们都是贵州人——贵州移民心态剖析》，贵州民族出版社2000年版。

32. 黎平县民族志编委会：《黎平县民族志》，贵州人民出版社1989年版。

33. 梁漱溟：《梁漱溟全集》，山东人民出版社1959年版。

34. 刘海鸥：《中国传统家庭伦理的近代嬗变》，中国社会科学出版社

2005 年版。

35. 陆韧：《变迁与交融：明代云南汉族移民研究》，云南教育出版社 2001 年版。

36. 吕振羽：《中国民族简史》，生活·读书·新知三联书店 1950 年版。

37. 罗洪洋：《侗族习惯法研究》，贵州人民出版社 2002 年版。

38. 罗康智、王继红：《明史贵州地理志考释》，贵州人民出版社 2008 年版。

39. 毛鹰：《布依戏史话》，贵州人民出版社 1985 年版。

40. 梅良勇、张方玉：《孟子的家庭伦理思想初探》，《徐州师范大学学报》2000 年第 1 期。

41. 潘光旦：《中国家庭问题》，新月书店 1927 年版。

42. 潘盛之：《一种多民族经济互补结构的残留——试析黔西北水稻特异收割法成因》，《贵州社会科学》1995 年第 4 期。

43. 钱茀：《傩俗史》，广西民族出版社 2000 年版。

44. 钱穆：《论语新解》，生活·读书·新知三联书店 2002 年版。

45. 黔东南苗族侗族自治州概况编写组：《黔东南苗族侗族自治州概况》，贵州人民出版社 1986 年版。

46. 秋阳：《汉民变苗——读史札记》，《贵州社会科学》2003 年第 3 期。

47. 石开忠：《侗族款组织及其变迁研究》，民族出版社 2009 年版。

48. 史继忠：《贵州文化解读》，贵州人民出版社 2000 年版。

49. 史继忠：《诱人的伊甸园——贵州史前文化》，贵州教育出版社 1998 年版。

50. 水族简史编写组：《水族简史》，贵州民族出版社 1985 年版。

51. 宋世坤：《可乐考古杂记》，《贵州文物》1982 年第 1 期。

52. 宋蜀华：《百越》，吉林教育出版社 1991 年版。

53. 宋修文：《九溪村志》（七稿），2000 年编著，未刊，藏安顺学院屯堡文化研究中心。

54. 绥阳县志编委会：《绥阳县志》，贵州人民出版社 1996 年版。

55. 孙兆霞等：《屯堡乡民社会》，社会科学文献出版社 2005 年版。

56. 谭其骧：《长水集》，人民出版社 1987 年版。

57. 唐莫尧：《贵州文史论考》，贵州教育出版社 2000 年版。

58. 唐文元、刘卫国：《夜郎文化寻踪》，四川人民出版社 2002 年版。

59. 万明：《晚明社会变迁问题与研究》，商务印书馆 2005 年版。

60. 汪希鹏主编：《汪氏宗谱》（颍川—黔腹），2001 年印制。

61. 王海明：《伦理学原理》，北京大学出版社 2001 年版。

62. 王家牌王氏宗谱编纂委员会：《贵州黄平王家牌王氏宗谱》，藏贵州师范大学图书馆。

63. 王路平：《贵州佛教史》，贵州人民出版社 2001 年版。

64. 王晓昕、李学友：《王学之魂》，贵州民族出版社 2005 年版。

65. 魏英敏主编：《孝与家庭伦理》，河南教育出版社 1997 年版。

66. 温春来：《从"异域"到"旧疆"——宋至清贵州西北部地区的制度、开发与认同》，生活·读书·新知三联书店 2008 年版。

67. 扬维中：《孝道与现代家庭伦理》，《中国哲学史》1997 年第 2 期。

68. 阳贤、张诗亚：《贵州省安顺地区屯堡人地戏仪式的道德教化功能研究》，《民族教育研究》2007 年第 2 期。

69. 杨昌儒、陈玉平：《贵州世居民族节日民俗研究》，民族出版社 2009 年版。

70. 杨成志：《中国西南民族中的罗罗族》，《地学杂志》1934 年第 1 期。

71. 杨然：《穿青人问题研究》，中央民族大学博士学位论文，2006 年。

72. 翟玉前、孙俊：《明史贵州土司列传考证》，贵州人民出版社 2008 年版。

73. 詹全友：《南诏大理国文化》，四川人民出版社 2002 年版。

74. 张金奎：《试析明初卫所军户群体的形成》，《中国史研究》2007 年第 2 期。

75. 张敏杰：《中国的婚姻家庭问题研究》，《社会科学研究》2001 年第 3 期。

76. 张树栋等：《中国婚姻家庭的嬗变》，浙江人民出版社 1990 年版。

77. 张羽琼：《贵州古代教育史》，贵州教育出版社 2003 年版。

78. 周春元、王燕玉、张祥光、胡克敏：《贵州古代史》，贵州人民出版社 1981 年版。

79. 贵州省博物馆：《贵州省墓志选集》，1986 年编印（内部印刷）。

80. 成致铭：《清代土司研究——一种政治文化的历史人类学观察》，中国社会科学出版社 2008 年版。

81. 黄现璠等：《壮族通史》，广西民族出版社 1988 年版。

82. 孔令中主编：《贵州教育史》，贵州教育出版社 2004 年版。

83. 陈垣：《明季滇黔佛教考》，中华书局 1962 年版。

84. 王路平：《贵州佛教史》，贵州人民出版社 2001 年版。

85. 《威宁苗族百年实录》，贵州民族出版社 2006 年版。

86. 马国君：《平苗纪略研究》，贵州人民出版社 2008 年版。

87. 蒋德学：《试论清代贵州的移民》，《人口研究》1983 年第 5 期。

88. 朱贻庭：《走出"家族主义"》，《道德与文明》2001 年第 1 期。

三　国外文献

1. ［德］黑格尔：《法哲学原理》，范扬、张企泰译，商务印书馆 1961 年版。

2. ［德］尼采：《希腊悲剧时代的哲学》，李超杰译，商务印书馆 2006 年版。

3. ［美］何炳棣：《明初以降人口及其相关问题（1368—1953）》，葛剑雄译，生活·读书·新知三联书店 2000 年版。

4. ［美］路易斯·亨利·摩尔根：《古代社会》，商务印书馆 1977 年版。

5. ［苏］И. В. 格列比翁尼科夫主编：《家庭伦理心理学》，江一勖等译，西南师范大学出版社 1998 年版。

6. Held, Virginia, Feminist Morality: *Transforming Culture, Society, and Police*, Chicago, University of Chicago Press, 1993.

7. Joan B. Landes: Hegel's Conception of the Family, Palgrave Macmillan, *Polity*, Vol. 14, No. 1 (Autumn, 1981).

8. ［日］琢田诚之：《贵州省西部民族关系的动态——关于"屯军后裔"的调查研究》，黄才贵译，《贵州民族研究》1999 年第 3 期。